立人天地

BERÜHMTE VÄTER UND IHRE KINDER

华丽家族

两代人的荣耀与堕落

〔德〕玛丽-路易斯·范德莱恩（Maria-Luise von der Leyen） 著

商丹妮 译

黑龙江出版集团 黑龙江教育出版社

版权登记号：08-2015-014

图书在版编目（CIP）数据

华丽家族：两代人的荣耀与堕落 /（德）范德莱恩著；
商丹妮译. -- 哈尔滨：黑龙江教育出版社，2016. 1
ISBN 978-7-5316-8157-1

Ⅰ. ①华… Ⅱ. ①范… ②商… Ⅲ. ①世界史—通俗读物
Ⅳ. ①K109

中国版本图书馆CIP数据核字(2016)第007967号

华丽家族：两代人的荣耀与堕落
HUALI JIAZU：LIANGDAIREN DE RONGYAO YU DUOLUO

作　　者　〔德〕玛丽-路易斯·范德莱恩（Maria-Luise von der Leyen）著
译　　者　商丹妮 译
选题策划　宋舒白
责任编辑　宋舒白 郝雅丽
营销推广　李珊慧
装帧设计　吴光前
责任校对　高秀革

出版发行　黑龙江教育出版社（哈尔滨市南岗区花园街158号）
印　　刷　北京鹏润伟业印刷有限公司
新浪微博　http://weibo.com/longjiaoshe
公众微信　heilongjiangjiaoyu
天 猫 店　https://hljjycbsts.tmall.com
E-mail　heilongjiangjiaoyu@126.com
电　　话　010—64187564

开　　本　700 × 1000　1/16
印　　张　19
字　　数　220千
版　　次　2016年3月第1版　2016年3月第1次印刷
书　　号　ISBN 978-7-5316-8157-1
定　　价　58.00元

献给亚历山大（Alexander）与西莉亚 (Celia)

前言

父亲的角色正处于变革中。未来会怎样，还不知道。希望可以比以往所有时候都要好。

过去的大部分父亲几乎都可以定义为，即使他们想要成为孩子们“最好的父亲”，但大多仍然是专制和没有尽到责任的。孩子们不是被看作独立的个人，而是被看作有缺陷的成年人，家长们很少尊重他们。并用自己的标准强行要求孩子们，即使这些标准并不适合他们。在社会地位高的圈子里的孩子们，情况并不比贫穷的孩子们更好一些，正相反：他们虽然在物质上没有缺憾，但是往往缺少关爱，因为这样的人家通常把教养孩子的任务委托给工作人员负责。

幸运的是：这样的时代已经过去了。

但是真的过去了吗？虽然时代变了，但是这些旧俗难道真的没有继续延续到现代吗？

心理学家清楚，父亲的缺点往往在孩子身上继续产生影响，再由孩子继续传递下去。除非可以成功地做到以下几点：首先自己意识到自身的缺点，然后有意识地改正这些缺点，再拟订新的计划，使其转化成正面的方式。这需要很多努力，可是让父亲们客观地、批判地接受自己的问题就很难了；要毫无顾忌没有罪恶感地客观批判自己的缺点就更难了。考虑到对自己后代的教育需要进行的改变，则要求父亲们不得不深入研究自己孩子曾经遭遇的一切。

这种探讨在今天比过去要容易一些，现在社会上对这些的接受度更高了。在过去这是完全不在探讨范围内的。比如奥地利的王储鲁道夫想要与父亲探讨政治问题或者关于奥地利皇室的政策问题都不得不匿名发表——因为弗兰茨·约瑟夫无论是作为父亲还是作为皇帝都拒绝与儿子进行私人讨论。当然他最想要避免的就是与儿子用新闻的方式进行交流，是的，他可能永远不知道，他儿子偷偷地用这种方式与他沟通过吧。

卡夫卡的父亲也有类似的行为。当他的儿子将自己的文学作品尝试拿给他看的时候，他却说："把它放在桌子上吧。"是因为懒惰？因为不尊重？因为害怕被感动？或者因为对此无能为力？

当然，这些都是过去的事了。但并不是与今天的父亲就毫无关系了。

演员杰拉尔·德帕迪约在与自己儿子的关系上也同样无能为力。与他们唯一不同的是：他们的冲突"合乎时代精神"地在媒体上散布开来。事实上这件事与历史上那些并无不同。德帕迪约面对私人交流的时候，选择了和他父母同样的方式，那就是回避，他们无视彼此的恶劣父子关系，并且始终对此沉默不语。

罗马王则正相反，无论他的父亲拿破仑有多么爱他，他却经历了与现代离异家庭的孩子同样的生活：与他深爱的父亲分开，在母亲那里找不到任何依靠，最终迷失方向地、无望地为了自己的身份而奋斗。

同样的还有半个世纪之后的图西·马克思，她的亲切体贴的父亲完全无意认可她的个人身份——是的，她的父亲甚至一次也没有想过，不仅仅无产阶级觉醒了，女性，尤其是他女儿的个人意识也觉醒了。

公平来说，我们不得不承认一点：就像卡尔·马克思的例子所表现出来的一样，过去的父亲们都深受当时社会观念的影响，而我们今天都熟练掌握的心理学知识对那时的父亲们来说还很陌生。尽管过去也有那样的父亲，在教育孩子时认为人文主义、人性化的教育比传统与社会普罗大众的观点更重要。

为什么我会专注研究“著名的父亲们”，有一个实际的原因：关于他们的行为与事迹可以得到远远超过普通的不知名的父亲的资料。尽管这些名流们的地位并不能完全符合所有同时代人的个例，我仍然认为他们的行为是“符合时代精神的”。希望人们可以从错误中进步，这是一个一直值得研究的遗产。

2011年5月

玛丽-路易斯·范德莱恩

目录

Contents

拿破仑
与儿子罗马王

“从生到死我的生命都无意义”

他是拿破仑法兰西帝国的巨大希望，深受他的父亲，法兰西皇帝拿破仑·波拿巴（Napoléon Bonaparte）的溺爱，以及他的母亲，皇后玛丽·路易斯（Marie Louise），他的外祖父、奥地利皇帝弗朗茨一世——曾经的神圣罗马帝国末代帝王弗朗茨二世[①]的宠爱，他就是：拿破仑·弗朗茨·约瑟夫·卡尔·波拿巴（Napoléon Franz Joseph Karl Bonaparte），他是罗马王[②]，帕尔马亲王以及莱西斯塔德公爵——法兰西帝国史上第一位王储。他以瘦削的身材，齐肩的金色鬈发，高高的额头和蔚蓝的眼睛，成为他那个时代欧洲皇室毋庸置疑的最英俊迷人的小王子。几乎所有当时的编年史都会热情洋溢地歌颂他的魅力。而在短期内，拿破仑的儿子看起来也确实会在某一天满足父辈的期望，拯救法兰西帝国刚刚被授予的帝王宝座。

与其他王侯之子不同，他的父亲拿破仑·波拿巴的童年生活鲜为人知。没有任何保姆以及抚养者的日志记录——因为除了两个在大家庭中帮忙的女仆之外，没有其他的服侍人员——而那两位女仆很有可能既不

① 弗朗茨二世，神圣罗马帝国的末代皇帝，在神圣罗马帝国被拿破仑攻破之后建立奥地利帝国，成为奥地利帝国的首任皇帝，即弗朗茨一世。

② 罗马王(Roi de Rome)是拿破仑·波拿巴二世，1811—1832年，拿破仑·波拿巴一世与他第二个妻子奥地利女大公玛丽之子，1811年3月18日生于杜伊勒里宫，出世后被封为“罗马王”，是拿破仑一世法兰西第一帝国皇位继承人。——译者注

会读书，也不会写字。他的父母也很少像当时的贵族父母那样，针对他的教育问题进行详细的通信交流。毕竟当时没有人可以预见，在他们中间可以培养出一位法兰西帝国的皇帝。

拿破仑·波拿巴骄傲地展示他与奥地利的玛丽·路易斯所生的皇子。他一出生就获得了“罗马王”的封号。

拿破仑是科西嘉小贵族出身，祖上来自托斯卡纳。1769年拿破仑出生于地中海的科西嘉岛，父亲是卡洛·波拿巴（Carlo Buonaparte），母亲是莱蒂齐亚·波拿巴（Letizia Buonaparte）。科西嘉岛曾经作为教皇的封地被赐予热那亚城，1775年宣布独立，但并未因此获得自由。在此之前围绕这一小岛发生了持续数百年的战争，不仅仅是热那亚人，还包括法国人、德国人、西班牙人，之后甚至是不列颠人都卷入其中。当包括科西嘉人自己在内——1755年他们在自由斗士帕斯奎尔·保利（Pascal Paoli）的领导下为了科西嘉岛的独立继续斗争，尽管这一政权不被热那亚人所承认。

保利的政治诉求也影响着拿破仑所接受的家庭教育，因为卡洛·波拿巴为科西嘉叛军做文书工作并参与了由保利提出的宪法制定工作。无独有偶，之后拿破仑也参与起草了法国民法典的制定工作。在拿破仑出生的前一年，热那亚人最终战胜了起义者，于1769年将科西嘉岛卖给了法国。从那时起法语就在这一地中海岛上推广开来。

拿破仑的母语仍然说意大利语，因此他之后所说的法语都带有意大利口音。

无论如何他最终都像他的名字一样适应了法语：从意大利语的Napoleone Buonaparte改成了法语的Napoléon Bonaparte。

他的父亲给他做了示范：当他因为帕斯奎尔·保利逃亡英国而失去职位的时候，他很快归顺了法国政府。这位在比萨学习过法律专业的学生，现在担任律师和法官的职务，并以农场主的身份靠种葡萄获得的微薄收入过活。他被选举为科西嘉岛贵族议会以及巴黎的贵族代表。他是一个有教养、有名望的人，尽管生活在小地方，但绝不像人们通常对拿破仑的血统所进行的假设那样粗野或者狭隘。

“他是一个优秀的人，”后来这位著名的儿子这样描述他的父亲，“也是一个英俊的且在女色上有弱点的男人。”

这些弱点给他带来许多桃色丑闻，使得他的妻子付出了数目可观的嫁妆并为此忧虑不安。他是一位和蔼可亲的父亲，由于他拥有科西嘉最大的私人图书馆，他的孩子们很早就受到书籍的熏陶。1785年卡洛因胃癌去世，享年39岁，莱蒂齐亚必须独自负担家计并抚养孩子们。两个最大的孩子——约瑟夫（Joseph）17岁，拿破仑15岁——并没有给她带来太大的负担。其他孩子都还年幼，需要她的照料：吕西安（Lucien）9岁、伊利兹（Elisa）8岁、路易（Louis）6岁、波丽娜（Pauline）4岁、卡罗丽娜（Carolina）不到3岁、热罗姆（Jerôme）才三个月大。在父亲的职务所带来的收入被取消之后，家庭的经济状况陷入了窘境。

在他们的父亲尚在人世的时候，父亲的一位好友，驻科西嘉岛法国军队总督马比夫侯爵，就一直资助约瑟夫和拿破仑的学业。通过他的介绍兄弟二人得以在布里埃纳军校，之后在巴黎军校学习、进修。这一经历虽然荣耀，但对孩子来说无异于折磨。拿破仑16岁就获得了军官证书并加入法国军队，由于他在1789年大革命中表现出来的卓越军事才华，很快得到了升职。在意大利和埃及的战场上夺取胜利之后，拿破仑发动政变，于1799年成为法兰西第一共和国执政官，1804年拿破仑在巴黎自己加冕称帝。

1796年拿破仑与约瑟芬·博阿尔内（Joséphine de Beauharnais）[1]结婚，1809年与她离婚。当时约瑟芬46岁——比他本人大6岁——并且看起来在十三年的无子婚姻之后，她也不太可能有希望为他诞育子嗣了。为了拿破仑帝国的未来，他需要继承人。

> 他开始相亲，尽管他本人并非出身于古老的贵族家庭，他仍然出于战略性原因只在欧洲王室里寻找伴侣。

在王室女性中间的选择范围当然并不算广。由于俄国女大公安娜（Anna）拒绝了他的求婚，他在奥地利帝国首相梅特内希（Metternich）的撮合下向维也纳皇室提出了请求，与奥皇弗兰茨一世的长女，女大公玛丽·路易斯（Marie Louise）结婚。

玛丽·路易斯芳龄18岁，身材高挑，金发，蓝眼睛，感性并健康，同时也腼腆温顺，被教养得逆来顺受：她用余生展示这一教育成果。一开始她当然希望可以安然逃脱这一婚姻，因为她非常憎恨法兰西皇帝。毕竟他在过去的几年里两次攻占维也纳，并在美泉宫强迫奥地利接受了可耻的和平。为此奥匈帝国放弃了达尔马提亚、卡尔尼奥拉以及威尼托地区，并且割让了福拉尔贝格、蒂罗尔、西加利西亚区，同时还必须参与反英大陆封锁令并与法国缔结军事同盟关系。最后还在三年后被要求参加对俄战争——更不用说献给法国的4 000万金币的战争军税了。玛

① 约瑟芬·博阿尔内（Joséphine de Beauharnais），1763—1814年，拿破仑第一任妻子，法兰西帝国第一位皇后。——译者注

丽·路易斯拒绝拿破仑的求婚是因为她的继母，她父亲的第三任妻子，玛利亚·卢多维卡·冯·莫代娜（Maria Ludovika Beatrix von Modena）的煽动，她和她的家族因为拿破仑占领意大利而被驱逐，失去了家园，这让她永远也无法原谅拿破仑。

玛丽·路易斯无论如何也想象不到，她的父亲，那个通常将她看作最疼爱的女儿，并且也得到她本人毫无保留的爱的父亲，会要求她作为牺牲品嫁给那个令人厌恶的法国皇帝。而他竟然真的这么做了。

当然他没有勇气亲自通知她这个决定，而是委托她的教师做中间人。当玛丽·路易斯泪流满面地质问他的时候，他将责任推到了帝国首相梅特内希的身上，声称他在自己不知情的情况下将女大公许配给了法国皇帝。之后玛丽·路易斯在面对自己的儿子的时候，表现出了与父亲如出一辙的懦弱。勇气，这一良好品德既不属于她也不属于她的父亲。

1810年2月7日双方签订了婚姻契约书，按照约定奥地利皇帝提供200 000金币的嫁妆并允诺给玛丽·路易斯另外准备价值约200 000金币的珠宝礼物。除此之外，他还预备了400 000金币作为她的嫁妆。作为回应，拿破仑允诺在他的新娘到达法国的时候，赠送给她价值600 000法郎的礼物。除此之外他还花费了大约5 000 000法郎为新娘置办家具陈设，其中许多都是他最爱的绿色，恰好也是巴黎和维也纳的流行颜色。

送给新娘的聘礼并未得到玛丽·路易斯的欢心。拿破仑的文书克劳德·弗朗索瓦·梅内瓦（Claude-François Méneval）在他的回忆录中写到，玛丽·路易斯多次告诉他，她觉得自己“就像是一个献给米诺陶的祭品一样”。

在拿破仑缺席的情况下，婚礼在维也纳如期举行。之后玛丽·路易斯忐忑不安地驶向了她丈夫的所在地，身后有300人乘坐85辆马车随行。拿破仑欣喜若狂：玛丽·路易斯不仅仅来自一个多子多孙的家庭，更来自欧洲最强大的王朝，这一联姻使他借此机会赢得了一个未来的同盟国。帝国首相梅特内希也对这一联姻持乐观态度，在他写给奥地利皇帝的备忘录中这样说道：“女大公与他的联姻使奥地利得到了一个无可替代的保障。”尽管如此，他仍然保持着政治方面的怀疑心态：“我们不能弄错一件事，在这一幸福的联盟中还包括控制权的问题，拿破仑的所有计划中都涉及控制权，可能会借此机会控制奥地利。这位帝王的独裁倾向与生俱来。”在梅特内希的有生之年里，他都用他的行动阐释着这一评价。

新婚燕尔的皇帝夫妇，在位于巴黎附近的贡比涅的拿破仑的城堡中相会，并且在两人相处了几个日夜之后，各自为对方神魂颠倒。玛丽·路易斯在给她父亲的信中写道：“我发现，当人们对他了解深一点的时候，他就会赢得一切。”事实上，我们这位41岁，已经有过婚姻经验，年长小新娘22岁的新郎官，为了使新娘的生活尽可能的舒适自如，付出了最大的努力。

> 梅特内希记载：“一天中皇帝不会离开皇后超过两个小时。他关照她生活中的一切事务。每一天他都赠送给她精美绝伦的礼物并了解她生活中的所有细节。他的行为既像是一个操心的父亲，又像是一个坠入爱河的丈夫。这是皇后的感受。”

皇后非常乐意拿破仑像她的父亲那样插手她的生活。她的这一轻松、从容地适应新生活的态度，让拿破仑称心如意，在给首相梅特内希的信中他写到："请向您的皇帝陛下转达我的心意，我确定她是他送给我的最宝贵的礼物。他并没有欺骗我，我对她的了解越多，就越发现她的完美无缺，她为我的幸福而生。"

这一完满的幸福只需要一个进阶就更理想了：帝国继承人的诞生。尽管拿破仑已经有旧情人埃莉诺尔·德努丽·德·拉·普来瑞（Eléonore Denuelle de la Plaigne）给他生育了4岁的儿子，而最新一任的情人，波兰玛丽·瓦莱夫斯卡（Marie Walewska）伯爵夫人同样为他生育了一个儿子，但是他很清楚，法国人民绝对不会接受一个私生子被加冕为皇帝。1810年8月中旬，最终确认皇后怀有身孕。玛丽·路易斯立刻派遣一个信使前往维也纳皇宫："亲爱的爸爸，这封信向您通报我怀孕了这个好消息。我利用这一良机祈求得到您对您的外孙或者外孙女的祝福。您应该可以想象我的喜悦……"

> 拿破仑欣喜若狂。直至孩子出生，他几乎什么都不做，一心惦记着他那个即将被他授予罗马王封号的儿子。

他毫不怀疑，即将诞生的孩子准是个男孩。玛丽·路易斯在写给维也纳的信中说道："人们都确信这个孩子会是个男孩儿，我担心如果诞生的是一个可怜的女大公的话，人们会满怀怨恨地接受她的存在……"

无论如何拿破仑还是为可能诞生的女儿准备了一个封号：威尼斯女

侯爵。之后他委任一个政府委员会，专门负责给未来的皇帝采购服饰陈设：42打尿布，12打婴儿帽，20打上衣，12打手帕，50张床垫，14件红色和蓝色绸缎镶嵌蕾丝的系带婴儿服。另外购置了一个用绿色绸缎铺陈的硬木雕花摇篮，并且为这个孩子选择了宫廷侍从。宫廷总管的夫人，46岁的孟德斯鸠（Montesquiou）夫人被选为孩子的女教师。她管辖着手下的两名次级女教师。另外配备有三名一级女官，三名摇篮侍女，两名衣帽管理女官，两名衣帽侍女，一名马术教练，两名次级马术教练，一名机要秘书，一名秘书，两名看门人，两名衣帽间男仆，四名男仆，一名总管，一名膳务总管，两名医生，两名儿科医生，一名种痘医生，一个来自夏洛的24岁酒商的夫人成为乳母。总而言之，为皇室新生儿服务的人员共有34人。这个尊贵的婴儿不仅拥有这些仆从，还拥有一个杜伊勒里宫内的私人庄园，这一原本属于它的父母的巴黎官邸，包括一个绿色墙壁的卧室，一间起居室，一间餐厅，一间工作室以及一间衣帽厅。

这对即将成为父亲的皇帝来说还不够，他还打算为孩子建造一间城堡，城堡的正面有500米长，比凡尔赛宫还要大，并将这一计划委托给建筑师皮埃尔·弗朗索瓦·莱奥纳多·方丹（Pierre-Fran çois-Léonard Fontaine）。

在此期间弗朗茨皇帝给他的女儿玛丽·路易斯的信中写到：“我等不及听到你怀孕之后的下一个好消息了，多自珍重。以及关于你健康的问题，我建议你直至分娩都坚持活动，之后好好休养，尤其是生产之后的九天。你知道的，我这是经验之谈。”遗憾的是这并不都是真的：弗朗茨的第一任妻子，符腾堡的伊丽莎白（Elisabeth）女大公，在生下第一个孩子的时候难产而死；第二任妻子生育了12个孩子，其中6个存活过了婴儿期，在早产生下第12个孩子的时候死亡。皇帝对此伤心欲绝，甚至没能出席她的葬礼。

1811年3月19日，玛丽·路易斯开始阵痛。生产过程漫长而复杂，因为孩子的脚先出来了。

> 皇后害怕在这一紧要关头，皇帝会为了孩子活命而舍弃她的生命。然而她最终听到了让她安心的话，拿破仑指示医生无论如何要保住大人的性命。

拿破仑本人也大汗淋漓，始终在现场。只在中间因为身体不适而冲出房间，在外面待了一会儿。

3月20日清晨，人们通知他皇后生下了一个儿子。他奔向妻子的床榻，给她一个吻。他们身边医生在照料孩子，孟德斯鸠夫人用事先加热过的毛巾将孩子裹起来。拿破仑将孩子从她手中抱过来，将他高高举起，欣喜若狂地喊道："这是罗马王！"现在紧张的时刻已经过去，这位伟大的统帅与他的妻子一样筋疲力尽。

几个小时之前好奇的人们，已经聚集在杜伊勒里宫外，他们等待着宣布孩子出生的礼炮声：22响是女大公，101响是王子[①]。许多群众低声地祈祷，第一声礼炮终于响起。人们激动地数着礼炮的次数。

> 第23声礼炮响起的时候，寂静的人群爆发出欢呼：一个王子诞生

① 拿破仑沿用王朝旧制，女大公出生礼炮22响，王子出生，礼炮101响，教堂钟声也与之相同。——译者注

了，皇权稳定，仍然对皇位虎视眈眈的波旁王族[①]的命运无可挽回。

之后的78响礼炮声，已经没有人在乎了。

玛丽·路易斯处于无尽的幸福之中，她在4月的时候对她的父亲说："我从来不能想象我可以感觉到如此巨大的喜悦。"兴奋不已的她不仅仅向父亲讲述她孩子的事情，还对父亲讲述拿破仑的状况："如果允许我这么说的话，自从我的儿子降生后，我感觉我对我丈夫的爱意更加深刻了，而在这期间他所表现出来的令我永生难忘的忠诚爱意，至今仍令我感动得热泪盈眶……"

拿破仑事实上已经欣喜若狂了。他并未被任何宫廷教育所束缚，地中海地区的出身使得他个性直接，毫不虚伪造作，他直白地表达他对他儿子自出生就产生的近乎膜拜的爱意。孩子的母亲记载到："皇帝陛下在面对孩子时很幼稚，他甚至试图喂他食物，但是被小王子厌恶地打掉了。"

他对他儿子的这种爱始终如一，尽管他只和他相处了几年的时间。

他对待他的儿子充满爱意与耐心，拿破仑甚至允许儿子由母亲陪伴进入他的办公室，在此之前他的办公室是禁止任何人出入的。在儿子长大一点的时候，拿破仑还让他在自己的办公室里玩耍，父子二人连续几个小时坐在地毯上一起嬉戏。他对待孩子并不十分严格，相反是千依百顺。罗马王很早就可以左右他父亲的行为了。这一让别人言听计从的能力，他很小就掌握并且终其一生成功地作用于他父亲以及其他人身上。

尽管看起来一切都不同以往，法国皇帝并未因为这种田园牧歌般的

① 波旁王室是法国的正统王室，拿破仑借助革命建立拿破仑王朝，波旁王室一直试图抢回执政权，拿破仑倒台之后一度夺回皇位。——译者注

家庭生活而放缓他对政治计划的实施。1812年年初，正好是在罗马王出生一年之后，他确定将与俄国开战。诱因是俄国拒绝遵守大陆封锁令[①]对英国实施惩罚。

其他欧洲各国满怀忧虑地关注事件进程。政治目光敏锐的梅特内希首相在3月份还曾经警告奥地利皇帝道："我们没有任何希望可以避免战争的爆发了。"与此同时拿破仑则寄希望于他的岳父可以为他的战争计划提供大量的军力支持。奥地利皇帝本人甚至已经同意了他的要求。但是宫廷方面反对。最终人们互相妥协达成一致：奥地利提供仅仅三万的少量军队。拿破仑对此大失所望。他第一次意识到一个事实，之后他甚至会多次体会到这一点：通过与玛丽·路易斯的联姻他虽然得到了弗朗茨一世这个对自己关怀备至的岳父，却并未因此得到一个政治上坚定热情的盟友。

1812年5月9日拿破仑从巴黎出发前往德累斯顿，5月末又从德累斯顿前往俄罗斯。拿破仑一路上并未遭受太激烈的反抗，顺利地于9月中旬到达莫斯科。在这不久之前玛丽·路易斯还遣人送给拿破仑一张他们儿子的画像，画上小罗马王正坐在摇篮中玩着权杖与金球[②]。拿破仑命人将这幅画挂在他的帐篷前面，这样所有的士兵都能看到。

军队开进沙皇俄国首都的时候，形势的发展与普遍意义上的胜利完全不同：法国人走进了一个燃烧的城市，而这场大火很可能是俄国人自己点燃的。而另一个动摇军心的消息是，由于一路上的疾病、逃兵、被

① 1860年起，拿破仑为了攻占英国对其实施政治经济封锁，推行大陆封锁令，但是俄国并未参与这一封锁体系，成为法俄这次战争的导火索。——译者注

② 金球，象征皇权，上面带有十字架。——译者注

俘以及战场伤亡，拿破仑损失了一部分相当大的士兵。拿破仑占领莫斯科长达五周的时间，在此期间他放任他的军队在断绝补给的情况下，洗劫战火中残存的房屋并袭击屋主。最终他撤离了莫斯科。这是一次可怕的屈辱的撤退，漫天大雪中无数士兵冻饿而死。拿破仑本人于1812年12月5日乘坐雪橇返回巴黎。

远征俄国的失败并不意味着战争的结束，俄国军队紧追拿破仑不放。

拿破仑与他的家人在巴黎度过数周的时间，与玛丽·路易斯和他的儿子幸福地生活在一起。小罗马王此时将近两岁，在父亲的要求下对拿破仑进行了第一次正式的拜谒觐见。国家的至高统治者身着绿色的制服，跪在小罗马王面前亲吻他的小手，而漫不经心的小罗马王则惦念着尽快回去玩他的玩具。这个小继承人对所有与军队有关的东西都兴致盎然。

他想要成为像他父亲一样的军人，因为他身边所有认识的人都用极其狂热与尊敬的口吻提及他的父亲。

1813年年初拿破仑开始重新编练一支军队。这一次奥地利拒绝出兵援助。在俄国先后占领了柏林、汉堡、德累斯顿之后，普鲁士于1813年3月对法宣战。四周之后拿破仑离开了位于圣克鲁门的城堡，将玛丽·路易斯和他们的儿子留在了那里。

8月初梅特内希首相在布拉格进行了短暂的访问，试图劝说法国皇帝拿破仑放弃他在之前的战役中占领的一部分土地。为了得到这些之前被拿破仑占领的土地，盟军——俄国和普鲁士——愿意停止反法战争。可是拿破仑拒绝了。拿破仑再一次试图唤起奥地利皇帝的亲情援助，但是一切徒劳无功。梅特内希冷漠地回复法国皇帝："就像对他女儿命运的抉择一样，他首先是一个君主，人民的利益是他做决定时需要考虑的最重要因素。"

拿破仑同样冷漠地将他个人的政治利益，置于他的妻子与儿子的命运之上，尽管他始终在梅特内希面前用夸夸其谈的甜言蜜语掩盖他的真实目的："我迎娶这位女大公，目的是要将新旧融合为一体，将中世纪的优势与我在新世纪创造的成就合二为一。但是我错了……"但是这一切都没能改变他的计划：

> 这可能要以我的王位为代价，但是我将把整个世界埋葬在他的废墟之下。

1813年7月末，盟国在布拉格进行了最后一次会谈，商讨是否继续战争的问题。8月10日梅特内希代表奥地利签署条约加入俄国普鲁士盟军，次日奥地利对法宣战。这支由俄国、普鲁士以及奥地利军队组成的联军向波西米亚进军。梅特内希对未来感到不安："我预料到未来炮火连天，尸横遍野的惨状。"

10月份盟军在莱比锡对拿破仑的战役中取得关键性的胜利。在拿破仑急于回到圣克鲁门的妻儿身边的时候，被他留在德国的军队接连战败。他命令征召新的军队，由于兵源不足，新军只能用老弱病残凑数。1814年1月25日他告别他的妻儿重新进入战场。始料未及的是，这一次竟然是永别。自此之后他再也没有见过玛丽·路易斯与儿子。

直至那时，小罗马王虽然一直只能每隔一段时间见一次父亲的面，却并未因此与父亲生疏。相反，他始终尽最大的努力模仿这个总是缺席的父亲。当拿破仑努力阻止从四面八方逼进法国盟军的时候，小罗马王无忧无虑地在宫殿之中玩耍。他玩儿骑马打仗的游戏，玛丽·路易斯在给拿破仑的信中如是写到："他骑在纸板做成的马上玩儿骑兵游戏，并且抓获了很多哥萨克骑兵俘虏。"

反法盟国再一次向法国皇帝提交停战建议。停火条件为：拿破仑应该将法国疆域恢复到1792年的状态，并且归还所有侵占的他国领土。由于对情势的错误判断，拿破仑拒绝了这一条件。1814年3月29日，法兰西帝国摄政议会按照拿破仑的指示决定，将之前一直在巴黎等候拿破仑的皇后与罗马王送离巴黎以保安全。玛丽·路易斯顺从了这一决定，只有小罗马王坚持不肯离开，他要在巴黎等待父亲凯旋。人们不得不强行将小罗马王扛走并安置在一辆马车里。王室财宝、宫廷侍从，以及大量行李物品与皇后、小罗马王一起被送往巴黎西南方向50公里远的朗布依埃城堡。在此期间，拿破仑本人则待在距离巴黎南部65公里远的枫丹白露宫，与妻儿之间的距离并不算遥远。玛丽·路易斯曾经考虑是否去枫丹白露宫拜访皇帝，但当时的形势已经非常危险。

在盟军攻入巴黎两天之后法国议院就废黜了拿破仑的帝位，波旁王族重新登基。此前皇帝已经宣布退位并被流放到厄尔巴岛。

在4月12日到13日的晚上拿破仑给他的妻子写了一封告别信："再见，我亲爱的路易斯，你是我在这个世界上的最爱。我现在的困境唯一让我痛苦的，就是这会造成你的担忧。在你的一生中，你所深爱的是这世上最深情不悔的丈夫。给我们的儿子一个吻。再会，我的路易斯。你的忠诚的——拿破仑。"不久之后拿破仑试图用他一直带在身边的毒药自杀。这导致了长达数小时的痛苦抽搐，但并未致死。一周之后拿破仑启程离开枫丹白露宫，4月29日乘船前往厄尔巴岛。

他当时以为他的妻子和儿子会追随他一同前往厄尔巴岛，就像玛丽·路易斯在给他的信中反复承诺的那样。但是奥地利皇室并不赞同这一决定：一个再次团圆的皇帝家庭，太容易被拿破仑的支持者们利用了，小罗马王很有可能成为拿破仑王室复兴的王牌，而奥地利王室则会因此在盟友们的眼中有支持拿破仑的嫌疑。维也纳的政客们当然不会将自己置身这样的困境之中。人们当然也不会直接告诉皇后陛下，他们做这些决定的真实原因——她毫无疑问会站在自己丈夫那一边。弗兰茨皇帝与梅特内希首相因此寄希望于时间会冲淡一切，并允诺皇后将帕尔马[①]的公爵封地转给她。在日渐不安定的意大利北部始终驻扎帝国势力，对当时的奥地利皇室来说也非常合适。这一切全部需要盟国的同意——而这也需要时间。

被父亲虚言敷衍的玛丽·路易斯也同样虚言敷衍着她的丈夫，

① 帕尔马，意大利北部城市，当时属于奥地利。——译者注

> 拿破仑先是请求她启程前往厄尔巴岛，再是祈求，最后出言命令，而这一切全都徒劳无功。

女大公殿下——她现在再一次被称为女大公了。在此期间前往维也纳的美泉宫，回到她的父亲身边寻求庇护。“你的儿子给你拥抱”，她在给地中海岛上的丈夫的信中这样说“他在这里受到狂热的赞美，人们认为他无与伦比。他得到了在他这个年纪令人惊叹的评价，这让我害怕得发抖。人们都说，这样早熟的孩子通常都不会长寿，慧极必伤。上帝保佑，不要让我再遭受这样的不幸了。”

玛丽·路易斯在夏季离开美泉宫前往埃克莱斯班疗养，将儿子留给宫廷侍从们照料。尽管他的皇帝外公非常宠爱他，几乎每天中午都陪小罗马王一起用餐，但这一切当然都无法代替亲爱的母亲的陪伴。在玛丽从埃克莱斯班返回之后，她再一次丢下年幼的儿子独自前往帕尔马，巡查分配给她的财产。人们选派了德国的亚当·阿尔伯特·冯·奈佩格伯爵（Adam Albert von Neipperg）伴她出行。这位隶属于奥地利军队的陆军元帅风度翩翩、才华横溢，在战争中失去了一只眼睛，佩戴着眼罩的他看起来格外引人注目。事实上奈佩格伯爵远不止一个陪伴者这么简单：

> 他肩负着维也纳宫廷的重任，负责监视玛丽·路易斯，限制她与拿破仑的联系，并确保她不会对拿破仑的追随者让步而陪伴拿破仑去厄尔巴岛。

人们再也找不到比他更优秀的间谍了。在回程的途中奈佩格伯爵已经成为玛丽·路易斯的情人。因此他对她丈夫的一切情况了如指掌：她暂时没有任何计划为她的丈夫做些什么。她对皇室与小儿子隐瞒了自己与奈佩格的关系。

当玛丽·路易斯在2月末得知拿破仑逃离厄尔巴岛，并且已经在回巴黎路上的时候，她的反应惊慌失措。四周之后拿破仑向弗兰茨皇帝请求帮助，并且请求他将自己的妻儿送回巴黎。但是奥地利不肯放走这两个人质，反而加强了对女大公殿下的监控。小王子是最有可能被拿破仑的支持者诱拐回国的。时任维也纳警局总长的巴隆·哈格尔（Baron Hager）预先准备了一份对小王子的详细说明发给各州州长以备万一小王子被劫持之用："他有二又二分之一英尺高（79厘米），身材结实。皮肤白里透红，光滑漂亮，脸颊饱满，眼睛深邃有神，鼻子小而微翘，鼻孔间距较远，嘴巴小巧，嘴唇厚实，唇中央有一个小坑，牙齿雪白，一头闪亮的金发自头顶分开，鬈发披散垂至肩头。王子殿下言谈有力而总是佐以手势。他的举止非常活泼。"

为了小罗马王的安全起见，他不得不从美泉宫搬到胡浮堡宫居住。那些一路追随他从法国来到维也纳宫廷的法国宫廷侍从们，不再受到维也纳方面的信任，他们都被辞退并遣送回法国。最让小王子伤心的是，他不得不与他的家庭女教师孟德斯鸠伯爵夫人分离，这位夫人自小王子出生以来就照顾他，并且真切地关爱他，而小王子也同样深切地依恋她。

5月初奥地利军队再次出发前往法国阻截拿破仑。梅特内希敦促法国前任皇帝再次退位，并接受奥地利皇帝的庇护。条件是玛丽·路易斯可以再次回到巴黎，担任摄政女王的职位直到小王储成年为止。但是按照梅特内希的要求，这一切都必须在"第一声枪响之前发生"。

拿破仑如同在半年前拒绝的一切停火建议一样，再一次拒绝了梅特内希的停火条件。

他告知首相梅特内希，只有在“最后一声枪响结束之后”，他才会同意进行谈判协商。1815年6月18日，拿破仑败于滑铁卢之战。拿破仑遭受了毁灭性的失败。这时候再谈判毫无疑问已经太晚了。这位天才的统帅和曾经的法兰西帝国的皇帝被盟军判处死刑，在奥地利皇帝弗兰茨的努力斡旋下，死刑被改为终身流放。

人们选择了圣赫勒拿岛作为流放地，这个贫瘠的小岛位于今天的安哥拉，坐落于大西洋上距离非洲西海岸线大约2000公里处。

几乎在拿破仑被流放的同一时间，玛丽·路易斯最终在奈佩格伯爵的陪同下启程前往封地帕尔马。临行前她并未与出于安全因素待在维也纳的儿子告别，而是悄然出行。就像当年她的父亲不得不告知她他已经接受了拿破仑的求婚一样，她同样选择将这一消息交由第三者转达给她的儿子。

突然与母亲分离对小王子来说是一个巨大的打击。自从与他的父亲和家庭教师孟德斯鸠夫人分离之后，母亲就是小王子生命中最信任的存在，也是唯一一个与他过去的生活有关联的人了。现在连她也从他的生活中消失了。尽管她在给儿子的信中反复保证将会与他共度接下来的夏天，但是她并未信守承诺，最多两年才回维也纳一次，甚至有的时候三年才回去一次。她的这一行为有一个隐秘的原因：在奈佩格伯爵的夫人过世之后她就与伯爵同居了，奈佩格伯爵协助她管理她的财产，并且作为她在帕尔马的驻军统帅给她提供了宝贵的帮助，她与公爵两人生育了两个孩子。对于这些，小王子弗兰茨并不知情。她再一次优柔寡断地不知怎样告知他这一消息——毕竟她仍然与他的父亲在法律上保持着夫妻关系。出于同样的理由，她也不敢要求小王子来帕尔马拜访她。他很有可能在拜访过程中发现她母亲的新家庭。因此小王子弗兰茨只能推断出一个结论，妈妈不再爱他了。

在这段时间皇帝陛下、宫廷以及他的教师们，都尽最大的努力将这位年轻的波拿巴培养成为一个奥地利皇子。

在宫中人们很快不再称呼他为拿破仑，而是称呼他的第二个名字弗兰茨。自从他父亲退位之后他不再是罗马王，而是帕尔马亲王，1816年他被封为莱西斯塔德公爵。同时他的外公还赐予他爵位相对的在波西米亚的产业。

比起形式名义上的改变，对弗兰茨来说，更艰难的是失去熟悉的环境，最艰难的是失去父母。他仍然非常眷恋他的父亲。父亲拿破仑不仅仅是在有形的环境中消失了，甚至在无形的生活中也消失了。根据他外祖父的命令，所有人不许提及拿破仑，人们在聊天中都不再涉及他。他外公相信这种环境可以更好地帮助弗兰茨忘记父亲。但是他错了。弗兰茨完全不想忘记他的父亲，父亲始终是他生活中最光辉的榜样。当他向身边的人问及父亲的事情的时候，人们回避的态度总能让他困惑并且恼怒。他的老师，莫里茨·冯·迪特里希斯坦（Moriz von Dietrichstein）伯爵了解到弗兰茨感到非常困扰，因为他身边的所有人都对他父亲的事情讳莫如深。伯爵请求皇帝可以允许人们在面对这个孩子的时候，对他父亲的话题更加坦率一些。反正在那些法国的宫廷侍从们被逐出维也纳宫廷之前，也经常在小王子面前谈论过去的荣光。并且由于他们都是秘密讲述这些，使得他们的故事在小王子眼中有了更加重要的意义。

皇帝陛下最终同意了教师的意见。迪特内希斯坦对此向帕尔马的女主人玛丽写信报告道，“我经常发现，人们过多地向小王子讲述他父亲的事，总是拜托他不要对外谈及此事。这种持续的、显而易见的压抑态度，对于一个早熟的灵魂来说，毫无疑问是痛苦的折磨。尊贵的皇帝陛下意识到这一情况的危害并告知我们，对他父亲的情况的沉默，或者回避态度可能在短时间之内使小王子不再信任我们。因此皇帝陛下委托我们，逐渐地告知小王子他父亲的地位以及他本人的地位。”

于是父亲又逐渐回到了儿子的世界里，虽然他们并不能立刻开始通信往来。他越来越迫切地想要再次见到父亲。

一个永远无法实现的愿望。起码在当前看来，更让这个五岁的孩子痛苦的是，母亲的缺席。虽然他可以给她写信，但是这也只能给他一点有限的安慰。在她出发之后，他送给她一束自己的头发，随信写到：“亲爱的妈妈，虽然仅仅与您分开了四周的时间，我已经被思念折磨得痛苦不堪。我想，我这一束头发可以作为一个小小的纪念品，为您带来慰藉。我恳求您将它收下。我每天都为您和我亲爱的父亲祈祷，我保证会做一个勇敢的孩子。”而另外一封信中写到：“亲爱的妈妈，我总是想您，请您快回到您的弗兰茨身边吧。”

这些信件让我们得以窥探到这个多愁善感、不幸的孩子的灵魂一角。当然弗兰茨只将自己的这一面展示给他的母亲。维也纳宫廷的家庭教师们尽管付出了最大的努力，也从未成功地接近他，并得到他的信任。由于这些教师并未找到原因，因此在他们的报告里总是用“冷酷”和“冷淡”形容弗兰茨。

他既不冷酷也不冷淡。更确切地说，他不得不承受的那一切实在有些过分苛求。 在他身边所有的相关工作人员都被驱逐之后，他下意识地用多疑、抗拒、冷淡的行为保护自己，这是可以理解的。

> 尽管他在维也纳处于绝对安全的生活状态，也无法改变一个事实：他的内心极其地不安并且迷茫。

1832年，时年21岁的王子真心关爱的大公夫人，及未来皇后的母亲索菲亚对王子的教师，骑兵上尉约翰·冯·摩尔（Johann von Moll）说道：“想要引起他的信任太难了，他不信任任何人。”根据这位骑兵上尉的回忆录所记载，当时上尉先生回答道：“人们不能为了得到他的信任才与他交往。我们应该等待信任自己到来，哪怕到那时我们也还不确定，那是否是真心的信任。”

尽管如此，王子仍然以他的魅力得到万千宠爱。他的父母、祖父母以及家庭教师们，都没有教他要接受让人不愉快的事情，或者忍受令人厌烦的事情。由于这位无家可归的王子不幸的命运，人们对他多有怜悯宽宥之心，并为此而放纵他的脾性。他从未学会如何应对挫败失意。当失意袭来的时候，他只会逃避。这一点在他直接抗拒课程的时候显露无疑。

他抗拒那些课程，为此不惜说谎、流泪、狂躁、辱骂，甚至威胁说他外祖父的军队会把他的家庭教师们通通逮捕。

最让他的教师们困扰的是，小王子对惩罚表现出来极其冷淡的无动于衷的态度。就像他对待生活中的其他事情一样，他轻描淡写地就无视了这一切，这让所有人惊讶不已。迪特里希斯坦（Dietrichstein）记载："他还不记仇，有人刚刚劝导过他，他就会在几分钟之后给他一个拥抱或者直接回去玩儿，就好像什么都没有发生过一样。"

有一门课让他非常感兴趣——历史。而在历史中他最喜欢研究的，当然就是他父亲的丰功伟绩。由于小王子与其他同龄的孩子相处不来，仅与成年人一起活动，使得他的课余生活很早开始就不同寻常地成熟了。早在6岁的时候，他就被允许参加舞会直至深夜。迪特内希斯坦记录到："他穿着他的白色礼服亮相，给所有人留下了深刻的印象。他几乎跳了所有的舞。华尔兹、埃科赛斯舞曲、四对舞、快步舞等等。人们对他赞不绝口，他似乎摆脱了一切不愉快的事，容光焕发地在不了解舞步的情况下没有跌倒，没有杂乱无章的乱跳。舞会一直持续到深夜十一点，小王子毫无困倦之意。他是一个极其热情的舞者，以至于当我带他去吃点心的时候，因为听到了小提琴奏响而放下蛋糕，只为了不错过这首华尔兹。"迪特内希斯坦说道，随后的第二首圆舞曲，"更加让人兴奋，小王子尤甚。人们不知疲倦地观察他、抚摸他、密切注视他的一举一动。"

和他的小公爵堂兄一样，弗兰茨也去打猎。他也像他的外祖父一样搞搞园艺活动。然而他的这些活动又都很快让他失去兴趣，归根到底这些活动都是可以被取代的。唯一一个他坚持不懈的爱好就是骑马了。他是一个高明的骑手，而且随着年龄的增长，他越来越无节制地进行这一活动，在他长达数小时之久的狂飙之后，没有任何一个人能追得上他。这一行为既不爱惜他自己，也不爱惜他的马。

1821年拿破仑因为胃癌死于圣赫勒拿岛。在死前拿破仑还数次问及弗兰茨并一再想要知道：

我的儿子叫什么名字？

小王子从他的家庭教师豪普特曼·福海斯提口中得知了父亲的死讯。弗兰茨痛哭失声。福海斯提事后写到："鉴于这个孩子与他的父亲并不熟悉，我并未预料到他竟然会哭得如此伤心，这痛苦远超出了我预想的程度。"

在拿破仑去世后不久，玛丽·路易斯就在帕尔马与她的同居情人阿尔伯特·冯·奈佩格伯爵结婚。这始终是一段幸福的婚姻。七年之后奈佩格也去世了。直至此时，时年17岁的弗兰茨才得知他的母亲已经与伯爵结过婚了。玛丽又一次逃避了亲自将此事告诉儿子的任务，而将之拜托给了父亲。这个年轻的王子又在没有被正式告知的情况下，得知自己还有了两个同母异父的弟妹。而最让他震惊到无法接受的是，这两个孩子是在拿破仑还在世的时候就已经出生的。母亲的不忠让他大受打击。这件事使得之前就已经让他非常困扰的趋势更加明显。他在内心与母亲关系的日渐疏远。与之对照的是，父亲拿破仑越发成为他崇拜的偶像，并对他之后的生命产生了漫长的深远的影响。

他向他生命中最后几年里最亲密的朋友，伯爵安东·冯·普罗凯士·奥斯顿（Anton von Prokesch-Osten）将军倾诉了他所承受的矛盾和充满了罪恶感的心情。根据安东伯爵后来在他所写的关于莱西斯塔德公爵的回忆录中记载，“他不能像爱他的父亲那样爱他的母亲，这可能是对他心灵最大的折磨。”他心中充满了痛苦，哪怕是面对我的时候他也仅仅只倾诉过一次这种痛苦，这一次充满了最深的感情与破碎的心，将他与父母的关系讲述出来。

> 如果约瑟芬是我的母亲，那么我的父亲就不会死在圣赫勒那岛上，我也不会待在维也纳。

在弗兰茨18岁的时候，他的外祖父已经册封他为蒂罗尔皇家第一步兵团的上尉了。弗兰茨在为自己在部队取得的荣誉骄傲的同时，也早已经期待未来可以在奥地利军队中效力。尽管这还算不上荣耀，但他已经想要将这第一次职业与他的父亲分享。而他与他父亲最大的不同就在于，他的父亲拿破仑有着明确的目标。弗兰茨对未来的规划与他父亲正相反，就像他个人的命运一样多变。他一时想要成为奥地利的新欧根亲王[①]，尽管当时已经没有土耳其可供他打败了，一时又交替着要成为波兰、希腊、意大利，尤其是法国的统治者。这些计划虽然各有不同但是却全都一样是空想，一切都源自王子内心深处根植着的迫切追求独一无

① 欧根亲王，神圣罗马帝国陆军元帅，在奥斯曼对土耳其的战争中取得大捷。——译者注

二的成功的野心，他始终认为他欠他的父亲一个成功。

他对未来的无决断，很大程度上可以归咎于他对生活的迷茫。除此之外他缺乏一个对于军队生涯来说必需的条件：对于军人来说必备的健康体魄。

弗兰茨13岁的时候就经常感冒、咳嗽。自1826年年初开始，这些症状连同痰多、阵发性发烧一起发作得越来越频繁。当时诊断这一病症为肺结核。弗兰茨本人则坚持他只是和他父亲一样得了胃溃疡。人们给他做热敷，开不同的药粉给他吃，并且医嘱他要好好休养身体。王子则从未考虑过要听从医生们的建议。正相反，他用各种方式掩盖他身体的不适。对此担忧不已的迪特内希斯坦请求帕尔马的女大公玛丽写信规劝王子注意身体，那些他平时习惯做的“剧烈的不必要的运动一概停止，不要飞奔着上楼梯，也不要跳过桌子和长椅。”

病痛顽固地持续着，王子也继续否认他的不适。他出门、狩猎、参加舞会，结束了。确切地说是无精打采地结束了单调的军营工作。

自1832年1月起，他再也不能否认自己已经明显得重病的事实了。三个月之后医生们会诊，确定他的病已经无法医治。

为了可以在乡间安心休养，他在5月前往美泉宫，住在父亲多年前也曾经住过的房间里。

依照首相梅特内希的建议，人们并未将弗兰茨王子病重的消息告知玛丽·路易斯。当时意大利北部的政治形势非常动荡不安，也需要她在帕尔马坐镇稳定局势。梅特内希担心如果她知道儿子的真实状况就离开帕尔马前往维也纳的儿子身边，这样对意大利的政治局势非常不利，也是梅特内希绝对不想看到的情况。

约翰·冯·摩尔始终尽心尽力地照料王子的身体，在他的回忆录中详尽地描述了王子整个病情的发展进程。他的记录中反复出现关于王子抱怨他的“右侧肺部”剧烈疼痛的记载。当他去找医生马尔法提（Malfatti）来给王子做检查的时候，王子殿下又毫不犹豫地否定了自己的疼痛。在场的侍从困惑地询问王子为何要否认他的病痛，得到的回答却十分荒诞不经“因为会给马尔法提添麻烦”。

摩尔几乎每天都能发现王子的睡眠非常糟糕。“王子睡得很不好”，他记录到，“1832年6月17日，周日，抱怨右侧肺部的疼痛，大量地咳嗽。我在他身边一直陪伴到2点钟，他的情绪十分恶劣。在3—4点睡觉，我在他用正餐的时候再次去他那里。他说他要出游，我只能告诉他现在天气状况不允许”。几分钟后他从桌边站起身坐到沙发上说道：

> 我现在又觉得冷了，我该做什么才能恢复健康呢？

摩尔给他盖上一个毯子和一件大衣，但是这也未能阻止他随后的高烧。

6月24日女大公玛丽·路易斯返回维也纳。她有三年没见到她的儿子了。母子会面非常真诚感人。当时已经非常虚弱的王子并不能适应母亲的经常陪伴。四周之后，1832年7月22日凌晨5点，他去世了。骑兵上尉摩尔是一直陪伴他到最后的人，他将王子离世的消息转告给已经在林茨暂住的皇帝陛下。陛下眼含热泪地反复询问王子临终时的情况。骑士上尉记载中写到："他反复对我说，尽管知道外孙的病情无望，但仍怀着希望可以见到他最后一面。"

在皇帝陛下允许这位与逝者关系亲密的教师退下之前，又向他询问道："王子究竟想要做什么？"摩尔在回忆录中如是写到："我的回答是，完全没有，因为这一刻的主意他下一刻就改了。他不知道他究竟想要什么，而这对我来说算是一个慰藉，也是我为何始终未对他失望的原因。"有时候莱西斯塔德大公弗兰茨对自己也有同样的不满，一次他总结道："从生到死我的生命都毫无意义。"

他被葬在维也纳的皇家陵园。一百多年后阿道夫·希特勒（Adolf Hitler）为了向法国人民表态，将他的棺椁转运回巴黎。莱西斯塔德公爵被葬在他的父亲拿破仑一世的身边，他在荣军院①得到了最后的安息之所。

① 巴黎荣军院，法国皇帝拿破仑就葬在此地。——译者注

卡尔·马克思
与女儿图西·马克思

“她需要您才能活下去”

卡尔·马克思于1818年生于特里尔的一个富裕的犹太市民家庭。特里尔是德国最古老的城市之一。它安宁地矗立在摩泽尔河谷中段，一侧坡地覆盖着葡萄藤与树林，直通洪斯吕克山脉；另一侧红砂岩山丘通往艾弗尔山。然而从政治角度来看这个小城，就会发现它这种充满田园牧歌的表象的虚假之处。位于法国边境的地理位置，给小城带来了超过一个世纪的动乱历史。特里尔城在“三十年战争”之后和路易十四统治期间曾短暂地归属法国管辖。1789年革命之后，再次被法国殖民统治了二十年之久，直至布吕歇尔将军（Blücher）于1814年将之收回，与莱茵兰、威斯特法伦一起划分给普鲁士所有。

卡尔的父母，亨利希·马克思（Heinrich Marx）与亨丽埃特·马克思（Henriette Marx）都出身于传统犹太家庭。直至1812年都归属德国，之后归属法国，最终重回普鲁士。在国内政治动荡的环境下，夫妻两人在马克思出生前就放弃了犹太教的信仰成为新教徒。否则亨利希·马克思就不能继续从事律师的职业了。1824年，6岁的卡尔·马克思和他的姐妹们一起受洗。

新的宗教信仰和旧的犹太教信仰，对马克思来讲没有任何意义。之后他将宗教称为“人民的鸦片”，将之作为一个被批判的概念，宗教被指用空头支票敷衍人们忍受世间的痛苦以期待来世，而不需要采取积极

前排中间的就是艾琳娜（Eleanor），通常被称为图西（Tussy），前排左侧的是姐妹劳拉（Laura），右侧是燕妮（Jenny）。后排左侧为马克思的朋友弗里德里希·恩格斯（Friedrich Engels），后排右侧为卡尔·马克思。他的社会主义观点在孩子们幼年时期，已经给他们以深刻的影响。

的行为消除不幸。依照他的理论“要求放弃对他的个人状态的幻觉”，也就是“放弃这种需要幻觉的状态”。尽管他出身犹太家庭，他对犹太教也有着同样敬而远之的态度。

在特里尔中学毕业之后，马克思先去波恩学习法学。后又从波恩转往柏林就读弗里德里希-威廉大学（今天的洪堡大学），这所大学的历史哲学专业最好，法学专业次之。在柏林，马克思结识了青年黑格尔左翼激进派，这个组织隶属于黑格尔学派，专注于批判普鲁士政权与社会体系，并要求改变贫困、对异教徒的歧视以及国家出版审查这些社会现状。马克思23岁取得博士学位，论文题目为《德谟克利特的自然哲学和伊壁鸠鲁的自然哲学的差别》（*Die Differenz der demokratischen und epikureischen Naturphilosophie*）他将这篇论文献给了“父亲般的朋友”路德维希·冯·威斯特法伦（Ludwig von Westphalen）。路德维希不仅仅像马克思的父亲一样将自由主义的思想传授给他，也用自己对莎士比亚的热爱感染了他。在柏林的学习给马克思全面的知识储备奠定了坚实的基础，他在柏林不仅学习了扎实的专业知识，还对文学产生了极大的兴趣，同时也对经济学进行了深入的研究。

> 我认为你是卢梭、伏尔泰、霍尔巴赫、莱辛、海涅和黑格尔的结合体，是结合而不是机械的拼接，这就是你，马克思博士。

同时代的出版家莫塞斯·赫斯（Moses Heß）如此赞美马克思。毫无疑问，马克思在多个领域受到认可。除此之外他还是一个出色的分析家、雄辩的演说家，并且坚定不移地为他的目标而努力。他是一个有独特魅力的人，但是也并非完美无缺。他虚荣心强，热衷于攻击性很强地嘲讽别人，并且对政见不同的人毫无尊重之意。

马克思打算在波恩谋求一个高校教职，但是他的求职申请并未得到允许。

> 保守的普鲁士政权，就如同其他任何时期的君主政权一样，始终在不满地关注着所有的反对浪潮，绝对不会聘用任何一个不安定分子。

作为不安定分子的一员，马克思丝毫没有顾及他的个人利益或者其他的利益，毫不动摇，坚持到底。

他开始以记者的身份为一些自由派的报纸工作。这些报纸都是硬骨头，因为他们处在普鲁士证券的出版审查之下，仍然坚持自由理念。1842年在经过审慎的考察之后，马克思被聘用为《莱茵政治、商业和工业日报》（*Rheinische Zeitung für Politik，Handel und Gewerbe*）的主编。他的传记作家伊赛尔·柏林（Isaiah Berlin）如是记录："在这家公司里他很早就显露出了他独断专行的本性。而他的下属们也任由他随心所欲地管理，并且由他按照个人风格发表大量文章。"在这一过程中莱茵报很快由一个温和自由派的报纸发展成为极端激进派，成为德国所有报纸中对政府的敌意与攻击性最强的一家。马克思凭借他的文章吸引了大量读者。仅仅三个月后报刊的订阅量就比原来翻了三倍之多。但是在当时这一切仅仅取决于一件事，那就是出版审查机构究竟可以对他们的攻击行为忍受多久。事实上在1843年4月1日报刊已经被禁止出版。尽管命运并未给他酬谢，马克思仍然展示出了他曾经刚直不阿的勇气，这一品质在未来也一再地体现出来。

虽然马克思失去了固定的收入与工作，他仍在1843年6月25岁的时候与他青梅竹马的恋人燕妮·威斯特法伦（Jenny Westphalen）结婚。燕妮是马克思的导师，枢密顾问官路德维希·冯·威斯特法伦的爱女。卡尔与燕妮自幼相识并于八年前私订终身。

> 她比马克思年长四岁，聪明，受过良好教育并且非常迷人——她被称为“特里尔最美的女孩”——她与他共享他的乌托邦世界。

作为一个出身优越的女孩子，她没有任何机会被教育如何应对贫困的生活，而马克思却对她抱有这般期待。

威斯特法伦家族似乎已经预料到他们家女婿将会面临的经济困境，这个自由开明的家庭在一开始拒绝了马克思的求婚。但是一切都是徒劳，由于马克思的坚持和燕妮的坚定支持，马克思最终得到了岳父母的同意。最能说服岳父母家的理由是，他真心爱燕妮，他以一个自我中心主义者所能给出的最多的爱来爱她。直至他生命的终结，燕妮总是从他那里得到最火热的情书。他在他们婚姻十三年后的一次去特里尔的旅途中，写信给燕妮道：“你好像真的出现在我面前，我将你珍重地抱起，从头至脚地亲吻你，我跪在你面前叹息着说道‘夫人，我爱您’。事实上我对您的爱远胜过威尼斯的摩尔人的爱情。”摩尔也是马克思的昵称，家中人因为他黝黑的皮肤和乌黑浓密的鬈发而给他起的昵称，因为摩尔有黑人的意思。而在十二年后他又写到：“诚然，世间有许多女子，而且有些非常美丽。但是哪里还能找到一张脸，上面的五官，甚至每一条皱纹，都能引起我生命中最强烈、最美好的回忆？甚至当我无限地悲痛，我无可挽回的损失……我都能从你的笑容中看到，在我吻你那甜美的面庞时，我就能克制这种悲痛。”

这样的炽热的爱情，使燕妮热烈地回应他。在他们结婚前几个月燕妮写信给科隆的马克思：“你的形象在我面前是多么光辉灿烂威武堂皇啊，我从内心里多么渴望你能常在我身旁。我的心，是如何满怀喜悦地欢欣，为你跳动。我的心，是何等焦虑地在你走过的道路上跟随着你。”而在1844年8月她又写到：“在如此漫长的分别之后，能够再一次在你的心口，在你的臂弯中，温顺、幸福地安歇，对我来说是多么巨大的幸福啊！我要和你聊些什么呢？”

尽管燕妮有自己的想法，但是她总是把马克思的看法放在首位。除了照料家庭、养育孩子们、管理家庭财政收支之外，由于多年来极其贫困的境况，导致家庭没有基本的财政基础，燕妮不得不绝望地与债主和当铺的人打交道。为了马克思的事业，燕妮全身心地奉献了自己的力量。如她自称的那样，做他的“秘书”，她负责将马克思的那些无法辨识的手稿誊写一遍，再将那些稿件发往出版社。

1843年婚后不久，值得庆幸的是，未来那些沉重的经济负担还未能显露痕迹。

卡尔·马克思与燕妮一起迁居巴黎。在那里，他们开始了燕妮在之后的婚姻中少有的无忧无虑的一段时光。

我们从燕妮送给她的丈夫一个礼物上就能看出，那时的燕妮有多么的无忧无虑了。一个精致考究的马鞭，尽管那时候马克思既没有一匹马也不会骑马。

此外，马克思在巴黎还结识了未来成为他好友的亨利希·海涅（Heinrich Heine）。另一段最亲密的友谊也初见端倪，弗里德里希·恩格斯，乌博塔尔附近的巴门市一个富有的工厂主的儿子，比马克思小两岁，同样才华横溢，以及对工人阶级苦难命运抱有强烈的责任心。在出版以及政治上的紧密合作，将马克思与恩格斯紧密地联系在了一起。和马克思一样，恩格斯也在巴黎为德法年报（*Deutsch-Französische Jahrbücher*）杂志社工作。

由于他在巴黎参与了德国周报《前进报》（*Vorwärts*）的编写工作，报纸主要攻击专制制度，尤其集中抨击普鲁士政权，又是德语报纸中唯一一家未经审查的机构。所以卡尔·马克思再次受到出版审查机构的批评，并于1845年年初被法国政府驱逐出境。他前往布鲁塞尔，恩格斯也在那里安家落户。当局要求马克思在从事记者工作的时候，不许针对政治时事发表意见。

在布鲁塞尔，马克思开始真正在政治上崭露头角。

马克思坚信，只有所有的工人阶级联合起来，才能实现政治、经济方面对工人阶级有利的转变，为此他与恩格斯在1847年一起创办了“德国工人协会”（Deutscher Arbeiterverein）。

在此之前他们还一起创建了“共产主义通讯委员会”（das kommunistische Korrespondenz-Komitee），目标是将共产党人与工人阶级联合起来。两个社团都为最终共产党的成立奠定了基础。马克思和恩格斯还是“正义者同盟”（Bund der Gerechten）的成员，后更名为“共产主义者同盟”（Bund der Kommunisten），在1847年马克思收到该联盟的委托，起草一篇政治纲领。1848年纲领被发表，主要阐释了马克思的革命政治、经济理论，名为《共产主义宣言》（*Kommunistisches Manifest*）的政治纲领被载入史册。他不仅对欧洲大陆的政治产生了影响，甚至直至今日还在世界范围内产生着影响。

1848年整个欧洲都处于自由主义起义的震荡之中。起义自意大利开始，针对的是意大利北部哈布斯堡王朝的统治，接着延续到法国，推翻了“平民国王”路易斯·菲利普·冯·奥尔良（Luis Philippe von Orleans）的统治。四月革命浪潮席卷至德国，革命者们力图建立一个统一民主的德国，来取代普鲁士君主国家。

卡尔·马克思立刻动身前往科隆，并且成为革命运动中的领导者之一。

在马克思再次被德国政府驱逐出境，并且被剥夺德国公民身份之后，他先是接受法国临时政府的邀请前往巴黎。但是不久之后，他就在法国大选前遭到最后通牒，要么被逮捕，要么离开法国。出于对英国自由的政治氛围的信任，马克思没有考虑其他中欧国家，直接决定与家人一起移民英国。他的好朋友恩格斯也前往英国政治避难。英国对恩格斯来说更加可靠一些，因为作为一家英国纺织厂的股东，他已经在那工作过了。恩格斯继续用实际行动证明他不愧是马克思最好、最值得信赖的朋友，他不仅一再资助并照料这个总是处于经济赤贫状态的家庭，还将他个人的科学研究工作放在马克思之后。事实上，两个人共同的政治责任感并不基于无产阶级环境下，由于不幸的童年而产生的特性，而是完全立足于科学基础，即哲学方面的理性主义理论。

马克思的功绩是，首次将社会阶级体系作为一个经济学现象来研究。

对卡尔·马克思来说定居伦敦意味着之前的流亡生活告一段落。然而他的个人生活却陷入前所未有的困境。其间燕妮生下了三个孩子，燕妮、劳拉和埃德加（Edgar）。在伦敦又紧接着生下了吉多（Guido）和弗兰西斯卡（Franziska），但是这两个孩子因为贫穷的环境而在襁褓中夭折。

英国的工业革命比欧洲任何一个国家都要先进，因此革命所造成的影响也格外深远。伦敦是当时世界上最大的城市，居住者超过100万人口。为了能够在船坞或者工厂找到一份工作，成千上万的人从乡下拥入城中。由于竞争激烈，想要一份只有极少数人能得到的工作，人们不得不接受菲薄的报酬。没有足够的居住空间，人们不得不挤在根本容纳不下那些人的简陋茅舍中艰难度日。这些陋室不仅窄小阴暗——当然不可能配备电灯，还缺乏取暖设备和基本的卫生条件。房间内外垃圾遍地污水横流。后果就是，疾病和瘟疫如霍乱快速蔓延，大量居住者相继死亡。

卡尔·马克思最终与他的家人也定居在这样一个贫民区中。最初他住在东区切尔西，由于付不出房租不得不搬离那里。燕妮在1805年写给朋友的信里描述了那次震撼人心的驱逐：“有一天，我正坐着，突然女房东来了，要我付给她五英镑的欠款，可是我们手头没有钱。于是来了两个法警，将我的菲薄的家当——金属物品、床铺、衣物，甚至连我那可怜孩子的摇篮，以及比较好的玩具都查封了，孩子们站在一边眼泪汪汪地看着。我们必须当天离开，外面下着雨，天气寒冷，阴暗，我的丈夫想要给我们找一个房子，但是只要他说有四个孩子，就没有人收留他。”

他最终在伦敦苏胡区（Soho）找到了一处有三个房间的房子，显然这对马克思的家庭来说非常狭小。因为还包括赫莲娜·德穆特（Helene Demuth），从特里尔一直追随他们夫妻到伦敦的忠心女仆，这使得居住人数最多的时候达到八个人，其中包括五个孩子——有两个孩子死于襁褓之中。

燕妮对于这种环境非常绝望，她一度陷入了抑郁的状态。

燕妮从未长于这样的环境中，这一切随着每日里与债主、面包师、肉贩、牛奶贩的接触，以及不得不经常写求助信，让她的生活越发艰难。更加雪上加霜的是，她先后两次在间隔非常短的情况下怀孕，并且为这两个先后夭折的孩子而悲伤绝望。

卡尔·马克思为最大的美国报纸《纽约每日论坛报》（*New York Daily Tribune*）写稿的同时，也是纽约《人民日报》（*The Peoples Paper*）和布雷斯劳《新奥德报》（*Neue Oder Zeitung*）的自由撰稿人。其中《纽约每日论坛报》酬劳不菲：节约使用原本应该足够全家日常开销。这些收入每次都不够用，甚至一再欠债度日的原因是马克思与燕妮都不擅长理财，反而在拿到钱的那一刻立刻将它们花出去，还有为了满足与他们的出身相符的那些需求而支付的大笔开销。给女儿们延请私人家教，为了给她们良好的教育并为未来得到一个好的婚姻；费用昂贵的旅行以及疗养之旅，为了身体健康，他们必然就要花掉所有专门款项。

因此卡尔与燕妮夫妇一再地请求挚友恩格斯的帮助。

> 弗里德里希·恩格斯为这个家庭负担了日常开销以及大部分其他开销。

他为朋友付出如此之多，甚至于后来他承认自己是马克思的女仆赫莲娜·德穆特于1851年夏天产下的私生子的父亲。尽管卡尔·马克思才是孩子的亲生父亲。孩子被恩格斯命名为弗里德里克（Friedrick），并立刻被送往一个领养家庭。他生长于工人家庭并且终其一生也没有被马克思承认过。人们几乎不能想象这件事情燕妮毫不知情。更有可能的是，弗里德里克在出生之后，立刻被送出马克思的家，并且一生都不被允许进入这个家。而平时对别人关怀备至的燕妮，一反常态地对她最信任的女仆的孩子不闻不问。从这点推断，她一定是知情人，但是对她来说，除了直接将这个孩子送走之外，她也没有更好的办法。有一些传记作家认为私生子被送走，只是因为马克思逼仄的住所而导致的。但是即使在马克思的居住条件有了很大改善之后，弗里德里克也始终未被允许回到家里居住。从这点推断，恩格斯如此高尚地替马克思承认了父亲的身份，不仅仅是考虑到他与马克思及其家人深厚的友谊，也顾虑到了马克思的名誉，和他在工人阶级圈子内的威望。

弗里德里克是马克思的儿子这一消息，直到一百年后，即1962年从一封前人遗留下来的信件中被公之于众。信中恩格斯的女秘书兼管家路易斯·卡特斯基（Luise Kautsky）解释了这件事的来龙去脉，据说这一消息是在恩格斯1895年临终之际才吐露出来的。

直至卡尔·马克思去世之后，弗里德里克才日渐频繁地出现在他母亲身边，这位女仆德穆特女士自1883年到1890年间为恩格斯料理家务。

马克思的女儿图西经常出入恩格斯的家，因此发现了恩格斯对弗里德里克的冷淡态度，与他平时待人的热情友好截然不同。这一点也是私生子问题的一个明证：恩格斯仅仅在对外方面承认与弗里德里克的父子关系，但是他个人并不认为他应该对弗里德里克负责。

20世纪50年代发生的这场家庭内部感情危机，让马克思比燕妮更加难以忍受。他拼命工作，躲到他常去的不列颠博物馆中的图书馆，或者跑出去参加各种政治集会，试图借此摆脱家中让人不愉快的氛围。他写信给恩格斯称，家中的“泪流成河”不仅仅折磨着他，也让他不耐烦并且恼火。

这就是1855年1月16日，马克思最小的女儿——艾琳娜（Eleanor），通常被称为图西（Tussy）出生时的情况。父亲马克思很失望，因为这是一个女孩儿。很快又开始焦虑担忧，因为这个小姑娘体弱多病并且经常哭号。更让他们担心的是他们的儿子埃德加（Edgar），这个8岁的小男孩儿可爱、开朗、聪明过人，是马克思最疼爱的孩子，家人都称他为小穆希（Musch）。他在图西出生后不久就感染了肺结核。卡尔·马克思连续数周日夜守候在孩子的床边，陪他聊天，给他读书，爱抚他。

> 父亲的爱一定让埃德加很幸福，并且减轻了他的痛苦——但是这对病情并无帮助：他在4月死于父亲的臂弯。

燕妮不久之后写到：“如果那时候我们能够离开那间狭小的、对健康不利的房子，并且带孩子去海边，可能他还有机会康复。”卡尔·马克思伤心欲绝，连续数月对其他的事毫无兴趣。他在给恩格斯的信中写到："简直无法描述孩子们能够给人带来的痛苦。"小图西用她的可爱与幽默一点一点将他的父亲脱离那些痛苦，并最终使他回归了正常生活。尽管她是个女孩儿，她成功地将父亲的注意力吸引到自己身上，骄傲的母亲燕妮在一封写给路易斯·韦德迈耶（Louise Weydemeyer）——社会主义者约瑟夫·韦德迈耶（Joseph Weydemeyer）的夫人——的信中如此描述自己的小女儿："几乎再也找不到这么可爱的孩子了，她是那么美丽、天真、幽默风趣。"1856年5月，一岁多一点的图西陪同母亲和两个姐姐一起回特里尔城拜访外祖母，庆祝她的81岁寿辰，几周之后她的外祖母就去世了。

有望因此得到一笔小遗产的燕妮9月返回伦敦，立刻开始找一个新的住所。在伦敦城北部郊区的汉普顿海斯区，她找到了一处有八间房和一个大花园的宅院。相应的家居摆设则没有余钱可以支付，只能用旧货应付。尽管如此，这也是多年来马克思一家住过的最奢侈的房子了。由于住所距离伦敦城中心没有合适的交通线路，马克思不得不步行五公里前往不列颠博物馆的图书馆工作。

对马克思的女儿们来说，搬到乡下居住是非常幸运的选择。

尤其是图西，她很快地忘记在她生命的前两年所承受的苦难，并开始享受起新环境中无忧无虑的自由生活。在这里，生活的中心仍然是父亲，所有人都深爱着他。事实上，马克思也确实是一个热情的体贴的好父亲，他很重视他的孩子们，与他们花费很多时间相处，并且平等对待他们，而这些在当时的父亲们中间绝对是凤毛麟角。图西后来回忆说：

“他从来没有责怪我打扰他的工作。当他在从事一件重要工作的时候，孩子们围绕着他吵吵闹闹，必然会打扰到他，但是他从未让孩子们产生那种感觉，即他们的存在让爸爸受到干扰。”而马克思的朋友与同志威廉·里布克乃西特（Wilhelm Liebknecht）则在回忆马克思与恩格斯的回忆录中写到：“人们必须看看马克思与他的孩子们相处的样子，这样才能够对这位科学领域的伟人的思想深度与天真纯善有全面的认识。”

他与孩子们嬉闹，编故事讲给他们听，为他们读书。图西和她的姐姐们一样以英语为母语，因为英语是家里家外通用的日常语言，但是她很快就记住了全部的格林童话，并且能够用德语流利地复述这些故事。燕妮在写给路易斯·韦德迈耶夫人的信中说道：“我们所有人都给她读童话故事，直到我们再也不必读了为止。而我们最可怜的是，只要我们在讲《侏儒怪》（*Rumpelstilzchen*）、《画眉嘴国王》（*König Drosselbart*）或者《灰姑娘》（*Aschenbrödel*）的时候漏掉一星半点，她就会发现。她是卡尔的心肝宝贝，用她的笑脸和叽叽喳喳的话语，帮卡尔赶走了很多忧愁。”

父亲的个人爱好也对女儿们产生了深刻影响，比如他最爱的莎士比亚，图西在还没学会读写的时候，就已经可以大段地背诵莎士比亚的篇章了。

他也同样唤起了女儿们对政治的兴趣——当然是对社会主义方面的。

社会主义理论是马克思家中永远的谈话主题，女孩子们在耳濡目染中，逐渐了解父母的政治理念与政治目标，有时候甚至会被父亲带去参加一些政治集会。

毫无疑问，卡尔·马克思非常爱他的孩子们。而且不仅只爱自己的孩子，据威廉·里布克乃西特的观察："他也经常被那些在路上遇见的陌生的，尤其是看起来需要帮助的、处于穷困状态的孩子们吸引。我们无数次在一起穿过贫民区的时候被他抛弃，只为了给破衣烂衫地站在门槛上的小孩子手里放上一个或者半个便士，再摸摸他的头发。"这种对小孩子的关爱在他的一篇文章里也体现出来。

在文中他反复抨击对童工的剥削压迫。19世纪60年代，一位10岁的小孩为了要一份不足以糊口的报酬，每周在英国工厂工作60个小时。

1861年马克思在十多年后再次动身前往特里尔母亲家中。由于普鲁士皇帝威廉一世（Wilhelm I.）加冕赦免了所有的政治犯，马克思才得以回到德国。然而不久之后他的革命同志费尔迪南德·拉萨勒（Ferdinand Lassalle）试图在柏林为马克思重新申请德国国籍，却遭到普鲁士当局的拒绝。马克思在特里尔给夫人写信道："我最亲爱的燕妮，我每天都去老威斯特法伦宅拜访，它比任何一座古建筑都要吸引我，因为它能让我回忆起我们幸福的青春时光，并且养育了我最爱的珍宝。"三个半月之后马克思返回伦敦家中：

> 燕妮告诉拉萨勒："到处一片欢腾。一直到深夜大家还在谈天说地，查看礼物，兴高采烈地笑着拥抱、亲吻。"

两年后亨丽埃特·马克思（马克思的母亲）去世。马克思再次返回特里尔，接收父母亲的遗产。这使他可以在1864年4月再次搬家。马克思一家搬进了一个更宽敞、更豪华的房子里，还有优雅的楼梯，宽阔的大厅和一个大花园，位于之前的居所不远处。燕妮告知好友埃尔奈斯缇娜·里布克乃西特（Ernestine Liebknecht）："这所房子最大的优点在于它的自由健康的环境，既没有人住在旁边也没有人住在对面。"

时年9岁的小图西比上一次更加高兴这一改变。她和她的姐姐们一样不喜欢去上学也不经常去，因为这个时期女孩不能接受义务教育，更不用说可以有一所除了教导女孩儿静坐、手工刺绣、家务等新娘教程之外其他知识的好学校了。两个姐姐偶尔参加私立的"女子学习班"，图西不用去。她最喜欢的专业是体操。

在学校里学不到的知识她都在父母的身边学到了。其中父亲马克思始终努力培养她的学识与能力。他推荐她阅读高品位的文学作品，陪她一起下国际象棋，她总是最后的赢家。她12岁的时候写信给她的叔叔里奥·菲利普（Lion Philips）："我在国际象棋方面取得了很大的进步，我总是赢棋，爸爸为此非常郁闷。"在他的影响下图西在幼年时期就已经对政治产生兴趣，她甚至在6岁的时候给美国总统林肯写信，信中她表示了对林肯的观点的支持，废除奴隶制。这封信据父亲声称已经被他送到了邮局，事实上当然没有被真的发出去。8岁的时候她宣称要与"不幸的波兰人"同进退，一起对抗沙皇俄国的专制压迫。

她自幼就对专制统治的压迫关系有很深的认识，并且如她的父亲一样坚定地站在被压迫者一边。

除了引导孩子们的知识与兴趣外，卡尔·马克思与燕妮·马克思还让孩子们拥有强大的自信心。

这一点我们从他们与父母的交流时，那种自由的无拘束的态度中可以看出来。一百年后，1968年的反权威运动还没有任何发展的迹象，马克思的孩子们称呼父母为摩尔（Mohr）和莫米（Moehme），有时候也叫查理或者老尼克。图西还有一个对父亲的爱称叫作达达，是从英语的dad（爸爸）中变形出来的单词。1867年4月24日她12岁的时候给远在德国的父亲写信，以“亲爱的达达”为开头，马克思当时正为了排印《资本论》（*Kapital*）而在汉堡和汉诺威逗留，并已经启程。图西在信中对父亲说道：“当收到你的信我还在说，你不可以离开整整两周而音信全无，如果这样的话我不会原谅你的，但是当我看到你的信的那一刻，我的所有恼火全都飞快地消散了，现在我立刻给你回信。我没有像以前那样在床上寻找你的身影，但是我总在唱那首歌：‘如果我是一只鸟，拥有一双翅膀，我就会飞向你。’”在向父亲讲述了家中的日常事务之后，图西以一句洒脱的结语完成这封家书：“现在，亲爱的爸爸，再见。致以亲切的问候，你的不恭敬的女儿艾琳娜。”

她究竟有多么依赖她的父亲，我们随后在一封信中可以看到，信件来自伦敦一个法国医科大学生保罗·拉法格（Paul Lafargue），他是马克思22岁的女儿劳拉的追求者，也是马克思家里的常客。马克思在收到图西的信不久之后就收到了保罗的信：“我不需要告诉您任何您家里的事，所有的事都已经在信里告诉您了。但是我不知道人们是否告诉您，我们有多么热切地盼望您的回归，尤其是图西，她明显地需要您才能活下去。”

燕妮·马克思一边感动地记录着女儿对父亲的亲密忠诚的感情，一边又在为女儿们担心，将她们教育得不同于流俗，不信仰宗教，对她们的将来来说是否是一个沉重的负担。他在给好友埃尔奈斯缇娜·里布克乃西特的信中写到："如果她们都很富有的话，那么她们可以在没有'洗礼，教堂，宗教信仰'的情况下也能渡过难关。可她们现在不得不忍受更多的苦难。我经常在想，如果人们不能给他们的孩子足够的财富，彻底具备不依赖他人生活的独立品行，把孩子们抚养得太过于与世俗对立，并不是一件正确的事。"

在此期间，马克思的家中正在进行一场绝望的斗争。劳拉努力征求父亲同意她与保罗·拉法格的订婚，而马克思作为父亲竟然对此完全没有兴趣了解。经过他对保罗彻底的调查之后，这个社会主义运动的积极支持者，让马克思害怕他会成为和自己一样几乎全心投入革命，而无法供养家庭的男人。马克思对保罗解释道："你知道的，我把我的全部财富都贡献给了革命事业。对此我从不后悔。如果让我重新活一次的话，我仍然会做同样的事情。只有一点，我不会再结婚了。"年轻的情侣当然听不进去父亲的这些话。在父亲最终同意之后，他们于1868年4月结婚。

半年前，1867年9月，马克思的巨著《资本论》（*Das Kapital*）的第一卷在德国出版。马克思如释重负并且努力想要与朋友一起，将这本书带到人民群众中间。这并不容易，需要被书籍唤醒并说服保守的市民们，一开始并不了解这本书。燕妮在写给路德维希·库格尔曼（Ludwig Kugelmann）的信中失望地声称："似乎德国人最爱用缄默不语来表达他们的赞同之意。"路德维希·库格尔曼是一位与马克思私交甚笃的医生，他为《资本论》的出版发行做出了很大贡献。

在当时，马克思最狂热的支持者也想象不到，这本书有一天会被翻译成各种语言，成为全世界被传播最广泛的作品。

恩格斯永远是马克思支持者中最狂热的一个，他一如既往地是这个家庭最亲密的朋友。图西在父亲的作品出版几个月之后，第一次得到允许可以去恩格斯家中拜访。当时恩格斯与莉迪亚·伯恩斯（Lydia Burns），人称丽琪的爱尔兰伴侣一起居住在曼彻斯特，他是那里一间纺织厂的合伙人。尽管燕妮对恩格斯的非婚同居状态存在着道德上的顾虑，并认为恩格斯的伴侣既不会读也不会写，对她的女儿来说，不是一个适合打交道的对象，但是她并未因此禁止女儿拜访恩格斯。图西本人在曼彻斯特乐不思蜀，她已经迫不及待地要搬到那里了，与友好的丽琪和富有生活情趣、总是很开朗的恩格斯两人，相处得非常融洽。

让图西失望的是，原计划于第二年年初再次拜访恩格斯的计划，不得不推迟了。她的姐姐劳拉在与丈夫迁居巴黎之后，于1869年1月生下一名男婴，由于她在三个月后再次怀孕而急需帮助。图西被派到巴黎去做几周的婴儿保姆，她的姐夫保罗·拉法格则专心把马克思的《共产党宣言》（*Das kommunistische Manifest*）翻译成法语。她之后并未回家，而是直接与父亲一起前往曼彻斯特拜访恩格斯，并在他那里住了将近半年，马克思则在三周之后就返回伦敦。在丽琪的影响下，图西开始研究爱尔兰式的独立精神，并且亲身实践验证这一理论。她满怀热情地陪伴恩格斯与丽琪前往爱尔兰旅行。恩格斯实地考察了解当地的情况。在恩格斯家中和他的社交圈子中度过的几个月里，恩格斯与她探讨关于时事政治的主题，也带她阅读大量德语文学作品，尤其是歌德的作品，并邀请她去剧院看戏。总而言之，弗里德里希·恩格斯是图西最重要的父亲般的朋友，她终生都与他紧密联系在一起。

幸运的是，1870年恩格斯卖掉在曼彻斯特公司的股份，并迁居到伦敦。自此之后，图西与恩格斯的联系就不再局限于偶然的长途拜访了。同时恩格斯也没有忘记与他的好朋友共享他的遗产，他给马克思提供了一份年金。

几乎同一时间，普法战争以拿破仑三世被德国军队抓获而告以终结。1870年9月4日，法兰西第三共和国宣布成立，五个半月之后由保皇派占大多数的国民议会成立。它的人员构成并不像共和国这个概念所代表的意义那样，以大部分巴黎人民的民意为参照，也不追求巴黎独立。很快革命力量也占据优势地位，并在新成立的国民军中央委员会中形成了有组织性的核心力量，国民军中央委员会是巴黎武装力量联合组织，主要由工人组成。许多成员都是在工人联合会的支持下，或者在联合会中组织起来的。之后国民军深入巴黎的市中心，占据了警察机构、兵营以及政府部门，最终接管了权力。国民军夺权后的第一个举措是，立刻召开代表大会举行投票。1871年3月26日大选结果是左翼资产阶级、社会主义者和共产主义代表议员一起组成的团体取得胜利。他们以巴黎公社的名字载入史册。目标是立即改革，以实现合乎人类尊严的社会关系以及社会新秩序。

坐落于凡尔赛的共和——保守派的法国政府对巴黎公社采取了军事行动。5月21日政府军队攻入巴黎，5月28日巴黎公社失败。“五月流血周”之后政府展开残酷的报复行动：30 000人被处决，40 000人被逮捕，其中有很大一部分人根本没有参加起义。对革命者的迫害行动持续了数月之久。

卡尔·马克思全面参与了巴黎公社的目标制定，并在公社存在的有限的几周内，尽最大努力为公社寻求支持。

他发表文章阐释公社的目标，动员国际工人协会给予帮助。在巴黎公社与反对派镇压军队激战期间，马克思写了一篇激情澎湃的请愿书，表示国际工人协会与巴黎公社团结一致，并在巴黎公社失败两天之后，在国际工人协会总部递交辞呈宣布卸任。马克思在经历了一段时间的安宁生活之后，再次投身政治洪流之中。全世界反动势力都激烈地攻击他，政府当局再次派人严密监控他。而只要马克思的家人在法国停留，他们就被同样严密地监控着。此时马克思的三个女儿都在法国，劳拉，因为她和家人生活在波尔多，燕妮和图西来此拜访她们的姐妹。因为她们在年初收到了绝望的求助信。先是前一年劳拉夫妇的二女儿珍妮在出生四周之后就死亡，紧接着在这一年的二月，他们又得到了第二个儿子，麦克·劳伦特（Marc-Laurent），这个孩子体弱多病，由于经济条件紧张，他们没有钱给孩子延医送药，只能在各方面条件紧缺的情况下照料他。有姐妹帮忙，总好过她一人孤军奋战。她的丈夫保罗前往巴黎为巴黎公社秘密工作。燕妮和图西坐船从利物浦出发前来报信，陆路由于普法战争已经无法通过。还没到达，她们就收到消息，巴黎公社失败了，所有有嫌疑的人、同情革命者的人，都被逮捕甚至是枪决了。

马克思这个姓氏，在她们的父亲为巴黎公社所发表的宣言而家喻户晓，使得他的女儿们在法国处于一个危险的境地。

卡尔对此也心中有数，建议女儿们前往西班牙。女儿们听从父亲的建议，从位于西班牙和法国边境的波尔多，前往法国比利牛斯山脉的巴涅尔-德吕雄。与此同时，从巴黎返乡的保罗·拉法格，手持西班牙护照越过西班牙边境流亡。

1871年7月26日，仅仅6个月大的麦克·劳伦特死亡，劳拉决定带领长子，常被称为施纳普斯（Schnaps）的查尔斯·艾蒂安（Charles-Ètienne），与她的丈夫一起流亡。图西和燕妮陪伴他们前往保罗在西班牙山区的藏身之处——波索斯特，然后姐妹二人返回法国巴涅尔-德吕雄。她们在边境被逮捕，并由24名警察押送回她们在巴涅尔的临时住所，那里已经被彻底搜查过了。姐妹俩被关押了整整三天，无数次审问之后，被驱逐至伦敦。

在此期间，燕妮用假名在报纸上发表戏剧评论以及一些政治评论文章。回家后，图西开始担任父亲马克思的秘书，以减轻母亲的压力。结局显而易见，图西不仅在私人关系上，也在政治上与她的父亲密不可分，她了解他的思想、他的行动、他在政治上的朋友和敌人。她在这方面表现出了非凡的才华与能力。然而首要的问题是她没有工作，还在找差事做。

> 如果她是一个儿子，那么她就会像她的父亲、祖父一样理所当然地去念大学了。

在19世纪70年代，这对英国乃至全世界的女性来说都绝无可能。绝大多数的大学不招收女学生。卡尔·马克思真心希望他的女儿们可以念大学，他寻找各种门路，想要将她们送到1896年由剑桥大学建立的第一所英国女子大学。尽管他为了孩子们与工人们的权利而尽力奋斗——女性的权利对马克思来说仍然不属于他主要关注的部分。他不反对图西协助他的工作。正相反，他像以前依赖妻子燕妮一样，依赖他的女儿们协助。女儿们协助自己工作，对马克思来说理所当然。家庭中的其他人也并未注意到，他们是生活在怎样一个父权中心的家庭结构里。卡尔·马克思是家庭的中心，家中的所有成员，包括女婿在内，全部都以他为中心，工作生活。

> 图西是家中唯一一个最终意识到，她与她父亲之间的紧密联系，怎样束缚了她并阻碍她独立生活的。

图西也是很久之后才意识到这一点的。

一开始她为自己的工作非常骄傲。事实上，她突然有一大摊子工作需要处理了。巴黎公社事件给马克思带来了无数的政治攻击，他也足以应对这一切。与此同时，大量从巴黎逃亡到伦敦，并寻求避难的巴黎公社社员也纷纷上门拜访。对这些逃亡者的援助有组织地进行着，马克思将这一工作交给了当时只有16岁的图西负责。

拜访马克思家的政治流亡者中，有一位叫作希普利特·普拉斯普·奥利弗·利沙加勒（Hippolyte prosper Olivier Lissagaray）的法国人，此人家世良好，风度翩翩，积极支持巴黎公社运动，正在写一本关于巴黎公社的书，这本书后来成为巴黎公社最权威的著作[①]。马克思非

① 利沙加勒的《1871年公社史》是研究巴黎公社运动的重要参考文献。——译者注

常赞赏他的工作以及他的责任心，在私下也对他颇多关照。当利沙加勒开始对图西大献殷勤的时候，马克思却对此完全反对，理由是他34岁的年龄对他女儿来说太老了。这当然并不能阻止图西与这个外表英俊、受过良好教育的法国人热烈地相爱，他们对社会主义的看法也完全一致。

1872年，她的姐姐燕妮嫁给法国的记者查尔斯·龙格（Charles Longuet），他是国际工人协会的积极分子，也是当年巴黎公社的参与者，靠在报纸上写文章和私人授课，勉强在伦敦糊口。婚后他与燕妮一起搬进了岳父母的家中，对此马克思倒是不像当初反对他们结婚那样不满。龙格完全不是一个好的结婚对象。几乎可以预见未来必然问题重重。燕妮当时已经28岁了，以那个时代的女性来说，如果还不结婚就是必然要饱受争议的年龄，而婚姻对她和同时代的其他女性来说，是唯一的未来。

与女儿劳拉一起流亡西班牙的是马克思的另一个女婿保罗·拉法格。保罗和劳拉的第三个孩子小施纳普斯在漫长的疾病之后，于1872年夏天去世。这个时代孩子们的夭折虽然非常常见，但是马克思家族的死亡率毫无疑问高出了正常范畴。

卡尔·马克思和燕妮一共失去了四个孩子，劳拉不得不埋葬了自己的三个孩子。同样的命运也发生在女儿燕妮身上，她的六个孩子有四个活到了成年，夭折了两个。图西最喜爱的是最大的基恩（Jean），她称他为小乔尼（Johnney），她有时候在伦敦照顾他，还送他去读书。

8年前，马克思与来自13个欧洲国家的工人代表共同创建了国际工人协会（internationale Arbeiterassoziation）。此时马克思一直忙于对抗国际工人协会（简称共产国际）内部的无政府主义思潮。他决定辞去他在共产国际内部的主席职位，专心负责1872年9月通过的将工作地址迁往纽约的事宜。没有了他的国际工人协会，现在也不重要了，马克思可以将更多的精力投入到政治写作方面。

1873年年初，他和女儿图西在布莱顿豪华浴场进行了为期几天的疗养。他患有慢性的肝部以及胆囊疾病，当然他们也没有指望这仅仅数日的疗养就可以带来显著的健康改善。

> 与父亲截然相反，图西很健康，她在不久前与利沙加勒订婚，现在正处于热恋当中。不幸的是，父亲马克思禁止她与利沙加勒再见面。

马克思带着图西一起就是想利用布莱顿浴场悠闲的氛围，说服她放弃与利沙加勒订婚的想法。但是他失败了。他一个人返回伦敦，图西留在布莱顿浴场，父女二人究竟发生了怎样的对话，不得而知。可以确定的是，一共有两个话题二人未能达成共识。一个是利沙加勒，另一个是图西想要开始独立掌握自己生活的愿望：她渴望一份工作和独立生活。

她在布莱顿租了一间带家具的房子，在一家女子寄宿学校找到了一份半天的德语教师工作。那里的学生都是殖民地官员的孩子。为了改善她微薄的收入，她还做私人家教，这样的生活太过劳累，她的身体无法负荷，一再生病。在给母亲的信中她提及自己多次昏迷不醒的问题。最根本的原因可能不是健康问题，而是精神上的抑郁，她情绪极其低落，有严重的厌食倾向，还大量吸烟。母亲关怀备至地回信给她，随信附上装满食物与衣物的包裹。父亲怀念她给自己做秘书工作的便利，催促她尽快回家。

图西明白，回家意味着不仅要牺牲自己的独立生活，还要进一步以利沙加勒为代价，所以拒绝了。她在给姐姐燕妮的信中说道："我不想牺牲我自己和利沙。" 她还是顺从地接受了父亲的禁令，没有再见利沙加勒。只有一次利沙加勒来到布莱顿拜访她。她请求父亲收回禁令："距我上次见他到现在已经太久了，尽管我一直努力给自己支撑下去的力量，我仍然感觉痛不欲生。

> 我试着让自己开朗一些，再坚忍一些，但是我有预感，我已经撑不下去了。

无论如何，亲爱的摩尔，如果我现在不可以见他，能请您告诉我到底什么时候可以见他吗？这起码可以让我为之高兴一下。"

9月份，家人终于成功将图西从布莱顿接回了家。强制要求她回家的理由是，她的姐姐燕妮即将分娩，声称这个时刻需要图西在身边。之后布莱顿就不再值得一提了。马克思再一次占有了图西所有的时间。首先是陪同马克思去哈罗盖特疗养。在那里他们又谈及图西未来的发展问题，她该怎样开始她的新生活。做一个听从召唤的秘书和保姆，显然毫无前途可言。和之前一样，父亲仍然不允许她与她深爱的利沙加勒见面。她像在布莱顿一样开始厌食。马克思在时间上和空间上都把女儿与那个年轻的法国人隔绝开来。之后再次带着女儿前往卡尔斯巴德疗养。与布莱顿不同，这是一次非常愉快的旅行。父女二人在那里休养身体，认识了很多人，还见到了很多旧相识，比如汉诺威的库格尔曼。比图西小两岁的爱丽丝·库格尔曼（Alice Kugelmann）对19岁的图西印象深刻，尽管他们有十几年没见面了。“她有一双和她父亲一样充满智慧的眼睛。”她后来回忆道，她不算漂亮，却有一种对男人来说极具魅力的吸引力。她有一头暗金色、闪闪发亮的长发，有一天她将它们披散开来，长发像波浪一样地下垂，与她的气质相得益彰，非常迷人。对此她毫不在意。她的穿着打扮优雅、有品位，引人注目。

> 她非常聪明、热情、真诚、坦率、毫不拘谨，如果她遇到了不喜欢的人，也会毫不客气地说出她的想法。

她坐在饭店，吸着烟专心致志地读报纸，这一举止即使放在现在，也非常吸引眼球。

在回家的路上，父女二人还去拜访了莱比锡的里布克乃西特一家。在里布克乃西特家还有一位客人，记者威廉·布罗斯（Wilhelm Blos），他曾经因为公然发表批判普法战争的报道而被监禁一年。所有人都知道图西与利沙加勒订婚，而父亲禁止二人在一起的事情了。但是在马克思身边不可以谈论利沙加勒的这一原则却并未被朋友们遵守。他们对这位在同志们中间赫赫有名的法国人太感兴趣了，他们也很关注他在里布克乃西特出版的杂志《人民国家》（Der Volksstaat）中的合作。回到伦敦之后，图西帮助他们与利沙加勒建立联系，这是几个月以来图西第一次以官方的方式联系到利沙加勒。1874年秋天，她接受爱人利沙加勒以及里布克乃西特等人的委托，将社会民主主义的讲话以及文章翻译成德语以及法语，之后刊登在他们的报纸上。除此之外，她还帮助利沙加勒为他的巴黎公社的史书做调研，将大量的手稿从法语翻译成英语。令人惊讶的是，马克思竟然没有反对这一合作。总而言之，马克思仍然坚持禁止图西与利沙加勒见面，并对于他们之间的正式订婚毫不关心。

对于他为何坚决反对，历来有许多推测。可能他受到保罗和劳拉的影响，出于部分政治上的嫉妒心理，对保罗的同胞，另一个法国人不再有好感。也可能他希望可以继续利用女儿劳拉帮助他的工作。

极为可能的是，他想要他最小的女儿避免与一个一文不名的记者，过贫苦的生活。就像他的夫人燕妮和他两个大女儿所承受的痛苦那样。当看到他的禁令给女儿图西造成如此深的痛苦的时候，这个决定对他来说一定也非常艰难。更让他感到矛盾的是，他虽然认为利沙加勒性子急躁，不是个可靠的女婿人选，但是极为推崇他的天才，并在之后大肆赞美他的关于巴黎公社的历史著作，努力扩大这本书的影响。利沙加勒是一个非常有个人魅力的人，只有这样才能解释马克思如此矛盾的行为举止。

1875年3月，马克思全家又一次搬家了。这次搬到原本住所附近的一间小一点的房子里。由于劳拉和燕妮一家都先后搬出了马克思家，原本的大房子已经没有必要再住。卡尔·马克思的《资本论》俄文版第一卷已经于1872年出版，开始致力于第二卷的写作工作。1880年法国宣布大赦，流亡在外的政治犯如拉法格、龙格、利沙加勒等，都可以回到法国了。图西的爱人利沙加勒属于第一批可以归国的人。他没有其他选择，只有在法国他才可以继续从事新闻事业，并为他和图西的将来打下一个经济基础。他失败的尝试证明了在伦敦发行法语报纸是行不通的。图西并未与他同行，而是推迟了自己的决定。

最主要的原因还是家庭责任问题。她必须照顾她的妈妈燕妮，因为她正深受肝癌的折磨。当然也不仅仅是家庭责任的原因，在尝试追求自我与一份独立工作的过程中，她对自己的将来越来越绝望，她不相信自己在法国这样一个陌生的国家，怎样才能在利沙加勒的帮助下，将自己的爱情与自己对自强独立的追求合二为一。她在九年的追求之后，开始对她的爱情不那么确定了。她开始从事戏剧行业，戏剧演员是当时社会上少有的对女性开放的职业之一。1881年7月，她在伦敦登台演了两部法国独幕喜剧。同时她还活跃在文学界，一方面担任文学朗读会和讨论会的组织者，另一方面从事翻译工作。此外她还像在布莱顿时一样为他人私人授课。

1881年12月她的母亲燕妮去世。卡尔·马克思大受打击，因为自己也病体沉重，所以无法参加她最后的葬礼以表哀思。就像过去一贯发生的一样，恩格斯代替他出席。

> 如果世界上有这样一位女性，她在其他人幸福的时候自己才觉得最幸福，那么燕妮就是这位女性。

恩格斯在葬礼的悼词中如此评价她。几个月之后马克思对自己的好友承认："如果我否认我的思绪中大部分都被对我妻子的回忆所占据，那一定是说谎。我始终在回忆那些与她一起的、我生命中最好的岁月。"

年末，马克思遵照医嘱前往位于英国南部海岸的怀特岛疗养。这次疗养又是图西给他作伴，尽管她本人仍然处于抑郁之中。她在对家庭的责任心、爱人的期待、自己的个人追求之间左右为难，无法抉择，还为自己对未来竟然如此犹豫不决，无能为力而感到情绪低落。马克思给恩格斯写信道："这个孩子正处于严重的抑郁状态，这对她的健康伤害很大。我们唯一能为她做的，就是由得她做想做的事情，让她上完戏剧表演艺术课。她强烈地渴望，按照她自己想要的那样，过独立的艺术家的生活。这世上我最不想要发生的事，就是孩子觉得自己一直在做一个老人的保姆，被家族供上祭坛，做了牺牲品。"

卡尔·马克思这个一贯表现得非常通情达理的父亲，这次没能理解，她的女儿究竟被什么所折磨着。她一直需要的就是一份工作，这是任何药物疗养都无法治愈的痛苦。即使是他的妻子燕妮，也会在减少一些家务之余，搜寻自己喜欢的新闻文件。这位批判社会的观察家竟然没有留意到，他的女儿和同时代越来越多的女性一样，开始迫切地想要传统赋予她们角色之外的身份，除了等待一个男人，依靠他之外得到一个独立的身份。当时女性的追求对马克思来说，并不是必要的社会改革的一部分，充其量算是社会改革的后果。从今天的眼光来看他对他女儿所做的一切让人非常吃惊，但在同时代的人眼中，这一切都非常正常。

马克思并不知道究竟是什么在折磨他的女儿，图西也并不想告诉他，他对女儿焦虑的情绪表现出了不耐烦与恼火。

他认为她"神经质"，在写给好友恩格斯的信中他指出，图西的歇斯底里是由于性挫败。他的这一推测符合当时社会上男性的普遍观点。不久之后德国社会主义者奥古斯特·倍倍尔（August Bebel）在他的《女性与社会主义》（*Die Frau und der Sozialismus*）一书中如此阐述道："男性作为更强大的存在，可以不费力气地获得性满足或者在他的终身事业上得到同等补偿，而这些途径对上流阶级的女性来说都行不通。这导致了她们对自己以及社会的不满，乃至病态的思想。"

由于这些诊断并未在父女谈话中被表露出来，图西仍然感觉自己被误解，她在怀特岛写给姐姐燕妮的信中说道："我不愿意指责别人，尤其是父亲，尽管他严厉地指责我，就像我做了有损于家庭的事一样。爸爸和医生以及其他人都不愿意理解，我最主要承受的痛苦来自灵魂。"以及"看起来我只想到我自己而不是仅仅围着我们亲爱的摩尔转是一件非常自私的事情。没有人知道我究竟有多爱他，所有人最终都只能过自己的生活"。在她深爱的、极其强大的父亲在世的时候，她始终没有和爱人成功地在一起。在马克思去世之后，这一切看起来更加渺茫。1882年，马克思终于同意她与利沙加勒结婚。但是太晚了，在这一年她和利沙加勒分手了。她对姐姐燕妮说道："这是一场惨烈的战争，有时候我自己都会很惊讶，这样的情况下我竟然还能活着。"她为自己的前途进行的斗争也没有取得任何进展。她在伦敦的一个夏天写信给燕妮道："坐在这简直让我要疯了。我曾经计划尽最大努力找一份工作，做一些更好更多的事情。我没有足够聪明到可以过那种聪明理智的生活，但也没有愚钝到为自己的庸碌无为而满意的地步。"

1883年1月，燕妮死于膀胱癌，年仅38岁。她留下了四个年幼的孩子。卡尔·马克思重病到无法参加她的葬礼。他当时患有胸膜炎和慢性支气管炎。四周后医生诊断出他的肺部有一个肿瘤。3月14日，他在自己位于梅特兰花园路的公寓中去世。三天后他被葬在海格特公墓。葬礼非常简朴，只有家人和少数老友参加了仪式。其中当然包括弗里德里希·恩格斯，这个对马克思最忠诚、最关切的挚友在悼词中预言道："他的英名和事业将永垂不朽！"这句话被证明是正确的。

8月，图西放弃了父母的房子，在不列颠博物馆附近找了一间小房子。那一年她28岁，那个她一直为之努力的未来，究竟会给她带来怎样的命运呢？

现在命运给了她一份工作，与弗里德里希·恩格斯一起对马克思生前的文本进行筛分、归类、使用。大约1 000封信以及最重要的《资本论》第二卷，马克思生前声称他几乎完稿。以他们看到的稿件来说，压根不是他说的那样。第二卷文本根本就没有脱离笔记摘要的范畴，还是用马克思那著名的、无法辨识的笔迹手写的。对恩格斯与图西这两位遗产管理者来说，这个工作简直如在地狱般折磨。

现在命运还让一位男士走进了图西的生命。爱德华·艾威林（Edward Aveling）医生，34岁，著名自由思想家、进步思想的捍卫者、进化论者、医生、动物学家，以及《前进报》的主编。他努力与图西拉近关系，希望图西能够成为他的工作伙伴。她是否愿意为《前进报》写稿呢？可以署上她的全名。再也没有比这更好的调情手段了。他提供给图西的正是图西梦寐以求的东西，一个独立的身份。如果马克思在世，她就不得不拒绝这一提议了。卡尔·马克思必然要对以他的女儿，或者他本人的名义发表的一切言论负责。她们的母亲燕妮发表论文的时候，就是匿名的。在父亲去世之后图西当然可以自由使用自己的名字。爱德华·艾威林非常明智，因为她确实声名远播。

作为一名男性，他长相非常丑陋，但是对部分女性来说，他有一种迷人的吸引力。

> 可能他天生就对女性有深刻的理解能力，并利用这一天赋，让女性们觉得自己被理解了。

图西的传记作家觉得他一无是处，很难找到一点优点，称他为自大的自我表现者、投机者、说谎者、一个肆无忌惮的欠债并且诱骗陌生人、朋友和女人们的骗子。总而言之，他虽然富有才华但是品行恶劣。

尽管如此，他还是在不久之后成为图西的情人，哪怕他已经与一位富有的家禽商人之女结婚，目前处于分居状态。可以理解的是，这段关系是图西的第一次，也是很重要的一次涉及性的感情，也正是艾威林帮助图西建立自己的女性身份，同时他还支持她在自己的影响下，成为一名独立的女性政治活动家。图西与艾威林是截然相反的类型，人们对此诸多猜测。同时代的人都将图西描述为一位魅力四射的女性，除此之外，还开明、聪慧、热情并且有政治天赋。在同志们眼中，她还有一位著名的父亲，并作为他精神遗产的继承人闻名世界。她的这些身份，对任何一位投机者来说都价值非凡，尽管她能带来的好处并不是立刻见效。与拥有的精神遗产相比，她的物质遗产可以说是非常微薄，只有大概200英镑。对一个声名狼藉的专业欠债人来说，这笔钱起码在短时间内让人很满意了。

> 艾威林之前对社会主义几乎全无兴趣，因为图西的关系，他成为社会主义者。他借由这一机会的所作所为后，招致很多批评。

也就是说，他让德国信仰共产主义的裁缝，给他做一件丝绒外套，他不为此付钱。他还从宾馆和旅店悄悄溜走，而不支付酒菜账单。他娶他的太太贝拉（Belle）只是因为她的钱，而他不肯和她离婚的原因，是他想要继承她的遗产。当然这些可能都是推测与传言，但是有一些是已经被证实的。用图西的传记作家伊冯·卡普（Yvonne Kapp）的话做一个总结，艾威林是一个自我中心、冷酷、自私自利、肆无忌惮的人，他从来都不是一个有同情心的社会主义者，他把社会主义理论看作是与当前的社会结构相对立的一个模版，仅仅出于乐趣选择从事社会主义事业。

无论如何，他都与图西一起加入了“社会民主联盟”（Social Democratic Federation），这一政党由富有的社会主义者亨利·海德门创建（Henry Hyndman）。卡尔·马克思鄙视这个人，并且禁止他出入自己的家，因为他曾经在未告知马克思的情况下，擅自将马克思的文字与思想据为己有并出版。当图西通过亨利·海德门的政党得到自己独立身份的时候，她不再认同父亲对海德门的评价，甚至开始为海德门的出版物而工作。

图西在1884年夏天，让她的朋友正式宣告她已经和爱德华·艾威林医生结为夫妇，虽然他们并没有正式注册登记，但是这种正式宣告，也是有约束力的一种结合。他们根本不可能登记结婚，因为爱德华的妻子并不肯离婚。这对图西来说，也算是对社会的一种反叛的表现吧。贝拉·艾威林（Belle Aveling）是否真的拒绝与她丈夫离婚我们不得而知。很有可能的是，他只是假托他妻子拒绝离婚为借口，实际上根本没有和他妻子提出离婚，因为他不敢用他盼望很久的妻子的巨额遗产来冒险。这也都不重要了。

“自由恋爱”虽然在当时的社会中是一个禁忌，但是对被解放的女性们来说，反而成为她们对社会宣战的一个标志。一些进步女性追随图西的范例，也自由恋爱，借此表示对她的支持。

在当时的英国，这样的进步女性毕竟还是少数。这一声明，对于维多利亚时期刻板的英国来说，是勇敢的一大进步，也是一次充满勇气与决断的行为。它将一直隐秘的情况，公之于众。

令人诧异的是，她的这一“不道德”行为竟然没有损害她的声誉。她的朋友们也都警惕起来，大多数都明确表态反对艾威林。图西的一位旧日仰慕者、作家萧伯纳（George Bernard Shaw）声称：“只要涉及钱和女人，他就是一个毫无道德、肆无忌惮的人。”她的朋友们都很担心她。让人担忧的是，她驳回对他的任何批评，以一种无条件的卑微的爱来为他辩护，总是抗拒了解更多的真相，因为她无法与他划清界限。

夫妇二人在伦敦内城靠近不列颠博物馆的地方找了一处房子。在那里，两个人开始了相当混乱的家庭生活。图西在给姐姐劳拉的信中描述艾威林是“一个纯粹的邋遢的典范”，而她自己则非常厌恶家务劳动。雪上加霜的是，两人都不擅经济理财，艾威林四处欠债。没几个月他就受到海德门党派的强烈指责，并且按照他们的要求，解释他的这些不端行为。显然他对自己行为的阐释并不成功。他被迫带着他的追随者与图西一起退出海德门党，对外声称是由于党内占优势地位的无政府主义者才退出。之后他们一起组建了自己的党派“社会主义联盟”（Socialist League）。图西由此第一次成为女性政治活动家。

图西还与她称为丈夫的艾威林一起积极研究理论工作。他们不仅继续发表关于社会政治的报刊文章，还公开发表了一篇关于工厂工人情况的调查研究，一篇对移民的犹太裁缝贫苦生活的研究报告，以及一篇关于“女性问题”的论文。文中重点强调了女性遭受的不公正待遇，以及不受法律保护的无权利状况。文中关于一夫一妻制的长篇大论，以及一部分自由恋爱的阐述。当然作者以个人经历作为参照进行论证，在研究报告的末尾得出结论，性别歧视差异归因于对生产资料的分配不均，而只要社会主义的目标——工人阶级参与分配生产资料——能够实现，对女性的剥削就自动消失了。1878年，德国社会主义者奥古斯特·倍倍尔的《女性与社会主义》以及恩格斯的《家庭，私有财产以及国家的起源》（*Der Ursprung der Familie，des Privateigentums und des Staats*）中都阐述了相似的看法。不管怎样，图西与艾威林都着手研究倍倍尔与恩格斯的理论，非常重视女性问题。此外，恩格斯是图西的交际圈子中唯一一个尊重她的伴侣，并且赞同他加入共产主义阵营的人。

夫妻二人想要将自己的《社会主义联盟》纲领传播到群众中间，但是反响寥寥。他们将这一理论纲领介绍给工人，以及伦敦内外的学生集会中去，但是并未受到欢迎或者赢得支持者。是因为艾威林介绍的方式以及他本人有问题吗？他的措辞太过枯燥无味，言之无物又太平民主义？或者内容上没能突破已经众所周知的理论以及要求？

图西的政治事业受到了沉重的打击，雪上加霜的是，她对爱德华的期待，也被他对他们经济困境的无动于衷而打碎。

由于她自身性格的不稳定，有时候这种挫败造成的痛苦会来得非常剧烈。她一再陷入严重的抑郁状态，并接近崩溃的边缘。她在与自己好友奥利弗·施海纳（Olive Schreiner）的一次谈话中，公开提及他们的经济问题时说道："像爱德华这样的性格真让人嫉妒，你今天要是能看到他就知道了，一个幸福的孩子，无忧无虑，没有任何罪恶感，在我已经完全绝望的时候，他自己好过得很。"

> 我没有那么容易适应，经常为此感到惊诧，他竟然完全没有能力感知别人的情绪与感情。

在她的信中，还提及了爱德华在演讲途中遇到的女人们。他并不总带着图西一起，当然并未涉及具体的细节。最终她决定捍卫他，抵抗所有的攻击，甚至不给自己机会去指责他。她是否也听到了传言，说他支付了封口费来掩盖他自己的风流韵事不被公布。据说还牵扯到了未成年人，或者那根本不是传言？这些也都不得而知，有传言说图西当时想要离开他。她并未真的这么做，她肯定不止一次这样打算过，并且也已经察觉她与艾威林的生活并不幸福，也永远不可能幸福。她非但没有与爱德华分手，反而尽最大的努力稳定严重的家庭财政危机。她继续私人授课，给报纸发表文章，还开始做翻译工作，比如把古斯塔夫·福楼拜（Gustav Flaubert）的《包法利夫人》（Madame Bovary）翻译成英文。还帮助艾威林将《资本论》翻译成英文，这个已经持续了数年的工作，就像希绪弗斯的苦役一般永无止境。她的戏剧演员工作被搁置了。她并未放弃自己对文学的热爱，无论是她对福楼拜著名小说的喜爱，还是对挪威剧作家亨利·易卜生（Henrik Ibsen）的推崇，都反映出她的个人态度。两位作家都研究女性对个人身份的绝望的追求，而图西在这些作品中看到了她自己的投射。

尽管处于经济困境之中，艾威林夫妇还是接受了美国的社会主义工党（Socialist Labour Party）的邀请，并在威廉·里布克乃西特的陪伴下，于1886年8月乘船前往纽约，他们一直在美国待到12月末，只有里布克乃西特提前回国。目的是让欧洲的工人运动与美国的互相靠拢，并且互相推动。就像卡尔·马克思在他的《共产党宣言》中号召的那样“全世界无产阶级联合起来”。他坚信，只有团结起来才能够形成实现社会改革。艾威林夫妇在美国访问了超过12个联邦州的35个城市，以及美国工人运动的领袖们，当然最主要的是拜访美国的工人们。当时的美国工人运动正在蓬勃发展，其间有大量积极分子被逮捕，以及面临审判。加上他们的精神导师，无产阶级运动发起人马克思女儿的支持，工人运动更是如虎添翼。这一切进展不仅仅因为她有一个著名的姓氏，更是因为她深谙与工人谈话之道，整个美国之行取得巨大成功。很久之后人们根据普鲁士档案馆的档案记录得知，在整个美国之行的过程中，艾威林以及里布克乃西特都处于普鲁士政府密探的严密监控之下，就像在英国他们都受到英国政府的监控一样。他们可能对此心知肚明，或者全不知情，反正他们都不在乎。

图西继承了她父亲的勇气与正直，她在之后多次证明了这一点。

令人不愉快的是，社会主义工人党事先允诺，此次美国之行的全部费用都可以根据凭据报销。却以艾威林消费的“像一个贵族”为由，这一切费用还要工人们承担，仅仅报销了一小部分费用。此外，人们还称他为“重婚者”，因为他在英国明明已经结婚了，还和图西以艾威林夫妇的名义一起出行。

这些消息几乎和艾威林夫妇同时抵达伦敦。这对艾威林夫妇的政敌来说简直是双重惊喜，因为他们带着大量债务回归了。幸运的是，恩格斯再一次以救世主的身份出现了，他带着图西到自己的住所居住了数周，起码她不需要支付房租了。

这一次出行，对于他们的事业来说卓有成效。之后的一段时间里，夫妇二人充分利用他们的美国之行带回来的收获，整理大量关于美国的无产阶级、美国的工人运动等信息资料。作报告、在报纸上发表文章，力图唤起英国听众与读者们的兴趣，使他们加强觉悟，了解外国的无产阶级以及工人运动的现状，并且意识到，无产阶级团结一致的必要性，及其对国家的决定性作用。他们试图在伦敦东区的贫民区，直接接触基层的工人及其家庭，对他们进行启发教育。

> 他们所承受的苦难无法用言语表述，他们的经历让人难以承受。但图西挺身而出。

她与那些每日为了微薄的、无法糊口的收入，而在船坞超强度工作的工人们谈话，他们每天只工作几小时来得到一点工资。其他时间他们都忙于找寻别的工作。图西还访问妇女儿童以及老人，还有那些因为付不起医疗费用而毫无医疗保障的病人。这些苦难、绝望的生活状态让图西深受触动，更加坚定了自己的信念，改革已经势在必行。

事实上自称艾琳娜·马克思-艾威林的图西，已经在英国社会主义工人运动中赢得越来越大的影响力，令人惊讶地达到了很大的成就。

与她的父亲，以伟大的理论家而被载入史册的马克思不同，图西的影响力与成就，以她在基层的工作，以及她以实际行动对无产阶级运动的支持为基础。

1887年夏，艾威林夫妇在莎士比亚的故乡埃文河畔的斯特拉福租了一间度假小屋。这个环境激励艾威林开始写剧本，并且以艾威林的笔名埃里克·尼尔森（Alec Nelson）署名编剧上演。图西则再次开始着手将易卜生的社会批判剧《人民公敌》（*Ein Volksfeind*）从挪威语翻译成英语。虽然她并没有掌握这门语言，但是对易卜生的推崇让她克服了所有的语言障碍。秋季她屈从于自己对表演的热爱，在伦敦的拉德布洛克厅出演了艾威林的剧本《在海边》中的女一号。人们对剧本致以热烈的追捧，但是对她的表演大为不满，这也是她对舞台追求的终点。

1889年8月，伦敦东区的船坞工人们在这个世界最大的港口里抗议船厂老板降低他们的时薪，并要求将报酬从每小时5便士提高到6便士，还要确保每天最低工作时间为四小时。由于他们的要求被拒绝，300名南港区的工人也参加了罢工，运动规模突然扩大了。第三天罢工人数达到4 000人，一周之后包括其他船坞的工人在内，人数达到6 000人。还有来自其他区的10 000名无产阶级的同情者参与进来。

这是一次让人印象深刻的罢工行动，组织者为罢工委员会，主要成员为工会干部以及图西。

由于罢工者不再有收入，因此寄希望于工会的资金援助，但是有限的资金很快告罄。图西从早到晚不知疲倦地工作，为了满足罢工者及其家庭的日常供给，图西负责接受来自无产阶级同情者的捐赠，以及国际工人协会的资助，将之分配，以保障工人们能得到每日的基本食物，确保资金不被贪污或购买非必要用品。同时还负责与所有需要建议与帮助的人进行谈话咨询。九年后威廉·里布克乃西特回忆道："她和其他的男男女女坐在一起，他们围绕着她，默认她是所有人中的主管，一拨又一拨的人拥进来向她求助，咨询她的建议，她不停地帮助别人，给人提供建议、组织分布支援力量、解释误解、平息争端，用她的态度影响着那些狂热的人群——我永生难忘这一场景。"她在与聪明的谋士恩格斯达成共识之后，敦促工会的罢工组织者克制行动。最终成果巨大，英国第一次有组织的工人运动取得了胜利，实现了工资上调的要求。

这一胜利不仅仅鼓舞了船坞工人，也鼓舞了工会运动。在接下来的一年里，公会成员数量上涨到两百万。同年图西成功地在伦敦市郊的希尔维尔镇第一次组织了妇女的工会活动。

> 自此之后，她成为许多活动热切欢迎的演说家，以及一位在工人运动的示威游行中最受尊敬的参与者。

此外她还经受考验，多次成功组织国际工人代表大会，表现得光彩夺目，给予大会很大帮助。如1889年巴黎、1891年布鲁塞尔、1893年苏黎世、1896年伦敦的国际工人代表大会。与弗里德里希·恩格斯、奥古斯特·倍倍尔和威廉·里布克乃西特一样，图西也负责确保工人运动可以目标明确，实现最大效果，并且不会被无政府主义者以及政治投机者所左右。在马克思最忠实的同志们的支持下，图西证实自己与父亲一样的勇敢无畏，充满革命热情，是她父亲的精神遗产的合格的继承者与主管人。

但是在成功的光环下一个事实不容忽视，她不仅处于极其拮据的经济状况，几乎大部分时间都是独居状态。艾威林就像他们刚开始同居时一样，总是不在家，尤其在他身体健康的时候。当他生病，这在后期越来越频繁，他就待在家里让图西照顾他。在病中他可以得到图西最深切的关怀。

弗里德里希·恩格斯于1895年8月逝世。自图西年轻时，第一次去曼彻斯特拜访他以来，他像是她的第二个父亲一样。他的逝世让图西失去了最重要的政治导师，图西在之后的岁月中始终深切地思念他。恩格斯在遗嘱中决定将他财产的八分之三，也就是高达4 000英镑的资产留给图西。这些钱从根本上解决了图西的经济困境。突然得到这一大笔钱之后，她做了和她母亲一样的选择，她搬家了。在伦敦东南部的西德纳姆市修饰整洁的郊区，位于乔司沃克附近，她购置的小砖房有三角墙，凸肚窗以及一个漂亮的花园，她称之为“安乐窝”。

她非常喜爱这所房子，但是让她难过的是，艾威林完全没兴趣与她一起搬进新居，简直可以说是落荒而逃。由于之前他摆脱了与图西的同居，新居与伦敦之间的远距离，给了他借口远离图西。

他已经习惯既不通知图西自己回来，也不让图西知道自己离开了，并让图西经常对他在何处、何时回家、是否回家全不知情。

这些艰难的日子里，图西最亲密的朋友是弗雷迪·德穆特，赫莲娜·德穆特的儿子。可能她当时已经知道他是她同父异母的兄弟了。从她给姐姐劳拉的信中人们对此有所猜测。她每一次都对他所处的窘迫生活而感到深切的同情，这一与图西的相似之处将二人更加紧密地联系在一起。他们保持着相当频繁的通信往来，而弗雷迪也尽了最大的努力来帮助、安慰她。她在1897年8月30日写给弗雷迪的信中提及艾威林的长期离家，对他写到："我今天又给爱德华写了一封信。毫无疑问，这很懦弱。但是人们不能把生命中十四年的岁月一笔抹去，就好像它从未发生过一样。我觉得任何一个有一点羞耻心的人，都会给我一封回信的，更不用说那些有善良或者感恩的心的人了。他会回信吗？我觉得他恐怕不会这么做。"

他回信了。甚至本人亲自回来了。但是仅仅是因为他需要钱了。"我面临着极其可怕的困境，"几天之后她写信给弗雷迪，人们认为她付出了遗产中相当可观的一部分款项，帮助爱德华摆脱困境。作为回报，他陪她整整三周的时间，去她的姐姐与姐夫拉法格那里拜访，这夫妻二人用恩格斯的遗产在巴黎附近买了一座小城堡。艾威林的妻子于1892年去世，艾威林在成为鳏夫之后，仍然长期缺席图西的生活，他在离开西德纳姆期间与一个22岁的女演员爱娃·弗雷（Eva Frye）结婚了，图西对此毫不知情。为了在图西面前掩盖这一事实，他不敢在他的住所刊登结婚公告，而是在伦敦刊登，留下的名字是他的笔名埃里克·尼尔森。

图西是否知情？

亨利·海因德曼（Henry Hyndman）后来声称，她对此知情，艾威林在她面前破绽百出地撒谎，哄她说他是被迫结婚的。但是在图西去世之后，他立刻主动与他的妻子搬到了一起，由此看来，他欺骗了图西这个多年的爱人。他又是怎么对他的新婚妻子解释的呢？他用什么借口来解释自己只偶尔回家的情况呢？爱娃是否知道图西的存在呢？如果她知道，那么她很有可能是被艾威林的谎言拖住了，因为他要让图西情绪稳定，要从图西那里拿到钱。而这一理由既不能让图西知道，也不能让爱娃知道。

图西与艾威林再次着手他们共同的政治工作，关于机械工人的斗争，童工问题等。在1897—1898年冬艾威林病倒了，连续几周卧床不起需要人照料，那个人当然是图西。他的病症包括脓肿与肾病。

在医生的建议和图西的资助下，艾威林前往海边休养，图西则回到西德纳姆，并陷入深深的抑郁之中。她为何情绪如此低落，从她那几个月的通信中并未看出端倪。是因为她再次独自生活？真正的原因肯定不止于此。可能是因为机械工人运动失败？因为她的政治导师恩格斯去世、威廉·里布克乃西特在柏林坐牢，她觉得没有他们的帮助，她的政治工作就陷入困境？或者她担心爱德华的病情？担心他会继续欠更多的债务要她归还？又或者她已经有预感他们的关系将要走到尽头？可能是因为所有上述的理由吧。

2月初她写信给弗雷迪："我努力对抗这巨大的忧愁，完全没有任何帮助，我不知道我究竟应该怎么做。每天都要支付大笔费用，我真不知道我该怎么满足这些手术，以及其他相关费用的要求。爱德华今天去伦敦了，他要看医生和办理其他事务。

他不想让我一起去！这太残忍了，肯定有他不想让我知道的事情。

亲爱的弗雷迪，没有任何值得我继续活下去的理由了。”信的内容与海因德曼所说的图西知道艾威林已经结婚互相矛盾。这封信证明她丈夫隐瞒的事情让她对他产生了怀疑。而事实证明，图西的怀疑并非没有任何根据的胡乱猜疑。艾威林不想带她一起看医生是因为这只是一个借口，他要借此机会去看他的妻子。2月9日艾威林做手术，17日再次回到西德纳姆。在他住院期间，图西在医院附近租了一所小房子，日夜陪护他。2月18日她陪他一起前往马盖特，因为他必须再次到海边疗养。她雇佣了一名护士随行，帮助她一起照看艾威林。她在3月1日写给弗雷迪的信中说了心里话，比对其他任何人都要更坦率一些："对我来说这真是非常糟糕的阶段。我害怕现在已经没有希望了，而痛苦与负担却一点不少。为什么我们还要继续，我自己都不明白。我已经准备好要走，我很高兴这样做。但是，只要他还有一天需要我的帮助，我就有责任留下来。"她在同一天写给娜塔莉·里布克乃西特的信中说道："你现在肯定认不出来我亲爱的爱德华了，他看起来和骷髅一样，甚至连几米都走不动。"

> 有时候我也不知道究竟怎样才能坚持下来！不仅因为这可怕的忧虑，更因为艰难的经济问题

当时爱德华的债务和他的病，把图西的大部分遗产都消耗殆尽了。

1898年3月27日，两人一起从马盖特返回西德纳姆。艾威林的身体有所好转，他恢复过来之后，觉得自己已经可以独自做一些事情了。3月31日清晨，他计划前往伦敦，图西因为担心旅途会让他过分疲劳，请求他

放弃这一计划。图西的女佣，格特鲁德·金特里（Gertrude Gentry）后来是这么说的。图西事先让格特鲁德拿着一个纸条和一张写有艾威林医生的名片去附近的药房。事后药剂师回忆字条上的内容为：

“请给这位转交人氯仿和一点氢氰酸，给我的狗用。E.A.”

落款E.A.是爱德华·艾威林的名字首写字母，这也是后来艾威林的政敌指证他杀了他妻子的主要原因。实际上，这也同样是图西的名字艾琳娜·艾威林（Eleanor Aveling）的名字首写字母。

图西送她的丈夫到花园，两人在那里道别，然后图西拿着女仆带回来的药品回到楼上，45分钟之后，女仆发现她躺在床上呼吸困难。她先是叫了一位邻居来帮忙，随后又叫了医生。但是医生的到来仅仅是宣布她的死亡，她用氢氰酸服毒自尽，时年43岁。

图西的传记作家还推测，她可能在那天早上收到了一封信，而信的内容将她推上了绝路。很可能那封信来自艾威林的新婚妻子。由于人们并没有找到那封信，所以这个推断无从考证。同样无从考证的，还有艾威林毁掉了那封信的猜测。有可能这都是真的，也有可能都不是。最终他还是被他的政敌抓住了机会，他们指责他协助他的情人自尽，目的是为了继承艾琳娜·马克思的遗产，并与他的妻子一起生活。事实上，当时所有人都认为他应该为图西的自杀负责。

图西的追随者们对她死亡的消息非常震惊。社会主义运动失去了最热情、最人性化的支持者，她的贡献，得到世界范围的赞赏。爱德华·艾威林在她的墓前也作了讲话。他继承了她的遗产，并搬回伦敦与他妻子同居。几个月后他又一次发病并且于1898年8月2日去世。

图西生前最后的两封信中，有一封写给艾威林：“亲爱的，现在一切都要过去了。我留给你的最后一个词也是我在这漫长、悲伤的时光中一直在对你说的那个词——爱。”另一封信她寄给了她的外甥让·龙格（Jean Longuet），她去世的姐姐燕妮的儿子，她总是称他为小琼尼：“我亲爱的琼尼！我生命中最后一句话是留给你的。努力做一个配得上你的外祖父的人。你亲爱的姨妈图西。”

她毫无疑问地成为那个时代，英国最著名、最成功的社会主义活动家。

阿尔伯特
与女儿维多利亚公主

"这世上绝对没有第二个像他一样的人了"

作为维多利亚女王的丈夫，他是英国有史以来最优秀的无冕之王。史学家至今吝于给他相应的肯定。可能源于他是一个德国人，或因为当时自身比较进步的英国社会贵族们，不愿意承认这个德国人比他们更加才华横溢，文化上比他们更宽容。

阿尔伯特·冯·萨克森-科堡-哥达公爵[①]（Albert von Sachsen-Coburg und Gotha）是他的公爵父母的第二个儿子。1819年生于萨克森-科堡-萨尔费尔德公国的首都科堡，一个并不算知名的小城。人们从首都科堡乘坐马车一路向南行驶，穿过风景宜人、林木葱郁，并无特殊标记的乡村风景，大概一天的时间就可以到达班贝克——当时还没有火车。花上同样多的时间前往东南方向就可以到达拜伊罗特了。向北行驶三天就可以前往由于卡尔·奥古斯都大公（Karl August）和约翰·沃尔夫冈·歌德（Johann Wolfgang von Goethe）而拥有高度文化发展的魏玛。

公爵领地科堡由于地理位置的和平安宁，与各方面关系适度，并处于德国的中心区域，因此不需要保护自己的领土不被邻国侵犯。虽然也曾经在1806年阻挡过拿破仑的进攻，作为历代大公们继承的领地逐渐兴起。18世纪中期，此地也引入了欧洲流行的长子继承制度，以此确保遗

① 阿尔伯特亲王（1819—1861），英国女王维多利亚的丈夫，英国的无冕之王。——译者注

产不被分割。这一有效保护财产的制度对于次子来说，当然很让人失望。除此之外，科堡并未有其他太多事情发生。

在公国的王府生活可以说非常简朴，因为这个小王国负债累累，并不能负担起上流社会奢侈的生活。公爵们的爱好大多倾向于艺术与科学，当然也是用相对简朴的方式进行的。

阿尔伯特·冯·萨克森-科堡-哥达公爵，女王维多利亚的丈夫，是一位可爱的父亲，尤其对待他的长女薇琪。薇琪作为皇帝弗里德里希三世的妻子，一直努力想要在普鲁士推行她父亲的自由主义观点。

出生于柏林，从邻近的法兰克福区温西德尔来到科堡短暂小住的作家让·保罗（Jean Paul）形容这里“荒凉冷清”，并很快逃离到了拜罗伊特。

但科堡公爵们是最先推行拜罗伊特新教的一批人，曾经在科堡碉堡收留了马丁·路德（Martin Luther）六年之久。恩斯特大公（Ernst）在哥达成为他们的家族领袖之后，成功地邀请到著名建筑设计师卡尔·申克尔（Karl Ernst），他不仅为大公将他的官邸改建为国际风格，即著名的“名誉宫”（Ehrenburg），还为科堡的整个城市设计了让人惊叹的形象。

整个工程开始于19世纪40年代，整整比预期完工时间提前了20多年。当时33岁的恩斯特大公与一名巴黎女戏剧演员长期保持婚外情，这名女演员威胁他，要将他们的私情曝光给欧洲宫廷以此逼他与自己结婚，一时间流言四起。恩斯特大公在路易斯·冯·萨克森-哥达-阿尔滕堡（Luise von Sachsen-Gotha-Altenburg）找到了一位与她的公国同名的公主，并且可以得到一大笔嫁妆。除此之外，她还美丽迷人，以她16岁的芳龄匹配，她的大公未婚夫不仅仅年轻还非常天真温顺，她温顺的性格最让大公满意。

婚后路易斯（Luise）很快先后生育了两个儿子。1881年出生的恩斯特（Ernst）和一年之后出生的阿尔伯特（Albert）。继承顺序也由此确定下来。“早在3点钟的时候就把助产士接过来了，6点钟的时候响起了婴儿的第一声啼哭。他睁大了眼睛，像小松鼠一样环顾这个世界。”阿尔伯特的祖母奥古斯塔·冯·科堡（Augusta von Coburg）写信给自己远在伦敦的女儿维多利亚·冯·肯特·公爵夫人（Victoire von Kent）说到。年轻的母亲在写给自己青年时期的女友奥古斯塔·冯·施图特尼茨（Augusta von Studnitz）的信中，也热情洋溢地谈论着自己的次子：“他就像一个天使，蓝色的眼睛，漂亮的鼻子，小小的嘴，脸上还有小酒窝。他那么友善，总是笑个不停。”

在他的一生中，人们总是谈到他优秀的外表，而他的乐观开朗只有最亲密的朋友、家人、圈子才有机会亲眼见证。

他被命名为弗兰茨·奥古斯特·卡尔·阿尔伯特·伊曼纽尔（Franz

August Carl Albrecht Emanuel），但是从一开始大家就称他为阿尔伯特。阿尔伯特与他的兄长恩斯特在伊兹塔尔上优美的玫瑰堡长大，玫瑰堡位于国都不远的地方，由他们的父亲恩斯特大公按照自己的审美情趣装潢。根据他的祖母奥古斯塔的信中流露出的信息来看，阿尔伯特比他的兄长更加英俊、善感，并且有更好的学习能力。直到他3岁半的时候，他的教育任务才由他的父亲亲手委托给了“公爵顾问兼王子导师”克里斯托弗·弗洛舒茨（Christoph Florschüz）。以当时诸侯们的习惯来说，王子们会在6岁的时候被交给专门的教师管教，阿尔伯特毫无疑问少见地被提前了很多年。

大公夫人路易斯徒劳地表示了反对意见。但是恩斯特大公习惯于无视他妻子的个人意愿。他再次开始专心于自己的个人兴趣——打猎，并且禁止路易斯的陪同。她在1820年悲伤地写道：“难道爱上她的丈夫并且不想要他离开自己是有罪的吗？我对所谓的娱乐消遣一点兴趣都没有，只是想要和他在一起而已。”而当恩斯特大公又一次开始婚外情的时候，路易斯的这一诉求显得越发不合时宜，她的在场，毫无疑问会打扰他的约会。

19岁的大公夫人在她的36岁的丈夫抛下她不管的时候，也想要享受她自己的青春年华，或者说想要感受到自己的青春，她感觉自己非常孤独，这也给了她在男人方面需要一些安慰的理由。由于她对于生活乐趣的追求与天真无知，最终超出了无害的暧昧关系这一界限——她是否有“权利”这么做，那时的她当然对此全无理性判断。

年轻迷人的官员亚历山大·冯·汉斯坦（Alexander von Hanstein）使得他与大公夫人路易斯之间隐秘的关系被发现，导致大公夫人路易斯被她的丈夫恩斯特驱逐出科堡。他在给她的信中自称为“被深深伤害了的丈夫、被羞辱了的君主”，他并未对她提出离婚，仅仅是分居。因为他不想拿她和他的儿子们将会继承的遗产冒险。路易斯则受尽了羞辱。

> 路易斯不仅要将她所有的首饰归还，甚至还要将她结婚时带过来的餐具和家具，都要留在玫瑰堡中，并且还要放弃她的两个儿子。

她写信给自己的婆婆奥古斯塔：“与我的孩子们分别对我来说是最痛苦的事情。他们得了百日咳。然后说‘因为我们生了病，妈妈必须离开我们，她还哭了。’可怜的小东西们，愿上帝赐福于他们。”

第一次离开母亲的时候，恩斯特6岁，阿尔伯特5岁。他们的父亲不允许他们与母亲有任何联系。1822年路易斯的父亲去世。他的遗产哥达封地转移到了路易斯的儿子、外孙恩斯特与阿尔伯特名下，他们的头衔中附加的萨尔菲尔德被更有吸引力的哥达所取代。由于儿子们现在继承了这份遗产，恩斯特大公终于同意离婚，路易斯与当时已经晋升为波茨西伯爵的亚历山大·冯·汉斯坦结婚。作为当时最富有的女继承人的路易斯，与她的丈夫亚历山大一直生活简朴，直到5年后，她30岁的时候死于癌症。阿尔伯特失去母亲的时候才12岁。

据人们所知，他很长时间都没有提及此事。他也并未对自己这一情感缺失发表任何评论。无论是否意识到了这一点，他都必须接受一切。因为自从3岁那年，他生命中被抽走了大部分母亲的印象，并且在5岁那年彻底失去她而继续生活之后，他就不得不独自承受这些了。

阿尔伯特的教师向大公报告，孩子们很好地应对了母亲的离开，因为这是大公想要听到的答案。

可能他们还会说，孩子们已经忘记他们的母亲了，因为他们从未提及过她。另一个事实是，宫廷中禁止谈及这位大公夫人。如果有人不经允许地提到她，也是负面的评价。鉴于当时的道德要求，丈夫可以做任何事情，而妻子什么也不许做。阿尔伯特不得不独自应对这一切。维多利亚女王，他日后的妻子在提起他与他母亲的关系时说道："王子从未忘记过他的母亲，总是用充满爱意与悲伤的语气说起她，在他多年之后读到写有她病情与死亡记载的时候，他深受触动。"由此可以看出，在阿尔伯特幼年时期所有来自母亲的消息，与跟母亲有关的信息，都不能传到他的身边。

两位王子殿下的生活完全符合公国简朴的境况。他们生活的中心就是充满田园风光的玫瑰园，他们与他们的教师克里斯托弗·弗洛舒茨一起住在城堡的阁楼里。他们在这里生活、学习、在公园中嬉戏，在他们的花园中开垦他们自己的菜畦。尤其是阿尔伯特，在这种环境中深深地爱上了大自然与乡村生活。而他父亲最大的爱好——打猎，也属于他的喜好范畴。在阿尔伯特12岁生日那天他亲手射杀了一头鹿。

他是一个安静的温顺的孩子，极具纪律性并且好学，对自己的要求非常高。

在他11岁时的日记中写到："我要努力成为一个优秀的、有用的人。”这一声明听起来就发自一个有责任感，并且爱思考的年轻人之手。此外他还聪敏，有音乐才华并且令人惊讶的是还擅长运动，他的体操、游泳、马术都是一流的，这使他在未来赢得了热爱运动的英国贵族的尊重。

阿尔伯特生命中另一个重要的人就是他父亲的弟弟，利奥波德（Leopold），恩斯特大公在与妻子离婚之后考虑到他万一提前死亡，无人照料他的孩子们，决定让自己的弟弟担任两位王子的监护人。利奥波德·冯·萨克森-科堡（Leopold von Sachsen-Coburg）是一位不同寻常的男人。他天纵奇才，并在全世界先后担任过科堡王子、俄罗斯少将、英国以及之后的比利时将军，他还是曾经英国王位继承人夏洛特的丈夫。在她21岁的时候死于产褥期，因此并未有机会登基为女王，同时他还是希腊王位候选人以及比利时国王。对两位王子来说，能够得到叔叔的照顾是最大的幸事。

1835年恩斯特17岁，阿尔伯特16岁的时候，他们的叔叔利奥波德邀请他们来到他比利时的王宫。他写信给阿尔伯特说：“对你们来说，离开熟悉的环境将会是一件好事。要不然人们只会局限于自己生活的小圈子，而对世界有过高或者过低的评价。最聪明的选择就是你们在我这多待一阵子，也可以趁机加强你们的法语与英语水平。”这一邀请给他们闭塞的科堡生活带来了巨大的转变。

自从利奥波德的妻子，王子们的婶婶夏洛特去世之后，他的姐姐肯特公爵夫人就面临着英国与爱尔兰王位继承人的缺失问题，而利奥波德也同时帮助她观察这一对科堡兄弟。

在维多利亚17岁生日的时候，人们邀请兄弟俩前往伦敦，在那里女王没有给阿尔伯特留下深刻印象，但是阿尔伯特深深地吸引了女王。

维多利亚提到“他非常英俊。他的头发几乎与我的头发颜色一样。他的眼睛那么大，那么蓝。他有超级漂亮的鼻子、超级漂亮的嘴、超级漂亮的牙齿。他外表的魅力全在于他的表情。”她认为阿尔伯特幽默聪明，他与她一起弹钢琴，一起与她的狗嬉戏。

阿尔伯特与恩斯特在他们叔叔利奥波德与他们的教师弗洛舒茨的建议下，花了三年的时间专心学习。一开始在布鲁塞尔学习法语，还重点学习了社会与政治问题的历史、数学、物理学与统计学。利奥波德给他们挑选了杰出的科学家做他们的老师，其中一部分人在之后与阿尔伯特终生保持联系。他本人热爱学习，并且从他们身上学到了很多，他的聪明才智得到充分开发。他的教授们纷纷夸赞他的聪慧与求知若渴。

利奥波德还给他的侄子们提供了国家事务方面最广阔的视野，阿尔伯特从第一手资料学习政治。

阿尔伯特接受了他叔叔的自由与人文主义的思想，首先关注的是君主的权力与责任，以及一部宪法的必要性——后者被证明是最重要的影响。在布鲁塞尔期间，兄弟俩参加了波恩大学两个学期的课程，学习英语、法语以及法学、经济学、哲学和自然科学。

在当时社会情况下，年轻的贵族去大学学习绝对不是一件理所当然的事情。大部分人都先接受军队教育，紧接着去参加“教育之旅”，通常范围局限在拜访亲戚或者受文化的吸引，前往瑞士或者意大利，只有极少数的人才会接受专门的学术教育。这样的情况，也都是通过私人课程单独传授的。科堡兄弟这种自由的态度非常让人赞叹，他们与1000名大学生一起在波恩大学的大礼堂听讲述课，并且沉浸其中。尤其是阿尔伯特，他幸福地沉浸在学术的世界中。在他看来除了打猎之外，整个世界都没有学术更有吸引力。舞会上他通常都会提前睡着，他终生都在努力克服这一弱点。他更愿意搜集艺术品、弹钢琴和管风琴，并且试图在头脑中谱曲。

1837年维多利亚加冕成为女王。自从上次兄弟俩的拜访之后，维多利亚与他们再次开放联系。尽管比利时国王利奥波德与他的姐姐维多利亚·冯·肯特再一次谈到了维多利亚与阿尔伯特的联姻，遵照外交礼仪必须由维多利亚女王向阿尔伯特求婚。她却透露出自己近期不想结婚的想法，阿尔伯特对此并不高兴，他也不仅仅只听到了关于他的表姐的正面消息。

> 她出人意料地固执，而她的固执又永远与她的好脾气处于战争状态。

他也想知道自己将何去何从，他对利奥波德请来做介绍人的克里斯蒂安·弗里德里希·冯·史托克马（Christian Friedrich von Stockmar），这位他叔叔的医生，朋友兼私人秘书解释道："当我想到，在我等待三年之后可能会得到消息说女王不再想和我结婚了，我将会处于怎样可笑的境地，这会在某种程度上彻底毁掉我的所有前途。"

在阿尔伯特结束了波恩大学的学业之后，在史托克马的陪同下前往意大利进行教育之旅，在那里史托克马向比利时国王报告了他对阿尔伯特的观察结果："王子殿下与他去世的母亲惊人地相似，也在身体与精神的很多方面效仿于她。他与他母亲一样在思想方面敏锐、灵活、理智，有同样的追求与天分，在与人交往时表现得友好而亲切。”

叔叔利奥波德负责让王子兄弟俩在1839年10月再次前往伦敦拜访他们的表兄弟们。这一次，维多利亚彻彻底底地迷恋上了阿尔伯特。几天后她向他求婚了。她在不久之后记到：“我说，我完全配不上他，他回答说，这对他来说非常荣幸，他那么迷人，看起来那么幸福，我相信这是我一生中最幸福的时刻了。

哦，我到底有多崇拜他、多爱他，我根本无法用言语表达。

我要努力让他不要感觉到他做出的牺牲。”看起来非常不可思议，维多利亚真的爱阿尔伯特，而这种爱贯穿她的一生。从维多利亚的角度来看，与阿尔伯特的婚姻毫无疑问是爱情婚姻，而对阿尔伯特来说，这是整个欧洲最幸福的联姻了。1840年2月10日他们在伦敦举行婚礼，全欧洲的贵族都参加了这场盛会。如同时代的人与传记作家所描述的那样，他们的婚姻非常幸福，这一事实乍一看非常不可思议，因为夫妻二人都没有机会亲身体会父母的幸福婚姻生活。恰恰因为他们童年并不幸福的家庭生活，让二人共同尝试经营一份幸福的婚姻。此外，与当时很多丈夫不同，阿尔伯特对维多利亚非常尊重——仅仅少部分是因为她的身份要求他如此，更多的是因为他本人持有的人道主义的宽厚的态度。尽管他自己受过这样的教育，他仍然迁就她的非人道主义的态度。她只受过中等教育，只习惯于一些肤浅的爱好，但是她已经做好准备一切向丈夫阿尔伯特看齐了。

阿尔伯特也要重新适应在伦敦宫廷的诸多社交职责，尽管维多利亚已经尽量不给他带来困扰，尤其是晚上，这些让他很早就困倦不堪。让他痛苦不堪的除了他不被满足的睡眠需求之外，还有不得不进行私人小圈子的交际谈话带来的无聊。他不得不与一些英国贵族交谈，但在他眼中这些英国人傲慢自大，无知而愚昧。

可以想象的是，他毫不掩饰自己对这些贵族的看法，他们感觉自己被阿尔伯特愚弄了，更加雪上加霜的是，他最喜欢与艺术家和科学家们交往。对阿尔伯特来说，阶级差别完全没有意义。而这些贵族既不愿意满足他对学术的需求兴趣，也不能做到这些，这使他们感觉不安并且——被拒绝了。阿尔伯特对他们来说受过太好的教育、太古板，也太“德国”。维多利亚女王从不在乎那些，她生气的是，阿尔伯特竟然没有得到在她看来他绝对配得上的赞美。

又一个婚姻加分项：阿尔伯特从未出轨。

宫廷中的女人们——当然除了女王之外——想要通过引诱他出轨的方式让他在道德方面出丑，但是他对偷情毫无兴趣。可能是他童年的早期经历，对他“不道德的”母亲的道德批判，以及之后跟随他从比利时来到英国皇室，对他有很大影响力的史托克马老师的道德观，都对他的婚姻态度做出了巨大贡献。

阿尔伯特对政治非常感兴趣，维多利亚与他截然相反，她将她的大部分政务委托给了首相墨本子爵（Melbourne）。尽管她本人并未清楚地意识到自己的职责，她首先排除了她丈夫插手政治的可能。恩斯特大公观察了维多利亚在涉及政治问题时对她丈夫的态度之后说道：“阿尔伯特被忽略了。当他想要知道点什么，并且在经过漫长的思考之后小心地发表一个无害的意见的时候，他得到的往往是一个尖锐的、回避的乃至于完全没有的回答。她彻底放弃那个话题，之后夫妻俩人的谈话将会连续几天围绕着他们的狗、服饰，小画像，以及乐谱进行。”

维多利亚从不想在家里谈论政治。

女王的丈夫必须耐着性子等待时机，才能得到一份有意义的工作。大婚九个月之后，终于迎来了一个机会，尽管是一个与政治无关的任务，他将要成为父亲了。1840年11月，女王得到了她的第一个孩子，维多利亚，昵称是普西（Pussy）或者薇琪（Vicky）。阿尔伯特始终在生产现场，并且握着他妻子的手。维多利亚写到:“我最亲爱的阿尔伯特几乎没有离开我半步，这给了我很大的支持。”由于是个女孩儿，夫妻二人都很失望。“一个女儿的阿尔伯特爸爸，你肯定要取笑我了。”年轻的父亲在写信给自己的哥哥恩斯特大公的信中说道。但是很快他就释怀了。事实上尽管还有紧随其后的八个兄弟姐妹，薇琪始终是阿尔伯特最爱的孩子。

薇琪的洗礼在1841年2月10日举行，正是她的父母结婚的日子，她的洗礼盆由阿尔伯特亲自设计，并且亲自为赞美诗谱曲。

11月的时候，他已经开始写女儿的教育计划书了，并且制定了之后所有看护者与教育者都必须遵守的规则。一年之后，男性皇位继承人阿尔伯特（Albert），昵称为贝尔蒂（Bertie）降生，他父亲当年的导师史托克马创作了一份长达46页对皇室后代的教育备忘录，其中包括了阿尔伯特与他本人的看法。因为这位年长32岁的教育者发现，孩子的父母双亲因为自己的年少经历而缺少“知识，成熟，判断力与经验”。他们俩人在贝尔蒂出生的时候都仅仅22岁，所以史托克马提议将教育皇子的任务转交给他，事实上也确实这样做了。是出于最美好的意愿，因为史托克马博学多识，同时还非常严厉并古板。

薇琪是一个聪明并且好奇心强的孩子，在一岁半的时候就开始了她的第一堂法语课。3岁的时候接着学了德语。女王陛下始终觉得她没有取得足够大的进步或者她不够乖巧。说她不听话确实是有道理的，但是女王忽略了一点，那就是薇琪的坚定意志与性格脾气与她本人一模一样，她彻底继承了女王的一切，而女王本人都没有很好地控制自己的这些问题，只是更加严格地教育她的女儿。对薇琪来说，被惩罚一个人锁在屋子里已经是家常便饭。如果犯了更严重的错误她就会被捆住手关禁闭。对于惩罚，她经常表现出不合作的态度。

阿尔伯特也很严格——符合那时候基本的教育理念。尽管他本人持自由主义的观点，他仍然不懂所谓的放松压迫的教育原则与任何心理学知识。他还深受原则性强的史托克马的影响。但是他仍然是一个可爱的关心孩子的父亲，在与孩子们的相处过程中，远比他们的母亲更加的坚持、平和沉静，更加有耐心。他也没有给他们太多压力，并且劝说他的夫人："不幸的根源在于一个错误的观点，即认为作为母亲就要始终纠正孩子，责骂他们，随意对他们发号施令并且管教他们的所作所为。与刚刚才痛骂过的人在一起，没有可能会幸福友好地一起生活的。"比起将很多事情推给丈夫的女王来说，阿尔伯特本人非常享受与孩子们相处的时光。

在薇琪生日之后不久女王就写信给她的舅舅利奥波德："你要是看到他是怎样抱着她一起跳舞，你会觉得非常有趣的。"

“他会成为一个无与伦比的照看孩子的人的（我就不能，她太重了，我抱不动），当她可以与父亲在一起的时候，她看起来非常幸福。”

薇琪真的一生都是如此。当她刚刚可以坐起来的时候，阿尔伯特就将她放在一个装衣服的筐子里在地板上拖着穿过城堡的走廊，之后他就让她坐在他的肩膀上，再之后他就陪她在花园里捉迷藏。他骄傲地评价自己3岁的女儿说：“普西已经是个小大人儿啦。她能够准确地选择英语和法语的句子，把它们流利地表达出来。”他带着她与她的兄弟姐妹一起捉蝴蝶，一起和孩子们在园子里摘草莓，并且让儿子们看人们是怎么把风筝放上天的。阿尔伯特在怀特岛的女王行宫奥斯本楼为孩子们修建了一个木头的游泳池，泳池可以直接导入大海，这样孩子们就可以安全地学习游泳了。花园里他命人按照他亲自设计的草图，修建了带有木雕艺术与露台的瑞士风格的儿童房，里面还包括一个小小的铺瓷砖的厨房，可以让孩子们进行烹饪游戏。他自己与孩子们一样，每个人还拥有一块儿属于自己的小园艺天地。

薇琪一开始只需要学习外语课程，6岁的时候就开始学习必修课了。课程由女教师莎拉・安妮・希尔德亚德（Sarah Anne Hildyard）负责，每天从早上8点一直持续到晚上6点，阿尔伯特负责监控这一切。课程表上除了语言之外，还有阅读、写作、语法、算数、地理、历史、音乐以及绘画，后者是小公主最喜欢的课程。

父亲阿尔伯特添加了一门他自己非常重视的课程，他逐渐地引导薇琪——官方称为皇室长公主——了解英国宪法以及自由主义的观点。自由主义在英国及其议会君主立宪制的国家政体环境中早已生根发芽，远超过欧洲大陆任何一个国家。阿尔伯特的教导得到了丰厚的回报。薇琪非常热爱并且尊重她的父亲，感激他教导给自己的一切。

维多利亚女王在一开始的时候有所反对，但是阿尔伯特逐渐晋升成为一位独特的女王丈夫。虽然他始终隐身幕后，他却对他的妻子与英国的国家事务发挥着重要的影响力。作为女王的政治顾问，他比女王本人更加的深思熟虑——此外他的见识之广博也远远超过了他的妻子。很快，维多利亚就委托他做自己的代理人了，并且在议会上也获得了承认，考虑到女王频繁地怀孕，这一决定也是必要的。此外，她还学会了尊重他的建议，并最终发展到没有他就不行的程度。由于女王陛下对此毫不避讳，薇琪也很清楚她的父亲对英国国家事务来说意味着什么——在薇琪的眼中父亲的声望只会更高。从阿尔伯特的角度来说，他不仅仅是被他的长女薇琪对他的爱与亲密所打动——他也没有与他的其他子女像和长女一样紧密地联系在一起。真正的原因是，薇琪不仅像他一样聪明，在精神上也格外地接近。

她有一个男人的头脑和一颗孩子的心

他这样赞美自己的长女。

外表上薇琪长得更像自己的母亲。她比在同样年龄的维多利亚女王要更有吸引力，但却为自己矮小的身材与圆滚滚的体型而烦恼，她终生都渴望能够变得“苗条而有趣”。她后来确实变得很有趣，相反地，她从未苗条过。

她的弟弟贝尔蒂很明显远不能与她匹敌。还常被拿来与姐姐做对比，最常这么做的是母亲维多利亚，但是阿尔伯特也同样做过。结果总是对贝尔蒂不利的。他糟糕的成绩受到了严厉的惩罚。这平时很宽容的父亲对待他比对待薇琪要严厉得多，可能他不仅仅是在教育他的儿子，更是在教育英国未来的国王陛下。阿尔伯特和很多父亲一样，他一生都没有将儿子看作一个独立的个体来培养，更多的是作为实现自己梦想的一个承载者来塑造自己的儿子。薇琪可以很幸福地说，自己不仅是一个女孩子还非常聪明。贝尔蒂承受的沉重压力她都免受其苦。然而，阿尔伯特同样培养薇琪用来承担她未来的政治使命。

在阿尔伯特堪称典范的引领英国政治事业的时候，他的内心仍然是一个有责任感的德国人。英国在自由主义的思想影响下，既没有发生革命混乱，也没有受到拿破仑的侵害而繁荣发展。对于阿尔伯特来说他唯一的心愿就是在德国也可以实现自由主义思潮的政治变革。

他幻想着德国在普鲁士的领导下，联合德国的诸多小邦国，建立以议会君主制为基础的统一德国。

他期待着能够从一个经过改革的德国那里为英国赢得一个重要的欧洲盟友。

根据习俗，两国结盟往往通过联姻的方式来使缔结盟约更容易，也更有保障，英国与普鲁士当然也希望可以在私人关系方面结为一体。合适的候选人也已经有了：弗里德里希·威廉（Friedrich Wilhelm），人称弗里茨，普鲁士未来的国王陛下——以及长公主殿下薇琪。弗里茨的父亲是普鲁士的威廉亲王，母亲奥古斯塔王妃是萨克森-魏玛公主，在充满文化氛围与人文主义思潮的魏玛长大。让英国的长公主殿下与她父亲阿尔伯特最高兴的一点是，她这位未来的婆婆奥古斯塔王妃也抱有自由主义的观点。

根据记载，女王与亲王阿尔伯特把握了主动权。1851年他们邀请普鲁士王室家庭前来伦敦参加国际博览会。10岁的薇琪被允许陪同父母一起参加开幕典礼，借此机会弗里茨与薇琪实现了他们的第一次接触。在阿尔伯特的领导下，伦敦建立了著名的水晶宫，它展现了现代的成就。世界博览会以及阿尔伯特对此做出的贡献，都获得了巨大的成功与赞誉。弗里茨当时19岁，他惊诧于长公主殿下在水晶宫里给他讲解现代化的作品时表露出来的自信与优秀。随后他与他的家人一起再次返回柏林。

从那时起，英国与普鲁士皇室之间的信件来往愈加密切。双方的父亲彼此建立了友谊，母亲互相通信，薇琪与弗兰茨也有通信交流。四年之后，弗里茨前往苏格兰高地的巴尔莫勒尔城堡，长公主殿下正在那里避暑。弗里茨请求与当时刚刚15岁的公主结婚。维多利亚与阿尔伯特同意了他的求婚，他们将在两年半后结婚。弗里茨认为他的未婚妻“最可爱、自然，也最不受拘束，她将孩子气与年轻女性的优雅迷人合为一体，我最喜欢的样子。而我敢说，她拥有无与伦比的气质与理性，她对艺术、文学，尤其是德国文学充满兴趣。”在阿尔伯特看来，薇琪从任何方面来说，都是他的完美无缺的女儿。

父亲要求她按照他的方式来对婚姻做好准备，他每天都教导她最新的欧洲尤其是普鲁士的历史。直至那时，她终于明白阿尔伯特究竟对普鲁士抱有怎样的政治期待，而她理所当然地承担了这一重任。“薇琪非常理智，她会准备充分地进入错综复杂的柏林宫廷。”阿尔伯特在给他哥哥的信中写到：“只要想到将会面临的分别，无论是阿尔伯特还是薇琪都充满了矛盾的情绪。”

你可以想象一下，要与这样一个父亲分别，心情将会是怎样的。

她在给弗兰茨的信中如是说到。“你也认识他，敬爱他，但是你根本不了解，他的思想有多么崇高，他的灵魂有多么伟大。这个世界上肯定不会有第二个像他这样的人了，也不能有第二个了。”

弗里茨也受到他岳父的影响，并与他通信交流政治观点与思考。信中弗里茨经常抱怨柏林宫廷的落后与倒退，下定决心在掌权之后要改变普鲁士政治现状。其间他继续自己在波恩的学业，他未来的岳父曾经学习的地方。他成为那里第一个去公共大学学习的王子，这其中少不了他母亲的激励与推动。

1858年1月25日，他们在伦敦圣詹姆斯宫举行了盛大的婚礼。据维多利亚女王记载：“亲爱的阿尔伯特牵着女儿的手，要将她‘送出去’——我的亲爱的阿尔伯特，在我看来他被深深地感动了。”一周之后薇琪与弗里茨从伦敦出发。阿尔伯特在他的长子与维多利亚的叔叔剑桥公爵的陪同下，一起送新婚夫妇登上前往格雷夫森德的船，他们将乘坐这艘船到达安特卫普。

父女二人在船舱中洒泪挥别。

一天之后阿尔伯特写信给薇琪：“当你昨天在船舱中把头埋在我的怀里，让你的眼泪肆意流淌的时候，我的心都要被揉碎了。我并不是一个愿意表露感情的性格，你不知道，你对我来说有多重要，而你的离开又给我的内心留下了多么大的一个空洞。”在薇琪还没有收到他这封信的时候，她就已经写信给她的父亲了："我最亲爱的爸爸，与你分别所带来的痛苦，远远超过了我可以描述的范畴。我想，当你关上船舱的门离开的时候，我的心肯定已经碎了。"

当阿尔伯特将自己的女儿送到极其保守落后的普鲁士宫廷，希冀她可以在那里实现他本人一直设想的君主立宪制的时候，他是否知道自己究竟托付给女儿一个怎样艰巨的任务？她作为一个英国人究竟能产生多大的影响力，还是只能激起人们对于她本人以及她的观念的反感？她是否可以成功应对意料中可能会产生的抗拒与否定的态度呢？这一切阿尔伯特都猜到了，也可能猜不到。他只是警告女儿，不要相信那些在她到达柏林时得到的欢呼与赞誉。建议她保留"长公主殿下"的头衔，但这在本身就有反英倾向的德国宫廷并不受欢迎。

> 这也表明了阿尔伯特对柏林情况的知之甚少。他低估了薇琪可能面对的反对力量，却高估了女儿可以做到的改变。

他一如既往地对薇琪施加影响力。要求薇琪继续接受教育，薇琪与弗里茨都听从了他的这一建议。他们学习几何、物理以及历史课程。而母亲维多利亚女王则要求她多做运动，指导她注意穿衣不要着凉，要求她把自己的日常生活方方面面都告诉自己。她的公婆也都提出了自己的要求，薇琪必须参加宫廷中的所有活动——而那些活动永无止境。她写信给自己的母亲，抱怨她的婆婆奥古斯塔："每一天的早上、中午、晚上，她都希望我能够随时恭候她温柔的指教，我成了某种生活的奴隶。"

尽管如此，她仍然维持着自己的生活方式。她爱她的丈夫，她希望她的丈夫与公婆能够像自己的父母一样接受这一切。一方面她要变得普鲁士化，迎合这个新的国家，以及国家对于未来王位继承人伴侣的一切要求与期待；另一方面还要遵照母亲的要求，继续保持英国化的风格并且始终对英国忠心耿耿，还要按照父亲的愿望继续在政治上坚持自由主义的风格。

一个几乎无法完成的挑战

1859年1月27日，他们的长子诞生：弗里德里希·威廉·维克多·阿尔伯特（Friedrich Wilhelm Viktor Albert），后来登上普鲁士王位的威廉二世。这是一次漫长而艰难的生产过程，孩子是臀产位，母子二人几乎同时丧命。在生产过程中，婴儿的左臂神经受到损害，以至于他的左臂一辈子都软弱无力地下垂。医生安抚不安的父母，声称这一病症是可以在日后的治疗之后恢复正常的，但他所做出的保证并未奏效。

薇琪的母亲维多利亚女王并未立刻得知孩子的残疾问题，她给女儿写信提供了大量关于照看婴儿以及儿童教育的建议。薇琪是这样对妈妈描述自己的小孩子的："他真是一个可爱的小孩儿，他又聪明又活泼，还很少哭——因为他总是那么活泼，人们在照顾他的时候都要注意不要让他太过兴奋。"数周之后她写信给她的爸爸："您的外孙非常健康，他是我全部的幸福，这个聪明的小东西。他的胳膊明显有所好转，他的手却不然，他可以活动所有的手指，握拳，再张开，可以很虚弱地伸出手指，但是他的手只有其他人的一半大小，这让我非常害怕。"

1861年1月弗里德里希·威廉四世（Friedrich Wilhelm IV.）去世，他的弟弟威廉登基为王，弗里茨作为威廉的儿子被立为王储。威廉一世是一个堪称普鲁士典范的人，他是彻头彻尾的军国主义者，恪尽职守，完全没有一丝一毫民主自由的思想。他的曾祖父弗里德里希大帝还只是称自己为“国家的第一仆人”，他却觉得自己作为国王是上帝的恩宠。像他朋友阿尔伯特·冯·萨克森-科堡一直建议他的那类议会君主立宪制，他完全没有兴趣理会。由于他的儿子弗里茨与儿媳两人都抱有自由主义的观点，在政治方面对二人都不信任。

1861年11月英国女王的丈夫阿尔伯特染病，连续数周高烧不退，12月14日逝世，享年42岁。正在期待第二个孩子降生的薇琪再也不能看到她的父亲了。她绝望地写到：“为什么上苍没有把我收走呢？他对这个世界来说太伟大、太完美了，这个始终被崇拜的父亲，我远远不止因为女儿对父亲的爱而崇拜他。”不久她又写信给她的母亲：

“我要努力追随他的榜样，实现他的所有理想。”这其中指的主要是他的政治遗愿。

但是她并没有成功。作为王储妃，她并没有机会可以对她的公公在政治方面施加影响力，更不用说还有普鲁士的首相兼后来的总理奥托·冯·俾斯麦（Otto von Bismarck）了，他竭尽全力阻止王储妃在政治上的企图——并用各种手段诽谤王储夫妇。因为王储夫妇的自由主义观点会破坏他的政治目标。他污蔑薇琪更多地代表英国的利益，而不是普鲁士的利益。为了抵消王储在皇帝身上的影响力，他成功地在皇帝身边说弗里茨的坏话，让他出丑。

在她28年的王储妃生涯中，薇琪一再地因为俾斯麦而恼怒甚至绝望，因为他总是有办法控制并阻碍她的那些与俾斯麦的政治目标相反的政治观点。

即使不算这些，她在柏林宫廷中的生活也绝对算不上轻松。她的婆婆使她在婚姻生活中备受挫折，利用每一个机会强迫薇琪参加过多的社交活动，以此来补偿她对薇琪的不满，并始终约束她，对她发泄自己的坏心情。按照礼仪规范，王储妃必须对王后表示顺从。但是从人性的角度来说，这对薇琪实在是太过艰难了，她给丈夫写了许多封内容相似的信："你的母亲现在情绪非常糟糕。昨天晚上你的母亲严厉地辱骂我，她用的那些语言极其恶毒刻薄，我觉得她一定是事先精心挑选好了专门用来在这种时刻使用。"

同样让她烦恼的还有她的长子威廉，在她的婚姻期间她接着又生下了七个孩子。他的左臂的残疾经过年复一年极其痛苦的"治疗"几乎毫无起色。而他的性格也让薇琪非常惊讶。在威廉还是个年轻的男孩子的时候，就已经显露出他的傲慢自大、自视甚高的特点了，薇琪对此并不赞成。1864年，在去他英国的外祖母那里拜访时，5岁的他由于坐在女王的马车里时被安排坐在了逆向的座位上而拒绝上车，因为他知道这在家族等级中代表较低的地位。当维多利亚告诉女儿这一事件的时候，薇琪担忧地回答说："你说到的这个傲慢的迹象，我们已经注意观察威廉了，仆人们和其他人都助长了他的这一问题，他热爱发号施令并自我感觉非常重要。我故意让他坐在马车反向的座位上，或者让他作为最后一个上车的人，但是男仆总是在身边，并在我之前把他抱上车去，为他做任何他想要的事情。"

这一切都表明，无论是薇琪自己还是孩子的父亲与外祖母，都没有办法达到目的。威廉的父母俩也没能成功向威廉传达他们的自由主义政治观点。可能薇琪这位8个孩子的母亲对自己的长子有所疏忽，没有给他足够的关注与认同，而原本就由于残疾和由此引发的不安全感与恐惧让威廉格外地需要这样的关注吧。与此相反的是，母亲薇琪坚决果断，重视成绩，她只是不停地苛责自己的长子——尽管那些批评并不算不合理，但太过频繁了。威廉评价自己自8岁起的童年生活时，用了“不幸”两个字，因为除了父母之外，还有一个严格的普鲁士的教师，欣茨彼得（Hinzpeter）对他严厉教导。

人们很容易预见薇琪与她的儿子威廉之间的疏远。

1888年，将近91岁高龄的德皇威廉去世，他自1871年通过俾斯麦建立德意志帝国之后就成为第一任帝国皇帝。弗里茨时年56岁，登基为弗里德里希三世。然而他继承的不仅仅是这个帝国，还包括了那个始终尽全力反对他，并将至今的所有政策继续推行下去的俾斯麦首相。弗里德里希当时已经病重，虚弱到无力顶住俾斯麦的压力，仅仅三个月后他就死于喉癌。他的去世不仅仅夺走了薇琪的个人幸福，也夺走了她等待了将近三十年的对政治施展影响力的机会，同时她也永远失去了所有改变的希望。她的儿子威廉，也就是威廉二世，作为他父亲的继任者登上皇位，时年29岁。他并未接受他父母乃至于“英国的”祖父阿尔伯特的自由主义观点，除了做了一些社会福利方面的改善工作之外，他延续了他的普鲁士祖父的保守的普鲁士政治风格。他回避他的母亲，正如他的母亲回避他一样。

皇太后弗里德里希是薇琪在丈夫死后的封号，她生命中的最后时光在桃努斯度过。她让人在科隆伯格修建了一个英国风格的城堡，命名为“弗里德里希宫”，今天被改造成了“科隆伯格城堡酒店”，现在属于她的女儿黑森公主玛格丽特（Margarethe）的后人所有。这位皇帝遗孀在科隆伯格非常受欢迎，对客人们来说，是一位非常有教养的谈话伙伴。然而她的内心深处感到非常失望，她感觉自己在政治层面“被忽视、被遗忘、不被重视，从未有人打听过她” ——而她父亲托付给她的任务与她自己的目标全都以失败告终。但是即使她的丈夫弗里德里希三世能够活得更久一些，她的这个任务是否可以实现也仍然有待商榷。德国对自由主义国家体制的反对力量实在是太过强大，甚至需要第一次世界大战这一灾难才彻底打碎旧势力、旧制度。

1901年8月5日，60岁的薇琪死于科隆伯格。她的棺椁被运送到波茨坦的弗里登教堂，安葬在她的丈夫身边。13年后由于她的儿子威廉的错误结盟政策，德国参加了第一次世界大战。

奥地利皇帝弗兰茨·约瑟夫一世与儿子鲁道夫王储

"我只是听说，你害怕了。"

小公爵弗兰茨·约瑟夫（Franz Joseph）1830年8月18日生于美泉宫，这位未来的小王储出生之后，并未像正统王储降生那样有礼炮鸣响昭告天下。因为这位家族中被称为弗兰奇[1]（Franzi）的小公爵虽然是奥地利皇帝弗兰茨一世（Franz I.）的孙子，却也仅仅是皇帝长子，即皇位继承人菲尔迪南（Ferdinand）的侄子。因此弗兰奇是否有机会继承王位并不是一件可以确定的事情。

尽管如此，他仍然从小就被他的母亲索菲（Sophie）按照未来皇帝的标准培养长大。索菲是巴伐利亚国王马克西米利安·约瑟夫一世（Maximilian Joseph I.）之女，她的丈夫是菲尔迪南王储的弟弟，弗兰茨·卡尔（Franz Karl）大公。野心勃勃的索菲希望她的儿子有朝一日可以继承皇位，因为王储菲尔迪南患有癫痫病，医生预言他寿命不长。而王位的顺位继承人，她的丈夫弗兰茨·卡尔无论是对皇位还是对政治都毫无兴趣。英国驻柏林大使夫人维斯特摩兰女士，这样形容索菲的丈夫“一个非常悲惨的造物，除非人们打扰他的闲情逸致，不然他对一切都毫无兴趣”。

① 弗兰茨·约瑟夫（1830—1916）是奥地利皇位继承人菲尔迪南的弟弟的长子，人们称它为弗兰茨或者弗兰奇，后成为弗兰茨·约瑟夫一世皇帝。——译者注

皇帝弗兰茨·约瑟夫很早就想要激起儿子鲁道夫对打猎的狂热喜爱了。至于王储原本的个人爱好，他没有任何兴趣了解。

在宫廷之中索菲并不受欢迎。因为她坚信专制的皇权来自上帝的恩赐，而她的儿子毫无疑问将是未来这一恩赐的对象。在法国大革命过去足足50年之后，鉴于欧洲处处开始萌芽的自由主义思潮，索菲女大公的行为举止显然保守得让人吃惊。她的父亲马克思是所有巴伐利亚公国中最亲民的国王，他从未因为自己的身份而有高高在上的优越感，并将他的封地打造成全德国最自由的地区。作为这样一个国王的女儿，人们预料中的她应该与她本人的性格截然相反才对。

索菲尽一切努力想要成为菲尔迪南的继任者，哪怕不能凭借她的丈夫成为皇后，还可以凭借她的儿子成为皇太后。之后过去了大概20年，直到承载着母亲的期待的孩子，与他的两个弟弟马克思（Max Ludwig）与卡尔·路德维希（Karl Ludwig）一起成长起来。

弗兰茨是一个友好、善良、温柔、对母亲非常顺从的好孩子，索菲作为母亲对孩子关怀备至且温柔，弗兰茨生病的时候，她从早到晚地照顾他，但在对他进行教育的时候，她从来不会忘记自己的最高目标，在这一目标下所有的人道主义宽容的方面都是次要的。将他培养成为奥地利的皇帝，弗兰茨毫无保留地服从了这一目标，就像他之后期待从儿子身上得到的态度一样。

> 索菲认为未来皇帝同时还要是国家军队的最高统帅，这一设定完全符合他的长子的天性，而不适合她的小儿子。

长兄弗兰茨有很强的纪律性与责任心，非常值得信赖，并且性格顺从。与他相比，两个弟弟马克思与卡尔·路德维希在这些方面就要逊色太多。也没有人能像弗兰茨一样，对所有军事活动都表现得乐在其中，他在鸣炮以及部队列队检阅的时候欢呼雀跃，并且狂热地热爱军装制服，人们后期几乎看不到他穿除了制服——紧贴腰身缝制，双排扣白上衣，紧身的红色裤子——之外的其他衣服了。制服非常适合他，但是像他这样不爱打扮的人，穿制服不仅是他认为自己是一位军人，更为了节俭与舒适。制服为他节省下来一整个衣帽间的衣服。他的男仆欧根·凯特尔（Eugen Ketterl）记载，他在1894年开始服侍64岁皇帝陛下的时候，他的衣服可以说“太过寒酸。除了猎装和一件燕尾服，一件几乎是老古董的上衣之外，连两件可以穿的休闲西装都没有”。

尽管索菲在弗兰茨还是小孩子的时候，就强行将他束缚住，但他对军队保持了终生的亲近态度，这也符合弗兰茨的生活习惯。弗兰茨在4岁的时候开始接受军队教育，每周接受18课时的课程安排。规划好的课程安排中几乎没有游戏时间调节，一旦要游戏的时候，也只能和母亲索菲挑选出来的小伙伴一起。这在宫廷生活中相当常见，因为父母都希望自己的孩子可以与身份相匹配的同龄人交际。但是索菲的要求太高了，她几乎找不到人配得上与弗兰茨一起交往。

> 在索菲眼中她几乎找不到一个可以接受的交际环境，用来匹配未来的奥地利皇帝。

因此从一开始她就孤立了弗兰茨，并希望通过这种距离感证明弗兰茨本人及其地位的至高无上。然而无论是从人性的角度还是从政治角度来看，这都是一个后果严重的限制行为，弗兰茨终其一生都没能摆脱他的这种孤独感。

他成长为一个亲切的、善良的、有责任感的人，但私下与人接触时他又极其羞怯，他对待身边的人始终充满敬重。他不允许别人太过接近，始终与人保持距离，就像他一直被教导的那样。只有一个人例外，那就是比他小9岁的妻子伊丽莎白（Elisabeth），他努力一生追求她的关注与爱情。在他后期写给她的信上，整体看来，相当的单调、无趣，又无关紧要，但他在最后落款写下了“你的小不点儿”。

在这期间对儿子关怀备至的索菲当然要按照贵族习俗，将日常照顾儿子的任务委托给一个教育者。女大公索菲将这一职责交给了路易斯·冯·施托姆费得（Luise von Sturmfeder）男爵夫人。她在维也纳胡浮堡皇宫的“儿童房”负责教导弗兰茨以及他的两个弟弟直到他们6岁为止。孩子们都非常爱她的温柔体贴，当他们与她分别的时候都非常难过。因为当皇子们6岁的时候，按照规定就进入了一个新的生活阶段，将要开始真正严肃的重要的生活了。

弗兰茨，作为长子，第一个接受这一切。

他不得不告别男爵夫人，这个会因为他过多的职责而真心为他难过的教师，她一度写到：“就算是最穷的打短工人家的孩子，也不会像我们这位不幸的小皇室成员一样痛苦。”弗兰奇还是从“儿童房”搬到他位于胡浮堡皇宫的自己的住所中。从那时起他的教育任务在帝国首相克莱门司·梅特涅的监管下，被转给亨利希·冯·博贝勒斯（Heinrich von Bombelles）伯爵，因为他不能一直接受一个女人的教育。博贝勒斯伯爵是一个法国外交官的儿子，一个虔诚又严厉的天主教徒。选择教育人选的决定性标准并不是一个人的人格或者教育能力，而是他对帝国首相梅特内希政治路线的忠诚态度。

除了他之外，人们还给小王子的新住所安排了一个奥地利军队的职业军官做他的总管家。这位约翰·亚历山大·冯·克罗尼尼-科隆伯格（Johann Alexander von Coronini-Cronberg）伯爵负责将小王子殿下在他的寄宿生活期间培养成为一个魁梧的威风凛凛的军人。由于他每天都与小王子形影不离，这位22岁的克罗尼尼-科隆伯格对年轻的大公爵产生了巨大的影响。

尽管他的总管家非常年轻，他的野心仍然使他在军队生涯中青云直上。这个6岁男孩儿承受的军队操练实在是太过严格，认真关注训练的女大公索菲竟然毫无怨言地容忍了这对他儿子而言过分严酷的折磨。她接受这种无情的教育时，有一个念头一直给她带来安慰，即这一切满足了弗兰茨本人对军队的狂热喜爱。她还用尽可能多次的陪伴弗兰茨参与大型军事阅兵活动来表示对他这一爱好的支持，在阅兵过程中，金发的小王子穿着14步兵团的红白制服庄重乖巧行军礼的样子，赢得了所有在场人士的喜爱。索菲这样做自然也有她的政治目的：

> 她要让皇室与群众都在意识中牢牢记住皇帝的侄子，并且利用一切手段将他培养成为皇位继承人。

弗兰茨的课程在他6岁的时候是每周18课时，8岁的时候增加到36课时，11岁的时候增加到46课时，15岁的时候已经增加到每周超过50课时了。他学习的专业包括德语、数学、物理、化学、历史、地理、宗教、法律、政治学以及之后的哲学和拉丁语、法语、捷克语、匈牙利语。弗兰茨还要学习跳舞、骑马和军队操练，这些是当时有身份的贵族都要掌握的技能。

尽管抱有这些美好的意愿，以及非凡的责任心，这一切加在他身上的期待，有时候也会导致巨大的心理压力，反映到身体上就是胃病与呕吐。这些病痛并不能改变那些难以承受的任务。不过他也得到了相应的荣誉。13岁的时候他就已经是第三轻骑兵团的上校了，14岁的时候他得到了帝国最高级别的荣誉勋章金羊毛勋章。

1848年弗兰茨18岁生日的前一个月，帝国内部以及欧洲多个国家都爆发了革命。

比起其他国家只需要处理个别的革命发源地就可以。在哈布斯堡王朝这个多民族国家里，需要人们镇压的革命地区不仅仅有维也纳，也包括布拉格、米兰以及最严重的匈牙利。匈牙利国会罢免了国王，并且自行选举了一个总统。最终是在俄罗斯以及克罗地亚的帮助下，奥地利才打败匈牙利并将事态恢复到之前的样子。陆军元帅拉德茨基（Radetzky）在意大利击败了起义者，政府在维也纳与布拉格也都取得胜利。

病重的皇帝菲尔迪南决定放弃皇位。同样放弃皇位的还有他的弟弟弗兰茨·卡尔，他看起来太过懦弱无能，不能胜任这一职位的要求。索菲再一次投入了她所有的政治力量，为她的儿子增加筹码。人们甚至要求她作为丈夫的代表戴上王冠，但她为了弗兰茨的利益放弃了。1848年12月，他最终被他的叔叔任命为继任者。18岁的男孩现在叫弗兰茨·约瑟夫了。

整个事件的幕后推手，当然是索菲王太后。她与帝国首相梅特内希俩人都倾向于继续维护哈布斯堡王朝的保守政策。

由于所受的教育，思想传统的年轻皇帝是一个害怕惹是生非，并且终其一生都对母亲非常顺从的孩子。

不幸的是，他在一个冲突频发动荡不安的时刻接收了他伯父的遗产，以至于没有一个可以适应新环境的阶段，就直接被要求雷厉风行地解决问题了，首先是匈牙利问题。在他的顾问，也是他的母亲索菲的影响下，他下令处决起义军首领，其中许多都是匈牙利贵族。这一决策引起进一步的多处起义，以及民众的恐慌，严重损害了他的声誉。自由主义势力对他大肆抨击，他在革命期间承诺的宪法，虽然已经起草，但他从未真正将之付诸实践，变成了一纸空文。

直到将近20年后弗兰茨·约瑟夫才在多方压力下，终于同意针对帝国的奥地利区施行宪法。匈牙利再次脱离帝国独立，组成王国，并在国内施行双君主制，在帝国的领导下自立王室。这一次匈牙利与帝国之间达成的意见一致也是弗兰茨·约瑟夫的妻子伊丽莎白的功劳，她本人在政治方面支持自由主义，并且与匈牙利非常亲近，正是她促使她的丈夫考虑采取折中的办法解决这个持续数十年之久的匈牙利争端。

伊丽莎白的父亲是巴伐利亚公爵马克思，母亲是女大公即后来的皇太后索菲的妹妹路德维卡（Ludovika），她一直长到15岁都还没有机会给她的表兄弗兰茨留下印象。在1853年，他们二人于巴德伊舍初次相逢的时候，一切都改变了。弗兰茨疯狂地爱上了伊丽莎白，并请求他的母亲同意他与伊丽莎白在一起，但是当时索菲选中了伊丽莎白的姐姐海伦（Helene）作为儿媳。一年后约瑟夫与伊丽莎白成婚。

> 24岁的皇帝陛下相貌英俊，身材高挑修长，新娘刚满16岁，美丽如画，有着一头棕黑色的长发，优雅、自然、不造作。

她首先做了人们一直期待的事情。她在四年内生育了三个孩子。再接连生下两个女儿，长女在两岁的时候夭折之后，终于迎来了一个儿子，鲁道夫（Rudolf），未来的王储。1858年8月21日鲁道夫生于拉克森堡，那里地处维也纳东南方向，是皇帝夫妇的游玩消夏的驻跸之所。

与出生时只是大公爵的父亲不同，小王子一出生就以王储的身份伴随着首都20个礼炮鸣响的101声公告天下。在政府官方机构的大楼外悬挂着红—白—红三色的旗帜，教堂里举办着庆祝礼拜仪式，街道上人们欢呼雀跃。皇室有意避免太过铺张浪费，因为在局势不稳的情况下宫中太过铺张，可能会再次引发人们的不满与新的动乱。

就像弗兰茨·约瑟夫小时候的情况一样，皇太子鲁道夫的教育一开始也是由皇太后索菲负责。在鲁道夫出生时只有20岁的年轻妈妈伊丽莎白之前，为了自己做母亲的权利而与皇太后多次冲突。但由于她从丈夫那里也没有得到任何支持，最终放弃了与婆婆的对抗，任由皇太后照看她的孩子们。

她彻底放弃了她的儿子，这个孩子很好地继承了她的自由思想与抑郁的倾向。鲁道夫从很小的时候就没有机会见到母亲一面。

> 在她成功诞下皇位继承人完成了她的使命之后，伊丽莎白开始全身心投入她的个人兴趣中，其中最喜欢的是骑马与旅行。这种行为一部分是因为叛逆，一部分是因为已经死心，同时还因为她本身的极度自恋。

很快一个事实就无法掩盖了，那就是皇帝夫妇的婚姻远远说不上幸福，尽管皇帝约瑟夫像迷恋一个偶像一样地爱茜茜，她也一生都很敬重约瑟夫。他们两个实在是有太多不同了。弗兰茨·约瑟夫有一个更谦逊的灵魂，他非常保守、虔信天主教、有责任感、孤僻，如果不是为了符合身份而一直坚持的狩猎的话，他几乎没有什么个人爱好，没有政治眼光；伊丽莎白正相反，她聪明，充满热情，具有非凡的想象力，敏感，热爱运动并且在政治上有着开明的态度。伊丽莎白在维也纳宫廷中始终被婆婆和宫廷规矩所限制，她的生活并不幸福，并一再试图逃离那个环境。甚至达到了深度抑郁的程度，最终产生自杀倾向。

一直到她生下鲁道夫十年之后得到第四个孩子，她的女儿玛丽·瓦莱丽（Marie Valérie），她才全身心投入女儿身上，宫中都称这个小公主为“唯一的一个”。对鲁道夫来说，她仍然完全不能算是一个好母亲。

对鲁道夫产生最大影响的，当然是他的父亲与祖母，他们完全按照当初教育弗兰茨·约瑟夫时所指定的教育方案教育他，他们在努力把鲁道夫培养成为一个思想传统的天主教帝王的同时，无视了一直在改变的政治形势。

弗兰茨约瑟夫的目的非常明显，他的儿子像他一样，或者可以被培养成像他一样，能够对军队有狂热的喜好。

> 弗兰茨·约瑟夫在儿子刚一降生就授予这个襁褓中的婴儿金羊毛勋章，并任命他为第10步兵团上校。

这完全超出常理。他本人在14岁的时候才得到帝国最高勋章，而他的前任皇帝们也没有人可以这样随心所欲地赐封皇室婴儿为军官。这一姿态表明皇帝多么希望他的儿子可以与军队保持亲密关系。

小王子也始终接受着军队方式的教育。他两岁的时候得到了第一件军队制服，从那时起他总是参加部队阅兵仪式。与他父亲当年乐在其中不同，他在现场更多的是被士兵和炮声惊吓不已。皇帝在1862年2月写信给儿子的时候，失望地说："你应该都看过你的军团士兵们的表演了吧，那一定非常棒。只是我听说你害怕了，这真让人感到羞耻。"

> 他一再告诫自己的儿子，要有男子汉气概，要勇敢。

而鲁道夫这个极其聪明、高度敏感、好学的孩子付出了巨大的努力让父亲满意。但那些严苛的教育对他来说还是有些难以承受。他体弱多病，由于经常着凉，不得不卧床休养。皇帝陛下由此得出结论，鲁道夫需要被进一步磨炼，他需要进行更多的身体训练。从那以后，4岁的鲁道夫就要在课表上加上骑马、射击与操练课了。他从这些训练中完全感觉不到乐趣所在。

此外还有算数、写作、捷克语、匈牙利语、宗教等课程，以及履行作为皇储的官方职责，连续数小时陪同父亲参加军事检阅，视察军校与军营，签署一些文件，比如皇帝陛下因为鲁道夫的出生而捐赠的鲁道夫医院的竣工文件。这个阶段照料他日常起居的是卡洛琳·冯·威尔登（Karoline von Welden）男爵夫人，她充满爱心地填补了鲁道夫母爱的空白。但就像施托姆费得男爵夫人当年在他父亲身边的情况一样，卡洛琳·冯·威尔登最后也不得不让位给一个男性的教师。王储6岁的时候得到了分派给他的总管以及宫廷侍从，其中利奥波德·冯·甘德雷克特（Leopold von Gondrecourt）伯爵是皇子太傅，他受到皇帝委托，为了加强皇储的身体锻炼，可以适当“减少”对这个精神“紧张”的孩子的思想教育。

这一毁灭性的要求非常符合伯爵本人的天性，却完全不适合孩子。甘德雷克特是出了名的冷酷、专横、粗暴的人，他向皇帝与皇后推荐自己，仅仅是因为他在丹麦战场上取得的军事胜利，但是那些胜利也都是用大量的鲜血换来的。

他在教育方面完全谈不上有任何能力。选择他教育皇储是一个不可原谅的疏忽，因为他给皇储造成了严重的创伤。

甘德雷克特为了把皇储教育成一个无畏的年轻人，采取的手段包括：半夜开枪射击让他惊醒，晚上把他一个人孤零零地锁在赖恩慈动物园里并且大喊着恐吓他：“有野猪来了！”他要求他进行冷水疗养，并且在雨中和寒冷的气候里接受无止境的训练。结果无论如何都与预期不符，可一点都不让人惊讶。

非但没有变得勇敢，鲁道夫现在更加恐惧不安了，精神紧张并且更加体弱多病，自闭并完全沉浸在个人世界里。皇帝同情地称他为“病秧子”。

对王储的这种折磨一直持续了整整一年，他的母亲伊丽莎白由于一直处于旅行状态，对此一无所知。直到她1865年夏天回家才发现究竟发生了什么。她怒火冲天并要求皇帝陛下“把一切与孩子有关的事宜全权委托给我，选择他们的交际人群、他们居住的地点、彻底引导他们的教育。总而言之，所有的一切都由我来决定，直到他们成年为止”。

弗兰茨·约瑟夫对此犹豫不决，因为他害怕为此与母亲发生冲突。但是伊丽莎白最终如愿以偿，这是她在与她的丈夫和婆婆对抗的过程中取得的第一次胜利。甘德雷克特被解雇了。伊丽莎白选择了拉托尔伯爵（Latour）作为他的继任者，拉托尔原本就是王储的朝臣之一。与他的前任不同，拉托尔思想自由开明，很快成为王储最亲密的朋友。然而即使这样他也无法弥补王储童年早期的痛苦经历，以及由此引发的心理上的不安。

在之后的数年中，皇帝陛下被卷入了一系列军事冲突之中，这使他自1848年革命时就已经备受批评的名声再次下滑。当时弗兰茨仍然努力推行大德意志政策，将普鲁士纳入奥地利的领导之下，他的努力在俾斯麦的一再反对之下失败了，因为俾斯麦一直提升普鲁士的领导权，最终导致了普鲁士和奥地利的战争。战争最后以奥地利帝国军队在柯尼西格雷茨战场的惨败结束。自由主义思潮再次在多瑙王朝（哈布斯堡王朝）统治下传播开来，如在意大利北部的威内托区的自由主义思潮，这一地区自从1797年的《坎波福米奥和约》（*Frieden von Campoformio*）规定威内托区归哈布斯堡王朝所有之后，1805年被拿破仑吞并，1815年经过维也纳议会再次被返还给奥地利。自由主义传播更广的还是在匈牙利。弗兰茨·约瑟夫在那里被迫承认国家在1867年独立，并且对着匈牙利宪法宣誓。弗兰茨与伊丽莎白在匈牙利布达城堡上的玛珈什教堂里加冕。事实上这意味着匈牙利在对外事务如外交政策、军事政策、战争政策以及财政方面与奥地利帝国紧密联系在一起。而在行政、司法、文化与教育等方面则完全独立自主。

哈布斯堡王朝从那时开始就成为一个帝王与国王的双君主政权了。

在这段政治动荡时期，王储从维也纳宫廷出发，被送到巴德伊舍的皇家夏宫，从那里又被送到布达佩斯。在奥地利与普鲁士和威内托作战时，王储始终坚持与他的父亲和叔叔通信。当时他的父亲统帅哈布斯堡军队对抗普鲁士，他的叔叔阿尔布莱希特（Albrecht）公爵在意大利指挥南面部队作战。他在一封寄往威内托的阿尔布莱希特公爵的信中写到："亲爱的叔叔，我向亲爱的上帝祈祷，保佑我们最终取得胜利，并且远远地庇护您平安！我非常想念我们勇敢的军队与那些可怜的让人惊叹的士兵们。我们有多少个旅在前线参战？我的军团也上战场了吗？我读了所有从南方与北方发来的电报。"而他的叔叔回复他："我们明天将要全军渡过明乔河，同时袭击伦巴地边界山脉的撒拉尔。匈牙利骑兵和重骑兵都已经领先并且抓住了大量战俘。战役非常血腥惨烈，但是一切都很顺利，就像在训练场上一样。

我们一共损失了8 000名受伤与死亡的士兵，敌人损失得更多，我们缴获了4 000名俘虏和16台大炮。

这些信件反映出6岁的王储对战争的兴趣，而人们将他视作未来军队最高统帅谨慎地对待他，只要他对军队事务有兴趣，都乐于迎合他的求知欲。他周边的人对待他究竟有多么尊崇，他的妹妹玛丽·瓦莱丽与她的兄弟姐妹一起在1886年拜访他们的外祖父母家的时候发现了这一点。巴伐利亚大公夫妇居住在施坦贝尔格湖畔的帕森霍芬城堡。玛丽·瓦莱丽在日记中写到："我们立刻走近外祖母，让我震惊的是她在面对'皇帝的孙子'的时候表现得那样郑重，与对待我们其他兄弟姐妹全然不同，这让我真心为可怜的鲁道夫感到难过，他被放在难以接近的高台之上，使得真心地关爱与事实真相都同样难以靠近他，而他所受的教育让他根本不可能学会怎样从台子上下来。"

他的教师拉托尔伯爵想让他认识一下亲身经历战争的见证人。于是他邀请了在波西米亚参加抗击普鲁士战争的威尔采克（Wilczek）伯爵觐见王储，在会见过程中，威尔采克还跟王储讲述了奥地利军中装备不足的问题。

拉托尔在1868年写信给国王评价当时10岁的王储："与他高贵的帝王性格相对应的是，他还有一颗善良高贵的心与雄心壮志。我不认为有任何一个人在他的年纪可以做得更好，努力抱有积极的价值观，并且尽力忘记不愉快的事情。他看人的眼光非常敏锐，而他对人的评价往往都很中肯。谄媚奉承对王储来说通常不起作用。"

对于消息出奇灵通的王储来说，这些天的政治事件究竟意味着什么当然不可能是一个秘密。奥地利在战争中失去了隆巴德、威内托区以及部分匈牙利，鉴于德国的优势地位，奥地利将会失去它作为大帝国曾经的影响力。王储身边的人对这次事件的判断却各有不同。

他的祖母索菲痛恨并绝不会接受自由主义思想，皇后伊丽莎白则站在完全对立的立场。

她狂热地支持匈牙利自由派，并对皇帝产生相应的影响力来表达自己对自由主义的追求。这位国王自己在不同的思想浪潮中左右摇摆，完全没有能力评估时局，并为儿子指明一条路线，这对早熟、敏感又感情丰富的王储来说也是一个艰难的情况。而这段时间也是之后王储对普鲁士始终持有负面又矛盾的态度的原因，对于普鲁士他始终处于不信任与期待之间，其中不信任的感情居多。

从布达佩斯返回之后，王储和大他两岁的姐姐吉塞拉（Gisela）一起居住在维也纳胡浮宫，身边跟着的永远不是父母，而是一大群宫廷侍从。皇后伊丽莎白一如既往地在旅行，皇帝要么在多瑙帝国各州处理帝国事务，要么就在打猎。这些也是他与王储通信的主要话题。1869年4月一次打猎归来后，皇帝写信给11岁的王储："现在想要猎鹬也不能够了，上次我们一共就猎到7只鹬。我本来都想着，既然现在已经没有鹬就算了，结果收到电报消息，说现在又有鹬了，于是我们再次出发。一开始在马托山脉，猎到了14只，去了法科山，又猎到29只。还有一只可能被射中的鹬被一个车夫用鞭子打死了，算起来一共猎到了158只鹬，这可算是很好的收获啦。我们也看到了一些高等猎物，比如狍子、狐狸什么的，但是不能射。”三个月后他又写信安慰他的儿子，因为他在一次狩猎活动中被猎神的祝福拒绝了，一无所获：“我非常遗憾地得知你在这次狩猎中虽然开了个好头，但仍然一无所得，当然还会有很多机会继续狩猎，只希望你在之后能够射得更准。”

弗兰茨·约瑟夫尽了最大努力做一个好父亲。一方面国家事务永远排在最前面，另一方面他自己也没有机会亲身体验一下，一个好父亲是什么样子的。他教养他的孩子，尤其是他的儿子鲁道夫，按照他自己成长的轨迹来进行，而他自己当年也确实全无反抗地接受了一切安排。

鲁道夫的所有教师都由拉托尔和皇后伊丽莎白一起商量之后谨慎挑选，这些人必须符合最重要的标准。如专业素养、教育能力，以及政治方向正确。指导他一门科学课程的教师，毫无例外都是高校教师，从师资上来说，他已经远超过同龄人了。这些非常优秀的教育专家，可以更容易让他们的学生对教育内容产生极大的兴趣，尤其是当这个学生本身也在社会政治学或者自然科学方面有天生的兴趣与天赋的时候。他们几乎全都是自由主义的信徒，完全符合拉托尔与皇后伊丽莎白两人的政治倾向。

比起父亲来，鲁道夫原本就更像他的母亲，现在又受到来自母亲的间接影响，对他之后的政治生涯起到了决定性作用。然而母子二人仍然没有机会亲密接触，鲁道夫一生中最大的遗憾就是伊丽莎白不仅始终不在他身边，还在妹妹玛丽·瓦莱丽降生后将所有的爱给了她，这些明显深深地伤害了鲁道夫，因为他是那样敬爱他美丽的母亲。

皇帝陛下始终没有发现他与王储之间存在巨大的政治观念分歧，等到他发现的时候想要对此进行探讨都已经太晚了。本来国王也更愿意避免发生矛盾冲突，再让儿子把注意力限制在国王本人重视的方面就好了。因此他就开始表扬或者责备王子在军队或者狩猎活动中取得的成就，以及失败的经历。其他的问题国王都完全不感兴趣，充其量只能让他有一点不安，比如鲁道夫对政治上自由主义思潮的兴趣，在他14岁的时候就有苗头了，还给父亲写过一篇论文说明这个思想，但是弗兰茨对此只评价为"消遣游戏"，或者

鲁道夫又开始夸大其词了。

并轻蔑地搁置在一边。

在与孩子们的私下交往中，弗兰茨通常都很友善但是保持距离。他没学过与人亲近，也很少说话，如果说话，也只会谈一谈打猎的事。即使是在最亲密的家人圈子里，有弗兰茨在场的话，也总是带来一阵压抑的沉默氛围——既出于过度的尊敬，也因为没有可以聊天的话题。

孩子们在面对父亲的时候也战战兢兢，羞怯不安。"天哪，要是我能把所有对他的感情都说出来就好了！他要是能猜到就好了！"这是与父母关系最亲密的玛丽·瓦莱丽在14岁的时候，写在日记里对父亲的感受，其中她的感情更多的是出于对父亲的向往而非出于真实的接触。不久之后，她就放弃了自己对于热情的父亲形象的幻想了。对父亲更不满意的是鲁道夫，他认为父亲是一个"神甫一般的，生硬而多疑的人"。

鲁道夫的聪明才智非常适合大学学习与研究。尤其在自然科学——鸟类学——方面格外感兴趣。

他后来与生物学家阿尔弗雷德·布雷姆（Alfred Brehm）一起进行了科研旅行，撰写了许多鸟类学论文，甚至还发现了一个新品种。

但是父亲不同意他的学习研究。无论他是否有天赋，他从生下来就已经被定为王储，而他的父亲还预先规定了他的军队生涯。

随着鲁道夫日渐年长，他与父亲之间的鸿沟也日益扩大。毫无疑问，儿子鲁道夫的聪明才智远胜过他的父亲。父子二人的政治见解背道而驰。在弗兰茨·约瑟夫努力维持哈布斯堡帝国的统一，控制国内自由主义思想的时候，他的儿子鲁道夫却在热情地支持自由主义者。他在这些人中间了解了现代政治。他的父亲弗兰茨只会读他的顾问官呈给他的标红的文件，其中有意地避开了自由主义的思想与活动的部分。鲁道夫则与他父亲截然不同，尽管皇室对他隐瞒所有的政治信息，他仍然很好地了解了帝国内的情况。他被认为在政治方面让人难以捉摸，虽然不被怀疑，但仍然被孤立。在王储22岁的时候，充满绝望地写信给拉托尔伯爵："我看到了一个不信任的斜坡，我们都在上面滑下来。"

"我身边到处都是活人，但我却什么都不能做，不能大声讲话，不能说我感觉到了什么、我相信什么。"

王储自己拥有一个紧密的消息网络，其中有自由主义或者犹太人的信息情报员，也有朋友们，如政治家、公司经营者、记者，以及艺术家等。这些人将大量的政治信息传递给他。王储本人也以政治记者的身份积极参与出版——当然用化名——将他的政治观点发表在日报，尤其是在他的自由主义的犹太朋友莫里茨·思凯普斯（Moriz Szeps）开办的

《新维也纳日报》（*Neue Wiener Tagblatt*）上。其间思凯普斯多次帮助鲁道夫修改他的文稿，将他文字中的锋芒缓和下来，既保护那些被攻击的人不被诽谤，也保护他自己的报纸不被审查，同时还保护了鲁道夫的身份不被发现。鲁道夫的文章主要探讨哈布斯堡王朝作为一个多民族国家怎样在行动中顾及各方属国与不同民族的利益，又怎样在奥地利的领导下，将不同的种族融为一体，维护国家的统一。他激烈批判贵族，指责他们缺乏教育与政治素养，肤浅无知且滥用特权。他本人在面对与他阶级相当的人的时候，也表现得相当傲慢自大。他越来越回避他羞怯严肃的父亲，与那些简单的人在一起要自在的多。

虽然弗兰茨·约瑟夫逐渐意识到儿子与他的政见不合，也批评过他的这些想法，但他对儿子的看法其实知之甚少，认为这些问题自己会慢慢消失，并且不敢与儿子有更多的交流。

为了避免与儿子冲突，父亲想到的办法就是不断地给他"升官加职"。

人们让他做军队总监，为了让他远离宫廷，派给他一个非政治性的任务，需要他穿过君主国的各个州。对此他心知肚明。他必须为国效力，但是同时既不受重视也不被需要。学术生涯的路已经被父亲禁止了，政治上又被推到边缘。他写信给巴黎的朋友思凯普斯："我是奥地利官方对政治信息了解最少的人。"他是一个彻底的叛逆者，他赞成"新思想"，批判"反动派"，说"反动派到处都是，尤其在奥地利，他们是推动国家毁灭的第一步"。但是他本人既没有力量，也没有权利；既没有勇气，也缺乏愤怒来公开表达他的叛逆思想。就算是对着他父亲弗兰茨·约瑟夫他也不敢。鲁道夫用一种矛盾的方式与父亲在某些方面达成了共识——当然不是与父亲的政治行为取得一致，而在与父亲的个人接触中，他从来没有表现出反抗的态度，而是谨小慎微甚至低三下四。

> 他接受的王储教育与对帝国传统价值观的忠诚紧密联系在一起。这使他一方面渴望得到难以接近的父亲的爱与认可，另一方面又坚持自由主义的政治观点，这二者将他推入了无法解开的矛盾中。

同样矛盾的还有他的生活。他顺从人们对王储的期待，出于责任与阶级迎娶了人们为他挑选的比利时国王的女儿史蒂芬妮（Stephanie），并且努力想要经营一份幸福的婚姻。但是对婚姻的忠诚在他看来并不属于幸福婚姻的一部分。他对女性的吸引力就像他艳遇的数字那么庞大——结婚当然对此没有一点改变。虽然皇室为鲁道夫选择了一个特别乏味、没有魅力的新娘也确实失败，他的妹妹玛丽·瓦莱丽在日记中这样描述她的嫂子“高大、肥胖、皮肤蜡黄、穿了一件丑陋的晚礼服”，甚至说王储妃是“又胖又迟钝的女人”。伊丽莎白身边的宫廷贵妇，菲斯泰迪科伯爵夫人回忆道：“王储看起来并不幸福，而他的新娘给人留下了不利的印象。非常年轻、非常高、四肢粗大。黄色的头发从头顶才开始长出来，她看起来像一个白化病患者，有一双小而精明的眼睛，眼睛边缘带着一圈红色，唯一让人舒服一点的，只有她漂亮的白皮肤了。”除了周围的人对她不认同之外，随着时间的流逝，史蒂芬妮与王储之间的分歧也越来越明显，史蒂芬妮本人越来越宫廷化的优雅保守，而她的丈夫鲁道夫则越来越随意自由，这一切都导致了鲁道夫为了国家利益牺牲自己的个人幸福，顺从地联姻之后转而寻求婚外情给自己以补偿。王储夫妻之间的争吵逐渐升级，经常在其他人面前就开始争执。

王储婚外情的开销远超出了俸禄所得，于是他就向当时欧洲最富有的人之一借贷必要的费用，那个人就是布鲁塞尔的银行家莫里兹·赫尔施（Moritz Hirsch）男爵，由于他参与了巴尔干铁路的修建工作，也被人称为“土耳其赫尔施”。作为借款的回报，王储在皇室给予他铁路工程需要的折扣优惠。

他放荡行为还损害了他的身体健康。

他感染了一种性病，这在当时的医疗水平下是无法治愈的。后果是越来越剧烈的关节疼痛，他对外宣称是风湿病。自1887年开始大量使用吗啡和酒精来麻痹疼痛。还有来自母亲韦斯特巴赫家族灾难性的遗传，严重的抑郁症。不仅他的母亲这样，他母亲的姐妹以及她的姨妈，维特斯巴赫家族的索菲也都有抑郁的问题，当时的人们形容她是“忧郁的”。而鲁道夫的忧郁症更加深了他的酒瘾和吗啡瘾——如此这般地恶性循环下去。

由于王储把自己的性病传染给了王储妃，导致王储妃从此丧失生育能力，鲁道夫再也不能履行他自己的职责。在1883年女儿伊丽莎白出生之后，没再给皇室生下皇位继承人了——伊丽莎白始终是他唯一的孩子。

这一切都很适合阴沉的环境，因为信仰自由主义的德国皇帝弗里德里希三世，1888年在登基仅仅99天之后死于喉癌。鲁道夫曾经把他视作奥地利的潜在盟友，并将自己的所有政治希望都寄托在他身上。

保守的威廉二世继承皇位——在王储看来这绝对是一场灾难，鲁道夫的政治设想因此失败了，他原本计划将奥地利改造成为一个自由主义的多民族国家，并与德国和英国结为盟友。

当王储妃史蒂芬妮1889年1月结束她的长途旅行返回维也纳的时候，她被丈夫鲁道夫的样子吓坏了，她在回忆录中写到："他颓败得如此明显，人们从外表上一眼就能看出来。我感觉王储老得吓人，他的皮肤灰白松弛，眼神不安地颤动，面部表情与过去全然不同。就好像他失去了可以按照意愿控制表情的开关，然后从内部整个垮下来了。"

她向皇帝报告，说王储已经病重，并恳求皇帝派遣王储进行一次耗时较长的环球旅行，以便让他摆脱现在这种让他耗尽精力的生活。皇帝陛下驳回了她的请求，认为鲁道夫的病是她想象出来的，并向她保证："鲁道夫没有任何问题。"皇帝对儿媳妇的求救完全不能理解，就像他同样没有注意到他儿子性格中表现出来的异常预警一样：日益严重地容易兴奋、有攻击性、暴躁、精力不能集中、缺少责任感。

鲁道夫不仅承受着身体与精神上的病痛折磨，还为自己毫无出路的个人与政治状况深深地感到绝望。

几个月之前他就开始策划自杀事宜了。自1886年起，他就向自己最喜爱的情妇米兹·卡斯帕（Mizzi Caspar）透露了自己想要自杀的秘密。他建议米兹与自己一起自杀，但是被米兹拒绝了，并希望他能够考虑其他的选择不要自杀。由于与王储的私通，使得她常年被警方密探监控着，她对他们毫无防备地直接说明了关于王储的信息。当时的警察部长巴隆·克劳斯（Baron Klaus）以及巴隆的上司，影响力非常大的内政部长爱德华·格拉夫·塔弗（Eduard Graf Taaffe）都知道了王储的自杀计划。塔弗始终犹豫是否要向皇帝报告这件事，由于没有任何证据可以证明这个所谓的自杀计划，最终还是放弃了。

鲁道夫有一个爱慕者，17岁的男爵公主玛丽·薇翠莎（Mary Vetsera），尽管她知道王储永远不会离婚，但仍然狂热地爱慕王储殿下。1888年11月王储找到玛丽，让她作为陪自己一起死的伙伴，玛丽也决定虽然不能与王储共同生活，但是可以与王储一起死亡。这一目的与王储本人截然不同：人们根据两人生前最后几年——也包括在他认识玛丽之前的时间——他所做出的自杀计划以及他最后留下的遗书来看，推断出的结论是，他是出于对玛丽的爱才自杀的，这也是媒体与群众事后推测出的结果。

1889年1月28日下午晚些时候，王储的车夫约瑟夫·布拉德费施（Josef Bratfisch）将年轻的玛丽接到了梅耶林的皇家狩猎行宫，那里地处维也纳森林中，距离维也纳有一个半小时的马车行程。鲁道夫前一晚还与情妇米兹·卡斯帕共同度过，现在又来到这里迎接玛丽小姐。接下来的一天里，鲁道夫与玛丽小姐都在写告别遗书。玛丽看起来不想离开卧室，鲁道夫在将近21点的时候返回。1月30日清晨，他的仆人约翰·洛舍克（Johann Loschek）按照主人事先的吩咐前来唤醒他。

他先用手敲门，最后甚至用一块木柴砸门，想要将门打开，但是，与以往截然不同的一点是，门从里面锁上了。

他向科堡王子与奥约斯公爵求助，这二位客人正好因为陪同王子狩猎住在梅耶林。在他们的陪同下，仆人约翰破门而入并发现了两具尸体。鲁道夫先用手枪打死了玛丽，然后射杀了自己。

大概100年之后，著名的维也纳心理分析专家与自杀研究学者埃尔文·林格（Erwin Ringel）如此评价王储的自杀事件："我认为，那句话——如果想在哪做那就在这吧——是对的，自杀终结了这种由疾病引起的病态的发展"以及"这种由疾病引发的发展，从他出生那一天就开始了，因为就在那一天他被任命为军官，他不被看作一个人，而是一个军人"。

林格继续道："他的父亲从来没有参与过鲁道夫的精神世界，而只是用表面要求他承担责任，僵化地参与他的外部生活。伊丽莎白也做了同样的事情。人们甚至也可以说，这个孩子实质上是在没有父母的情况下长大的。"最后林格得出结论，从"人性角度来看"这是一个关于"悲剧的童年"的故事，"并由童年一直延续下去。他的表面生活始终是军队式的。与帝国有关的一切问题，他非但无权参与，反而要极其谨慎地保持距离。他曾经说过：'随便一个内廷参事对这个国家的了解都比我多。我就是被咒骂为无用的人的那个。'这个词'无用的人'很重要，因为人们可以推导出一个结论，在这个'无用'中他已经非常清楚地意识到，自己的存在毫无意义了。"

非常专制，同时又非常自由地被教育长大，鲁道夫对专制的接受度有多高，就有多怀疑它。按照林格的看法，悲剧的根源在于，在这一过程中他不敢把他的这种矛盾的感受表达出来："他与他的父亲和母亲全都处于一种矛盾的关系中。他用他自己的方式爱着他的父亲。他尊重他、害怕他，从来都不敢试图反抗他。另一方面他的很多症状仍然在恶化，感觉自己是一个被防备、被放逐的人、被逼到无路可退的人。他为了反抗这些，开始叛逆。但他根本无法彻底地叛逆下去，因为爱或者尊重，或者随便什么一直在阻止他。"

最后他把所有的攻击都对准了自己。

宫廷以及皇室家庭起先得到了错误的信息，以为是玛丽·薇翠莎毒死了王储。他们大吃一惊并且深受震动。直到两天后弗兰茨·约瑟夫才从负责检验死者尸体的医生韦德豪弗（Widerhofer）博士那里得知，全部的真相是他儿子自杀并且谋杀了玛丽·薇翠莎。

皇帝崩溃地痛哭。在他的痛苦中掺杂着由于鲁道夫的自尽身亡而带来的耻辱感：不仅仅是因为从军队的角度来看，他的自杀相当于逃兵的懦弱，还因为他在破坏婚姻、自杀、谋杀三个事情上犯下了重大的过错[①]。如果他的精神错乱不能证明他无过失能力的话，他甚至不能按照教规下葬，这绝对是个让人不敢想象的可能！尸体解剖最终提供了病理学的诊断结果，借此证明了他的精神疾病。这是否只是一个为了让皇室

---

① 王储犯下破坏婚姻、自杀、杀人三个违背天主教十诫的罪过，是不能以天主教之礼下葬的，在当时王室看来是极大的丑闻，最终尸检证明王储的身体病变给予王室遮羞的借口，最终王储仍然以天主教仪式下葬。——译者注

更能接受而通融的结果，现在已经无从考证了。

皇室父母二人都认为这个解释比其他的要好得多。因为借此机会他们不仅为他们的儿子，也为他们自己脱罪了。他们既没注意到儿子心理与生理上的病症，也没及时发现他偶尔会表现出来的自杀征兆。这一解释洗清了皇帝夫妇作为父母的失职行为。

> 尤其对弗兰茨·约瑟夫这个虔诚的天主教徒来说，“鲁道夫不是一个清醒地能为自己的行为承担责任的人，并且不需要为他的自杀负责，这个事实让他非常安慰”。

这是玛丽·瓦莱丽的观察结论。但是她自己也有怀疑“他是真的这么认为还是他想要借此说服自己啊”？

可以预料的是，皇帝陛下直到那时才详细地了解了鲁道夫的政治活动。他是否详尽地研究过那些，我们今天也无从得知了。可能他不仅缺少理解的意愿，还缺少必要的想象力。

王储与玛丽·薇翠莎一起自杀的事情被皇室小心地隐藏起来，直至1918年事件爆发。鲁道夫希望与玛丽·薇翠莎一起被葬在梅耶林附近的海立根克罗伊茨区的墓地，这一遗愿并未被满足。按照规定，人们将他葬在奥地利皇家墓地，维也纳的卡布奇那墓园。

弗兰茨·约瑟夫比他唯一的儿子多活了将近四分之一个世纪之后，才在第一次世界大战中期的1916年11月21日去世，他统治哈布斯堡王朝长达70年。

赫尔曼与
儿子弗兰茨·卡夫卡

“假如你是我的朋友，我会感到很幸福。”

波西米亚南部的村子沃塞科，位于一片如画的乡村风情之中，距离布拉格南部大概有100公里远。在西部易北河蜿蜒向前，河畔有一大片树林，今天成为自然保护区，西南方还有一个保护区，叫作托尼斯北泽纳保护区，北方耸立着沃塞科沙丘。墨绿色的针叶林连同闪闪发光的湖泊和池塘，易北河及其支流的河道、原野、草地与很多巴洛克风格建筑的村庄交织在一起，如今成为旅游胜地。过去那有一大片沼泽地，但是这些年都大规模地干涸了。在沃塞科，时间都仿佛是停滞的。这里在150年前就已经是一个朴素的渔村了，有大概120左右的人口以及一个较大的犹太人社区。按照今天的数据统计来看，目前的居民人口大概是100人左右。

赫尔曼·卡夫卡（Hermann Kafka）1852年出生在这里，是犹太屠夫兼肉铺老板雅克布·卡夫卡（Jakob Kafka）的儿子。在他出生四年前，18岁的弗兰茨·约瑟夫皇帝上台之后的第一个行政命令，就是暴力镇压所有试图脱离帝国专制的革命活动。首当其冲的是匈牙利、奥地利与意大利——意大利北部省份也属于奥地利——以及捷克。

外面的政治大事件对这个小村庄的居民如卡夫卡家来说很快就过去了。他们忙于应付每日的生活起居。然而这些政治问题还是与他们扯上了一点关系，那些在皇帝的暴力镇压之后，仍然继续存在的民族主义运动开始针对犹太人。

赫尔曼·卡夫卡家非常贫穷，整个家里唯一富足的，只有孩子的数量。

赫尔曼是六个孩子里最年长的一个。这也意味着总有很多张嘴需要被喂饱，虽然不总是成功。赫尔曼后来抱怨自己过去总是饿肚子。孩子

赫尔曼·卡夫卡试图强行按照个人意愿将儿子培养成为他想要的样子，但是可悲地失败了。与父亲的抗争影响了作家弗兰茨·卡夫卡（Franz Kafka）①一生的生活与作品。

①弗兰茨·卡夫卡，1883—1924年，奥匈帝国时期的捷克作家，用德语写作，欧洲现代派文学的宗师级作家，代表作有《变形记》《城堡》《审判》等作品。

们不得不为了家庭的生计一起出力，进行艰苦的劳作。赫尔曼的工作是在凌晨的时候，用手推车把父亲的肉铺货物运送到沃塞科村，以及周边村镇的客户家中。

贫穷、匮乏、艰苦的劳作，深深地给他的生活打上了烙印。他不仅拥有一副强壮的身体，还拥有非凡的精力，以及不屈不挠的意志力，最终克服了童年时期绝望的生活条件。14岁的时候，他得到了在邻镇皮塞克一家店的学徒工作。之后的兵役第一次给他提供机会，摆脱家中穷苦的环境。他果断地利用这次机会，并在三年后被提升为中士。在那之后他开始独立生活，一开始是做“品客犹太人”（Pinkeljude）——人们对那些走街串巷，卖些针头线脑的犹太小贩的称呼。这一行里有很多犹太人，因为其他的工作都禁止犹太人从事，即使是手工行业也不行。在赫尔曼·卡夫卡四处漫游做生意的时候，他清楚地意识到，如果他想要取得什么成就的话，他必须离开现在这个省，去首都寻找他的机会。1881年他与一个合伙人一起在布拉格共同创立了一家“女子时髦服饰用品店”，也就是给时尚女性提供配饰的一家店铺，这对一个曾经的流动小商贩来说，也绝对算是职业生涯的一大成就了。

当时有很多犹太人像他一样从乡村的犹太教居住区——自愿选择的——迁移到首都，一部分是因为奔腾的革命洪流让他们在小村庄也很没有安全感；另一部分是像赫尔曼·卡夫卡一样，想要在首都寻找他们的未来。

> 在城里他们想要与信仰和习惯相同的人居住在一个社区，于是再次聚居在已经有许多犹太人居住的城区。

卡夫卡家则不然。他们并没有搬进城内的犹太人聚居地，仅仅是从乡下的犹太区搬了出来。

赫尔曼·卡夫卡的生活有了决定性的好转，是在他娶了尤丽叶·洛维（Julie Löwy）之后。她出身于易北河畔波迪尔布拉德一个富有的犹太酿酒商人家庭，她与家人一起迁居到布拉格，并居住在内城区一个气派的房子里。尤丽叶的家庭非但比赫尔曼家更富有，而且还更有教养，这也是为什么卡夫卡后来在母亲的家族比在父亲家族更能找到身份认同感的原因了。洛维家人大多从事学者、医生以及布商等职业。其中有人是西班牙铁路公司的总经理，有人在刚果河殖民地公司从事运输工作，从尤丽叶的曾外祖父那边算起，甚至还有人曾经是犹太教经师，他担任了城内最受尊敬的一个犹太教职位。由于家族中同时还有一些怪人和不婚人士，赫尔曼·卡夫卡就充分利用这个机会，贬低他的岳父母家——这一举动掺杂了面对更文雅高贵的亲戚时的那种自卑情结，以及作为一个唯利是图的纯实用主义者，面对他人的个人主义生活方式的时候极其轻蔑的态度。

按照家族传统，尤丽叶从小接受了良好的教育，她不仅在社会地位方面比她的丈夫更优越，在学识方面也有显而易见的优势。尽管如此，她仍然从早到晚地在丈夫的商店里，精力充沛地忙个不停。因为这间小公司在刚开始的时候，资本极其有限，没有多余的钱雇佣工人帮忙。虽然尤丽叶本人非常疼爱自己的孩子，但是她也从不干涉丈夫专治粗暴的教育方式——或者只在一定范围内，最多充当丈夫与孩子之间的缓冲，又或者只在事后悄悄安慰孩子们，她的这一做法以及她本人的温良与随遇而安，使得这桩看起来并不般配的婚姻，以一种让人惊讶的方式幸福地继续着。卡夫卡在他的一本日记里这样描述他的母亲："她从早到晚工作，有时候开心，有时候忧伤，依情况而定。但是从来没有因个人情况而提出任何要求。她的声音响亮，在日常谈话时显得有些太大声了，但是在人感觉很悲伤的时候，听起来就非常舒服。"

我知道怎样能够安慰母亲。

由于赫尔曼·卡夫卡机敏的生意头脑以及不达目的不罢休的意志力，他的生意越来越红火。他终于有钱雇佣工人了，但是他把这些工人看作是"付了钱的敌人"，对待他们非常恶劣。公司的办公地点和家庭居住环境都得到改善，相应地客源也越来越高端了。公司迁入了旧城区环形路德金斯基宫内布拉格最好的店面位置之一。这次搬家表明了赫尔曼·卡夫卡的生活目标定在哪个方向。灾难般的过去，与之紧密联系在一起的排斥与蔑视，全都被他远远抛在身后，进入一个更好的阶层，在这一阶层里继续向上爬。在这一过程中，他可以对那些对他有用的重要人物极其友好，幽默感十足，殷勤备至，这样的态度，他的孩子们在家从来没有享受过。

敏感的弗兰茨·卡夫卡有时候会为父亲展现出来的世故的一面而羞耻，这让他觉得太过卑躬屈膝。

赫尔曼与尤丽叶在结婚一年后，也就是1882年迎来了他们的第一个孩子，一个柔弱漂亮的男孩子，有一双大眼睛，线条清晰的眉毛，敏感的嘴，大耳朵以及深色的头发。紧随其后又有两个儿子，但是都夭折了，三个女儿分别是艾丽（Elli）、瓦立（Valli）和奥特拉（Ottla）。作为家里唯一的儿子，卡夫卡必须承担父亲的期望——这是一个沉重的责任。因为这些期望对他来说如此陌生，并且，如果卡夫卡自己对未来有什么期待的话，与父亲的也相差甚远。

由于父母都忙于生意，他们先是聘请了一个保姆，后来又是一个法国的家庭教师照顾孩子们，因为赫尔曼不想被其他家庭比下去。在姐妹们中间，卡夫卡无疑没有玩伴或者说没有一个同盟者，尽管后来他与他的小妹妹奥特拉建立了良好的关系。毕竟在年龄上她与艾丽相差6年，瓦丽相差7年，奥特拉相差9年——这在童年里几乎可以算是不可消除的永恒了。像卡夫卡后来说的那样“因此我一个人生活了很久，因为我的父母永远在忙生意的事”。他可能缺少父母的陪伴，但是父母不在身边的时候他也感到放松。因为父亲在家的时候——这种时候大多发生在用餐期间——他往往利用这一时机教育孩子们，这种教育往往是大声的、暴虐的、专横的、充满讽刺意味的、轻视的，并且带着“恶毒的笑”。

> 虽然他并不打他们，但是他常用打来恐吓他们，一边大声训斥一边绕着餐桌追赶他们，这给卡夫卡带来的恐惧痛苦并不亚于真的被打一顿。

至少卡夫卡在1919年，他36岁时写的著名的“致父亲的信”中这样详尽地描述他：“你最近曾问我，我为什么说怕你。和以往一样，我不知道怎样回答。这既是因为我怕你，也是因为要说明我这种恐惧的原因，就得总结许多细节小事，我根本无法全部说得清楚。我现在试图用书写的方式回答你这个问题。即便如此，我也仅仅能写出只言片语，因为就在写信时，对你的畏惧以及随之而来的后果也阻碍着我的书写，而且材料之烦琐已远远超出了我的记忆力和理解力。”他用好几页的篇幅讲述，正是因为他是一个强大的父亲，才导致了他一直以来那种“始终控制着他的无用感”。这种感觉伴随了卡夫卡一生。弗兰茨·卡夫卡并没有把那封信寄出去，但是尽管那封信充满了一面之谈，也因为没有收到回应而被限制住，他仍然谈论了许多关于父子关系的话题。

> 一个让人进退两难的困境是，当卡夫卡的父亲想要把卡夫卡培养成为一个像他自己一样健壮、强有力的人的时候，卡夫卡却更像他的母亲，羞怯、羸弱、腼腆、惴惴不安。卡夫卡的父亲在事业上的成就鼓舞了他的自信心，使得他把自己当成了成功的标准。

就以同样的素质与准则要求他的儿子，因为他自己一直也是这样做的。“你完全凭自己的能力成就了一番事业，因此，你无比相信自己的看法。”卡夫卡这样分析他的父亲，他从来没有能力负担起父亲的期待或者压力，这些只给他带来了“打击”。“假如你是我的朋友、上司、叔伯、祖父甚至岳父（尽管也有些迟疑），我会感到很幸运。唯独作为父亲，你对我来说太强大了。比较一下我俩吧：我，简言之，一个洛维，具有一定的卡夫卡外表，但是使这种外表活跃起来的，并不是卡夫卡式的生活意志、事业心、征服欲，而是洛维式的刺激，这种刺激在另一个方向上秘密地、羞怯地起作用，甚至常常戛然而止。你则是一个真正的卡夫卡，强壮、健康、食欲旺盛、声音洪亮、能说会道、自我满意、高人一等、坚韧沉着、有识人之明、慷慨大方，当然还有与这些优点相对应的所有缺点与弱点，你的性情以及你偶尔的暴躁使你暴露这些缺点。”

他在另一段里又写到：“总之我们之间有如此大的差异，而这种差异又给我们带来了威胁，因为如果人们事先设想一下，我这个发育缓慢的孩子，和你这个成熟的男子之间怎样相处，那么也不难想象，你可以很轻易地踩死我，一直到多年之后我仍然被那种想象折磨着，我的父亲，终极法庭几乎毫无缘由地冲进来，在深夜里把我从床上拽到阳台[①]上，而我对他来说就是这样的毫无意义。”

这种对于自身毫无价值的绝望感受，像一条红线一样贯穿卡夫卡的一生，以及他的所有作品。

给他带来巨大压力的当然不仅仅是父亲高大健壮的外表，以及他的强大的存在感，而是他始终在展示他的个人成就。这种自我成就的夸耀，始终隐含着对孩子们的批评指责，他不相信他的孩子们可以做出同样的成就。虽然考虑到孩子们在物质方面成就的话他确实是对的。但他彻底摧毁了他的儿子弗兰茨所有的自我价值感以及自信心。

早在《致父亲的信》撰写之前，1911年的日记里，弗兰茨·卡夫卡

① 多个家庭共同居住的多层楼房朝向院子的一侧，通常会有开放型环绕阳台。

已经在深入研究他父亲用指责将他置身道德重压之下的问题了："很不开心地听着父亲无休止地挖苦同代人，尤其是他的孩子们的幸福处境，同时述说他年轻时必须经历的千辛万苦。无可否认，由于他长年累月衣衫褴褛，腿上的伤口始终没有愈合，他经常挨饿，10岁时就推着小车走街串巷，早出晚归，冬天也不能休息。然而他不愿意理解，这些千真万确的事实，和我没有吃过所有这些苦，同样千真万确的事实，无论如何都与以下结论毫不相干。我过得比他幸福，而他可以因腿上的伤口骄傲地抬高自己。他应该从一开始就接受并推断，我不会因为我没有吃过同样的苦就对他感恩戴德。一切都是用一种自吹自擂和争吵的语气来讲述，听着真是一种折磨。"三年后他针对这种对于感恩的道德压力写到："父母期待得到子女的感恩（有的父母甚至直接要求这些），就好像那些放高利贷的人，当他们只收到利息的时候，他们更愿意用资本去冒险。"

更让他痛苦的是父亲粗暴的尝试，他想要以自己为模板来培养儿子。

这一尝试由于父子双方不同的天资不可能成功，反而进一步加深了卡夫卡对自身毫无价值的感受："他（父亲）粗暴盲目地直接插手一个正在形成的人格，不耐烦地等待他自然发展"，卡夫卡在一次给妹妹艾丽写的信中大体评价了父母教育的缺点，当然其中也涉及了他个人的经历，"或者比如说当他惊恐地发现，他认为是他的荣耀的一个优点，因此就应该是这个家不可或缺的一点，竟然没有在他的孩子身上得到继承，他就开始锤炼他、打击他，当然他成功了，但是同时他也失败了，因为他彻底摧毁了他。”

在卡夫卡之后去高年级上学的时候，显示出来父亲毁灭性的教育是怎样让他转向内心思考的。卡夫卡就读于旧城环形路旁的德语中学，并顺利毕业。与他个人意愿相反的是，他是一个优秀的学生，然而他还是始终承受着会失败的恐惧：“我想着，中学的入学考试我肯定通不过了”，他在《致父亲的信》中这样描述，“但是竟然通过了；然后我想着中学一年级肯定会留级，没有，竟然成功地通过了，甚至一级一级升上去。这一切并没有让我产生自信，正相反，我越来越深信不疑，我爬得越高，最后摔下来就会越惨。我经常会在脑海中幻想当我取得优秀成绩的时候，可能是在四年级或者五年级，老师们齐聚一堂，研究这个前所未有的独一无二的特例，为什么我这个最无能，无论如何都是最无知的学生能够溜到这个年级。”

1920年他写信给自己的女友米连娜·森斯卡（Milena Jesenska）表示，自己有的时候会想死，“在算术课上，当我看到数学老师在上面翻他的记录本，很有可能是在上面找我的名字的时候，而那一眼带着力量、恐惧、真实、映衬出我在知识上的一无所知。”

面对隐藏在内心深处让他恐惧的生活状况，卡夫卡的反应是用冷漠的态度来武装自己。

一方面是因为，就像他一直抱怨的那样，他的怪癖特性始终“不被认可”，而他由于对自我存在的怀疑，觉得“一切都无所谓了”，另一方面则是为了反抗外部世界的压力，而做出自我保护的假象。这里外部世界的压力所指向的不仅是学校，还包括家庭。据他后来回忆，他那时候与母亲的交流不超过20句，而与父亲则除了打招呼之外别无他言。他进入了内在孤独的世界。他开始用写作替代谈话。一开始写一些抒情诗歌，这是当时布拉格的文学圈子里流行的模式，之后主要写故事。赫尔曼对此十分怀疑。

与卡夫卡个人预期相反的是他顺利毕业了。他的父亲让他随心所欲地学习他想要学习的东西，但是却建议他先找个工作，以确保他的生活费用——比如在父亲的公司工作。但是弗兰茨对此完全没有兴趣。他在《致父亲的信》中说道：“整个教育的下一个外在结果是，所有能让我想到你的一切事情，我都想要逃得远远的。因为你逐渐地从各个方面让我害怕，而你的店铺就和你是一体的，因此店铺生意也让我无法感到舒适。”

工作的选择非常艰难。因为卡夫卡要找到一个可以在最大程度上“允许他的漠不关心”的工作。

与此同时它不仅需要保护自己不被外界侵害，还要提供一个可以让他写作的自由空间。因此，在他尝试地学习了化学和艺术史专业之后，他选择了法学。他还报名参加了艺术史和日耳曼文学的讲授公共课。

父母很清楚地发现，他们的儿子开始越来越多地专心向文学方向发展，尤其是在父亲看来，这个发展趋势非常不可信。儿子究竟写了什么，他一点也不感兴趣，可能这对他来说也毫无用处。当卡夫卡把自己的一篇文章交给他阅读的时候，他仅仅是说了一句：“放到桌子上吧”！

通过写作；卡夫卡终于摆脱父亲，得到了内心的自由。

“我终于从这里得到了一个独立的，可以远离你的东西，虽然他也会让人想到虫子，它用身体的前半截挣脱开，爬向一边，而后半截被一只脚踩扁了。”与此同时，他又这样描述他应得的自由：“当然这只是一种错觉，我从来都没有，甚至在最好的时候也没有得到过自由。我的写作都与你有关，我写作的只不过都是我无法在你怀中抱怨的一切。这是一场有意拉长了的与你的告别。”

在卡夫卡的学习期间，他结识了作家马克斯·布洛德（Max Brod），后来成为卡夫卡最亲密的朋友，在卡夫卡去世之后撰写了一部卡夫卡的传记，并受到卡夫卡的委托掌管他的遗物。布洛德这样描述朋友们在毕业之后“热情的追求的”是什么：“当然是一个邮件上面写着‘简单的工作强度’的招聘通知，也就是一个从早晨到下午2点或3点的工作”，一份半天工作，一方面可以保障生活费用，另一方面也有充足的时间写作，看戏或者听讲座。卡夫卡在这段期间接受了与外部世界的许多交流，虽然他仍然需要他的漠不关心和他的孤独并且继续保留这些。

1907年6月，卡夫卡获得法学博士学位，接着他按照规定在布拉格参加了一年的实习工作。最终他在一家“中利保险公司”找到了一个职位。在那里工作了不到一年的时间他又辞职了，就像他在辞职报告中所写的那样，他受不了了，“就像被一个老官员责骂一样”。最根本的原因，是因为这个工作根本不是半天班，而是全日制工作，甚至还要求参加晚上的进修班，这让卡夫卡根本没有时间留给写作了。不久之后，他找到了一个更合适的工作，在一家公私合营的工人意外保险公司担任防止事故科的科长，在这里他每天2点就下班了，并且很快就被任命为领导。尽管如此他还是不满意，因为不仅无休无止的资料让他不胜其烦，更过分的是，工作时间根本与事先达成的协议不符——就连下午的时间也都需要工作，直到晚上或者半夜才有时间写作。

他的这种不满逐渐上升到绝望。

> 尽管他仍然还在与父母同住，他也不想在经济上继续依赖家人，因此他别无选择，只能继续过着他的双重生活。

尽管存在这些不利条件，他在文学创作方面仍然成果喜人。自1909年起，他甚至可以偶尔有几篇文章被刊登发表。首先是一些评论文章，报刊文章和短篇散文，在诸如《许佩里翁》以及其他杂志上刊登，1913年他在罗沃特出版社出版了他的第一本书，出版社的领导库尔特·伍尔夫（Kurt Wolff）很早就认识到卡夫卡的天赋。在他生前一共发表了46篇文章，首先是散文片段和短篇小说，其中包括了《判决》和《变形记》。之后发表的遗作大概超过24篇，马克斯·布洛德违背卡夫卡临终要求，并未将这些遗作销毁，而是将它们全部出版，其中包括未完结的长篇小说《审判》与《城堡》。此外还有信件与日记。布洛德无法出版的是无数卡夫卡本人亲自销毁的作品，人们猜测那起码占卡夫卡作品的三分之一那么多。

写作对卡夫卡来说像生命那么重要，而写作对他来说又是如此艰难。在他的日记中写到："我写下的单词几乎没有一个能够与其他和睦相处，我听见，辅音怎样破锣似的互相摩擦作响，元音怎样像展览会上的黑人应和着伴奏声歌唱。我的疑惑团团围住每一个字，我看见它们先于看见单词，但这到底是怎么回事!我根本看不见单词，我只是发明了它。”

这段时间他越来越多地抱怨他的健康问题。虚弱、太瘦——作为一个身高1.82米的成年男人，他的体重只有61公斤，他终生抵抗力差，一再地生病、头疼、失眠始终折磨着他。他在1911年的日记里写到：“毫无疑问，我的身体状况是阻碍我进步的最大障碍。用这样一副身体什么也做不成。我不得不努力适应它时不时地出状况。”

> 一个对他来说像救命稻草一样的想法一再出现，即在婚姻中寻找支持与安全感。

1912年8月卡夫卡在布拉格认识了菲利斯·鲍尔（Felice Bauer）小姐，她是卡夫卡的好友马克斯·布洛德的亲戚，当时在柏林做办公室职员。她一看就是个能干的年轻姑娘，卡夫卡立刻被她吸引了。他先后两次去柏林探望她，并在1913年6月向她提出了求婚，然而这个求婚中还带有一个警告，或者说是请求她不要接受他的求婚：“现在请慎重思考一下，婚姻会给我们的生活带来怎样的改变吧，每个人会失去什么，又会得到什么。我会失去我大多数时候都很可怕的孤独，赢得你，我爱你超过所有人。但你会失去你迄今为止，几乎完全满意的生活。你会失去柏林，失去喜欢的办公室，失去那些亲密的闺中女友们，还有夏日午后小小的消遣，失去嫁给一个健康有趣的好男人的机会和生下一个健康漂亮的孩子们的可能。用这些无法估量的损失换来一个多病、虚弱、孤僻、寡言、忧郁、呆板、几乎绝望的人，他可能只有一个美德，那就是爱你。”

从卡夫卡日记中的记载可以看出来，他最担心的是在婚姻中他再也无法一个人独自待着，因此无法继续写作了。

> 我必须一个人待着。我所做出的成绩都是独自一个人的结果。

因此他对于结婚有极大的恐惧心理，害怕“逃过去”。尽管卡夫卡有这样的想法，他还是在柏林订婚了，他在日记中这样记载：“从柏林回来了。像一个罪犯一样被绑在一起了。即使人们真的用链子拴住我，让警察把我放到角落里，只让我以这种方式旁观，都不会令我这般生气。”6个星期之后婚约解除了。1915年年初他再次见到菲利斯，他们又一次复合，并在1917年7月第二次订婚。同一年9月卡夫卡得知自己得了肺结核，他就以此为理由与菲利斯再次解除婚约。

一年半之后，卡夫卡结识了尤丽叶·沃利泽科（Julie Wohryzek），她的父亲在一个犹太教堂做帮工，还是一个鞋匠。他向自己的好友马克思·布洛德描述这个姑娘：“一个年轻的女孩儿，可能有点病弱。一个寻常的又让人惊讶的外貌。不是犹太女孩，不是非犹太女孩，尤其是不是非犹太女孩，不是德国人，不是非德国人，喜欢电影、歌剧和滑稽剧，以及香粉、纱巾，她掌握了永不枯竭的、数目庞大的脏话表达，总的来说，她非常无知，她的快乐比忧伤多，这就是她。

> 要是人们想要确切地搞清楚她的国籍所属，我们就只能说，她

是办事员。

同时她还内心坚强无畏、诚实、忘我——这样伟大的品质在造物主的恩宠之中，她的外表当然也不乏美貌动人之处，但是那对我来说就像从灯罩上飞过的蚊子一样无足轻重。”他又一次订婚了。但是这一次订婚又以失败告终，他在给尤丽叶的姐姐的信中这样解释，“他现在几乎勉强能为自己一个人负责”，只要“想到可能会失去文学的风险就非常紧张，肺部虚弱”。

父亲赫尔曼·卡夫卡对他的两次订婚都心存疑虑。与菲利斯·鲍尔的婚姻更多考虑的是实际问题，赫尔曼担心卡夫卡如果与她结婚，那么以卡夫卡微薄的收入，很有可能因此而陷入经济困境。尤丽叶·沃利泽科对赫尔曼来说在身份上无论如何都不能匹配卡夫卡。

弗兰茨另一次解除婚约，并不是因为父亲的反对，而是他本人不能接受与别人结合在一起的可能。他在《致父亲的信》中如此说道：“最重要的婚姻障碍却在于，我已确信不疑地认为，要抚养家庭，甚至仅仅是维持家庭，就必须具备我在你身上所看到的一切品性，优点缺点都不可或缺，就像在你身上那样融合了的一切一样，强壮并鄙视其他人、健康、一定程度的肆无忌惮、能说会道、不好接近、自信、对其他人都不满意、世故、专横独裁。相比之下，我一无是处，或者只具备相关的一点点能力，然而当我发现即使是你，也在婚姻中艰难支撑，对孩子们无能为力，我怎么敢结婚呢？”

维也纳的心理分析专家以及治疗学家约瑟夫·哈特纳1935年在他的“深层心理学研究”《卡夫卡与父亲问题》中这样写到：“与父亲的比

较，使他确定了自己的无能，为什么他总是把自己与父亲比较？

“我们可以这样分析，人格的初次塑造与选择，往往与儿童身边给他影响最大的人的性格‘有关’。伴随着选择而来的越病态，在之后的人生中就会被越固执地保留下来。如果这个人的整个发展是在家庭紧密的框架中被确定下来的，那么他没有任何可能建构他个人的人格。习惯的过去，与惊恐的回避像是一个怪圈，他的恐惧像是诅咒一般让他在这个怪圈之内循环往复。与罪恶感相对应的生活像是一种自我欺骗的直觉，是对一种没有生活过的生活表达，一种不确定的生活打算。”

1920年卡夫卡结识了作家恩斯特·博拉卡（Ernst Pollak）的妻子，24岁的密伦纳·叶森斯卡（Milena Jesenska），她美丽动人又热情如火，当时她中断了自己的医学学习，将卡夫卡的作品翻译成捷克语。尽管她的婚姻并不幸福，而她与卡夫卡的暧昧关系持续了四年之久，她仍然没有放弃自己的婚姻。卡夫卡有充足的理由邀请她来自己身边——因为自1917年起他终于有了一处属于自己的房子。但是他的要求并未得到回应。如果她真的准备听从他的建议，他又是否真的会坚持他一开始的要求与她生活在一起呢？

他将自己的《致父亲的信》的手稿赠送给她。他的好友马克斯·布洛德在卡夫卡去世之后将之发表，尽管有些犹豫不决，还是坚决地无视了卡夫卡的生前遗愿——就像对待其他卡夫卡生前未发表的作品一样。因为他认为，朋友的文学遗产不应该对后世隐瞒。

1917年卡夫卡在一次咳血之后被确诊为肺结核，这种病在当时的医疗条件之下是不治之症。三年后他在写给密伦纳的一封信中提及此事，并指出了其中心理对身体影响的心身医学：“这是因为大脑再也无法承受强加给他的烦恼与痛苦了。大脑说：

> 我放弃了，但是这儿还有个人，他对维持这一切还有兴趣，那么他要是从我身上取走一部分压力的话，还能再坚持一阵子。

而肺则声称，他确实也没有太大的损失。这一并未让我知情的大脑与肺之间的谈判有可能很可怕。”在20世纪20年代初他的病情恶化了。他不得不一再去疗养。然而他的免疫系统还是越来越弱了。1924年他感染了西班牙流感之后，他的身体再也没有任何力量抵抗病菌：弗兰茨·卡夫卡在40岁的时候死于肺炎。

他的父亲赫尔曼，比他的儿子多活了七年的时间，他对待自己的外孙们比对待自己的子女要和善得多。卡夫卡在他的信中引用父亲的话：“我始终是爱你的。尽管我表面上对你的态度跟其他父亲通常做的不一样，这只是因为我不会像他们那样装模作样。”父亲赫尔曼死的时候是一个富有的商人，他的儿子弗兰茨·卡夫卡则成为最著名的德语作家，尽管直到他去世之后，他才得到广泛的认可与非凡的名望。人们猜测，如果当初他选择了在父亲的怀中倾诉一切，而不是将之诉诸文字，那么卡夫卡还会成为今天的卡夫卡吗？

约瑟夫·P
与儿子约翰·F.肯尼迪

“第二名就是失败”

1963年11月12日是秋末一个阳光明媚的日子。在得克萨斯州的达拉斯埃尔姆大街上行驶着一辆敞篷林肯轿车，车后座右侧坐着46岁的年轻而光芒四射的美国总统约翰·F. 肯尼迪（John F. Kennedy），左侧坐着他美丽的夫人杰奎琳（Jackie）。约翰·肯尼迪的手肘放在摇下来后车窗的底框上，时不时地举起手臂，挥手，微笑，一再地撩动他前额的发丝。

他事先已经被警告过了：达拉斯是一个激进的地区，在那里他不是只有政治上的朋友，也有敌人，尽管做好了一切安保措施，也仍然不能完全排除一场恐怖袭击的可能。但他像以往一样把这些警告当成耳边风，并且因为天气情况允许，坚持乘坐敞篷车，这样可以让群众都能看到他。加长林肯轿车行进速度几乎像步行速度一样慢。人们在道路两边向他欢呼，挥舞着手上的旗子。约翰·肯尼迪忽然向左栽倒在他妻子的肩膀上。他做了一个手势，看起来像是要捂住自己的脖子，几秒钟之后他的头垂下去了。杰奎琳从她的座位上起身爬到汽车尾部后盖上。

一份业余摄影爱好者拍摄到的现场画面，当天在电视上播放给全世界观众，同时通报了这一消息，总统被枪击。恐怖袭击半小时之后，达拉斯帕克兰医院的医生宣布总统去世。全世界为之震惊。魅力非凡的约翰·F. 肯尼迪带着美国民众的期望，与全世界对于一个更好的政治前景的期待离开了。

肯尼迪家族的族长，肯尼迪总统75岁的父亲乔（Joe）[①]，由他的妻子罗斯（Rose）委婉告知了这一悲剧：对他来说，他儿子的总统生涯实现了他终生为之奋斗的总统梦想。

他是儿子总统生涯最重要的幕后操纵者之一。没有他，约翰可能也会进入政坛，但是一定不可能最终入主白宫。

约瑟夫·P.肯尼迪1888年出生于波士顿一个爱尔兰移民家庭，他的家族在他父亲那一代就已经积攒了声望与财富。肯尼迪家族和其他爱尔兰移民一样信奉天主

作为约翰·F.肯尼迪的政治生涯的幕后操纵者，约瑟夫·P.肯尼迪（Joseph P. Kennedy）用他的金钱与人脉关系，成功将他的儿子打造成为美国历史上独具个人魅力的总统。

① 乔，即约瑟夫·P.肯尼迪（1888—1969），是总统约翰·F.肯尼迪的父亲及政治上的幕后支持者，人们通常称之为乔或者老乔。——译者注

教，这在信奉新教的美国是一个性格缺点，并且对肯尼迪家族来说也始终是一个巨大的挑战。

乔的爸爸做港口运输生意，还是一家酒吧的老板，随后又靠进口酒精发家。在乔的记忆中，父亲是“我认识的男人中最和蔼亲切的一个，他从来没有提高过嗓门和人说话，对待别人从不会有和气之外的态度。”与父亲努力工作只是为了钱不同的是，乔有自己的动力。他比任何一个人对自己要求都高。他在还小的时候就开始给人送报纸和食物，在码头卖花生给游客。不是因为他没有零用钱，而是因为他想要改善自己的经济状况。在学校里他的运动成绩远比他的聪明才智更引人注目。在他通过了精英大学哈佛的入学考试之后，他定下了自己的人生目标，那就是未来他要自己成为这个国家的精英人物。同时他也很清楚，要想实现他的目标，必须先有必要的金钱证明他的声望——因为他的信念就是“金钱是人类唯一可以理解的语言”。

乔·肯尼迪想要成为有钱人。

在他还在哈佛的时候就开始为此努力了。他的同学休·纳恩后来回忆说，乔在大学第一学期之后就已经有一个精确的生活规划了，他始终坚定不移地在按照规划生活。与那些最多关注接下来的“闭卷考试”的同学不同，乔总是“目光长远”。学习期间并未妨碍他建立一家公交公司，提供周边观光的旅游专线。其他的时间，他花在了棒球训练上。在中学时他就已经是一个棒球明星了，在哈佛，一个人在体育方面的成就，也会提升他的个人威望。如果他想要被那些富有的、信仰新教的，来自东海岸的后裔们代表的上流社会所接受，那么在体育方面提高个人声望对乔来说就非常关键了。与之相比，他的学术成绩就不那么重要了。他的学业始终成绩平平，毕业考试让他花费了一番苦工才成功通过。但是他很清楚一点，当人们看到他在事业上的成就与野心的时候，没有人会再关注他的成绩问题。

1906年乔开始秘密地与波士顿市长约翰·菲茨杰拉德（John Fitzgerald）的女儿、16岁的露丝约会。因为双方的家庭都习惯于在缅因州的海边度过暑期，所以他与她相识很久，算是青梅竹马。露丝是一个窈窕美丽又聪明的女孩儿，与乔一样出身于爱尔兰家庭，并且同样接受了严格的天主教教育。因此与她之间的婚前性行为是完全不可能的事情，但是与其他不那么品行端正的姑娘发生性爱倒是不错。乔开始在歌唱界以及戏曲圈子里寻找女歌手、舞蹈演员以及戏剧演员来与自己寻欢作乐，这样的艳遇是他一生的爱好。

毕业之后他找到的第一个工作是国有银行检验员。这个工作对乔来说相当于银行业务的基础培训班，因为他在工作中观察了解马萨诸塞州大概500家银行的策略与规划，这个工作经历让肯尼迪终身受益。很快他确定了一件事，波士顿第一国有银行计划收购哥伦比亚信托银行，他的父亲也涉及其中。尽管违背职业道德，他立刻将信息传达给他的父亲。通过向亲人筹款得到的资金，被乔拿来为银行增资，最终成功使哥伦比亚银行避免了被收购的命运，保持了独立性。为了对他表示感谢，银行的股东任命他为哥伦比亚信托银行总裁。

他以25岁的年龄借此成为美国最年轻的银行总裁。

同一时间他又进入了不动产市场。不久之后房地产就在他的财富总额中占有了大笔的份额。

新的地位让他鼓起勇气向菲茨杰拉德求娶露丝。尽管市长一心想给女儿找一个可以带来更多好处的联姻对象，露丝·菲茨杰拉德（Rose Fitzgerad）和乔·肯尼迪还是在1914年10月结婚了。当他们结束蜜月之旅的时候，露丝怀孕了。按照当时的习俗这意味着在接下来的九个月里乔都不能与他的妻子睡在一起，因为他的妻子露丝是一个虔诚的天主教徒，他们夫妻俩人当然要遵循规定。但露丝在紧接着的下一年又怀孕了，这导致婚姻根本不能满足乔的基本性要求——这可能是他出去找娱乐圈里那些不那么传统的女性的原因之一吧。

1915年7月他们的长子小乔·肯尼迪（Joseph Kennedy）[①]出生了，这个孩子自一出生就被父亲给予了全部的期待。他始终是父亲最钟爱的孩子——尽管他还有其他八个孩子：约翰（John）[②]、罗斯玛丽（Rosemary）、凯瑟琳（Kathleen）、尤妮思（Eunice）、帕特丽霞（Patricia）、罗伯特（Robert）[③]、吉恩（Jean）以及爱德华（Edward）被叫作杰克的二儿子约翰发现了父亲对大哥的偏爱，因此终生都将大哥视作竞争对手。直到大哥乔去世，他才成功走出他的阴影。

---

① 小约瑟夫·P. 肯尼迪，1915—1944年，昵称小乔，家中长子与内定继承人，在第二次世界大战中牺牲。——译者注

② 约翰，即老肯尼迪的次子，美国总统约翰·F. 肯尼迪，昵称为杰克，自幼体弱多病。——译者注

③ 罗伯特·肯尼迪，1925—1968年，美国总统约翰·F. 肯尼迪的弟弟，也被称为鲍比，肯尼迪当政期间曾任议员与司法部长，在肯尼迪总统遇刺后参加总统竞选，也遇刺身亡。——译者注

尽管偏爱长子，老肯尼迪对他的孩子们来说仍然是一个关怀备至的父亲。他本人在孩童时期也没有体会过温柔的感觉，但他始终关注他们，在所有困难的时候，或者必要的时候都可以找他商谈。虽然露丝与他一起给孩子们挑选了医生和学校，但是乔这个做父亲的与教师和医生就孩子们的情况交换了意见。尤其重点关注杰克，他体质比较差，从小就有严重的健康问题。

> 乔对孩子们的要求是，向成绩看齐，目标明确的生活态度，事业心，纪律性，品格缺一不可，这些他本人由于自己的雄心壮志而具备的特性，又被他用来要求孩子们了。

1918年开始，他将原本个人爱好的娱乐圈作为事业发展的下一个目标。他有理由相信，这个市场可以赚大钱。在他对这一行业有了基本的了解之后，他入股了哥伦比亚和环球两大电影公司，开始沉迷于与女演员们的交往中。他先后与多名女星发展了短暂或者长久的婚外情，比如当时最著名的女影星葛洛丽亚·斯旺森（Gloria Swanson），在公事方面她与他旗下的公司签约，私人方面她是他的情妇，他始终将她置于自己的庇护之下。虽然他的夫人露丝从未公开对他的放荡行为表态，毫无疑问，她早就对此有所了解。

> 一开始，她自然受到了很大伤害，但是她又不得不妥协，因为作为虔诚的天主教徒，离婚绝对是不可能的事情。

将近1925年年末的时候，乔·肯尼迪购买了FBO电影公司（雷电华电影公司）。公司当时处于赤字状态，尽管如此，价格也仍然超过乔与其他投资者联合提供的百万元。谈判持续了数月之久，最终他们同意乔的收购条件。借此机会，乔第一次拥有了自己的生产事业，从而进入市场。他上台之后，首先通过革新的经营策略将公司扭亏为盈，并在几年之内就将公司的市值提升了数倍。

1927年他离开波士顿，并且与家人一起搬到了纽约。新家位于纽约城郊，一共有13个房间，从家里向外可以看到汉德森河绝佳的风景，这里拥有足够的空间给他们的七个孩子，第八个孩子还在妈妈的肚子里。按照他一贯的长远打算，他为孩子们建立了一份巨额家庭基金，确保每一个孩子一生的生活费用。

这当然改变不了一个事实，那就是乔作为家里的长子，将会拥有最多的权利并得到父母最多的关注。事实上，他也确实发展得非常好。他高大、英俊、亲切、聪明、敏捷，完全没有辜负父母的期待。反之，父母从未想过二儿子杰克会成为他大哥那样优秀的人。在他们看来他那多病的身体就已经剥夺了这个可能了。出版商亨利·卢斯（Henry Luce），肯尼迪家族的一个朋友说道："老乔有一次跟我说，他认为杰克不会走得太远，并指出，他认为杰克不算太精明。"

因此父亲对待他的次子很不公平。确实，杰克是比乔迟钝一点。比如在肯尼迪家里玩大家最喜欢的基础知识问答游戏的时候，总是乔第一个回答出答案。据此推断杰克没有乔聪明，是不科学的。只不过是家族将长兄对弟弟妹妹的权威全部授予了大哥，而大哥又充分地利用了这一点而已。

因此杰克对待他大哥的感情不仅是爱，还有惧怕以及偶尔的憎恨。

父母毕竟非常关心杰克的健康，而这又是他们必须做的事情，这一点很好地补偿了杰克不被父母重视的痛苦。他几乎得过所有儿童疾病，从猩红热、水痘到腮腺炎，并且一再患上感冒及其他传染病。16岁的时候给他最大打击的是连续数月疑似白血病症状。1933年父亲写信给长子乔：“医生说他活下来的可能只有百分之五。”与所有的预期相反，杰克存活了下来，这绝对近乎奇迹。但这并不意味着他从此彻底康复了。20岁的时候，他又被诊断出患有阿迪森氏病，这是一种慢性的肾病，限制身体制造生命必须的激素——皮质醇与醛固酮，其中皮质醇负责免疫系统，醛固酮则负责调节血压。这一疾病使得杰克一生都必须依赖那些有严重副作用的药物生存。此外还有各种各样的疾病如疟疾、结肠炎、黄疸病、胃肠炎、尿路感染、肝炎、骨质疏松症以及慢性膝部、背部疼痛。

他的生命里有几个月是在寄宿学校的医疗站度过的，或者在医院，他的一生中至少有四次被行临终涂油礼。

尽管杰克的身体健康始终处于赤字状态，但是他仍然要服从于父亲为家族规定的共同精神：为了每一个奖项而竞争。这适用于运动类，当然也适用于学习类，以及后期加入的政治活动类的竞争。但是在家庭内部由父亲发起的竞争正在进行的时候，只要面对外来的挑战，所有的家庭成员立刻团结起来，一致对外。因此每一个肯尼迪的背后永远站着整个肯尼迪家族及所有可能的人员投入、关系网与金钱。

尤其是父亲乔，露丝曾经称他为家族的“建筑师”。他一生都在建立家庭成员的形象。当面临挑战时他又从不吝于建议与鼓励。当他外出或者孩子们在寄宿学校、大学的时候，他会给他们写信或者打电话。比如他不会忘记在8岁的杰克橄榄球比赛前发电报给他的寄宿学校，祝福他“希望你的队伍在下午对抗河流队的时候一切顺利”，并表达他的期待“希望你们所有人都表现出色”。在他的信中反映出他对杰克身体健康的担忧，以及他努力想要培养病弱的儿子在精神上强大的意愿：“我很高兴听说，对你眼睛的检查结果，表明现在它们健康得多了。我想这对你一直以来缺乏抵抗力的状态来讲是一个很大的进步。我把血液检查结果发给了梅奥诊所的欧莱瑞博士。”

当他督促孩子们取得更好的学习成绩时，他很小心注意不要冒犯到孩子的尊严，比如他在杰克最后一学年开始的时候写信给他：“第四组是一个进步，但这到底是你的最后一年，你应该努力试着以出色的荣誉结束它 。如果你整个夏天下来，这一门或者哪一门成绩停滞不前，原因仅仅是你在计划自己的欧洲之旅，那可太愚蠢了。要是我就会不管任何情况，拼命学习。”

根据托马斯·里维斯（Thomas Reeves）在他的传记中对约翰·F. 肯尼迪的描述，乔就像他的座右铭“第二名就是失败”所说的一样，教育他的孩子们“以最坚决的自我中心，侵略性以及最狂热的愿望赢得每一个竞争”。

他的子女们在面对他的时候很明显有距离感，不是因为他经常数月离家，而是因为他没有表达感情的能力。这可能也是他们爱他的原因吧。

——始终努力争取他的注意力与关爱，满足他的意愿。

1928年，他在海恩尼斯港口购买了豪华庄园，这所豪华的宅邸位于大西洋海岸，占地10 000 平方公里，配备有网球场和巨大的游泳池，在之后的几十年里成为肯尼迪家族的大本营。同年年初，他还做了另一单大生意，他趁著名的百代电影公司陷入财政危机的时候，购买了该公司大量股票获得控股权。在连续数月的谈判期间，公司股票仍然大幅下跌，这使肯尼迪最终以低廉的价格购得公司。新闻界对这桩交易有极大的兴趣，他们像过去一样关注乔·肯尼迪又做了什么。他非常了解怎样处理与媒体的关系，并因此在任何他需要他们的时候得到想要的宣传效果。他很快让百代电影公司摆脱了赤字危机。另外又接到了两个电影公司的聘请。他用这种方式控制了市场的一大部分份额。

他成功的秘诀就是做事万无一失，不留漏洞，就像其他电影制片人拍第一个镜头那样仔细。

与同业者不同的是，他来自银行体系，很擅长处理金钱业务，这对于在一个项目里就要动用大量资金的行业来说非常重要，是最根本的要点。与其他电影公司老板不同的是，他从不会在他投资的项目中感情用事，他既不要实现自我，也没有需求或者想要艺术创作。他感兴趣的就是项目有利可图。他还拥有灵活的方式表现自我，随机应变地引导谈判的能力，巨大的人际关系网，对发展前景的优秀的判断力，以及如有必要，冷酷的性格，可以把感情甚至友情都丢在一边视而不见。

他以惊人的远见卓识，及时地在1929年经济危机之前退出他在好莱坞的事业。带着在此期间收获的大笔利益，放弃了过去的一切。也包括他曾经的情妇葛洛丽亚·斯旺森（Gloria Swanson），他曾经掌管她的财物三年之久，并为自己的公司牟利的同时让葛洛丽亚付出了昂贵的代价。

> 至今仍有传闻称，乔·肯尼迪的相当一部分财产是在1919—1933年美国禁酒令期间搞到的，他利用他父亲与英国酒商的关系，在禁酒令期间利用非法途径将酒从欧洲引进美国，并为酒类进口提供资金。

鉴于当时禁酒令并未被严格执行，这个传言是有可能的。但是却没法证实这一点，因为肯尼迪终生都非常谨慎，所有那些他不希望第二天被刊登到《纽约时报》（*New York Times*）的书面资料全都会被销毁。

1931年秋，他开始支持纽约民主党州长，富兰克林·D. 罗斯福（Franklin D. Roosevelt），参加美国的总统大选。他给民主党提供大量资金，并亲自陪同罗斯福竞选旅行。虽然老肯尼迪与罗斯福的儿子吉米（Jimmy）有私交，但是对罗斯福总统的支持，一开始并未给他带来政治上的回报。他花时间处理金融生意与在佛罗里达购买度假屋上。从那之后家族就在海厄尼斯港度周末，在棕榈滩度假。

尽管他们继续生活得非常奢侈，家里有管家、保姆、家庭教师、园丁、司机照管日常生活，但是乔还是教导他的孩子们节俭。他们要像其他小孩子一样，做一些小工作增加零用钱。

> 于是杰克的小弟弟鲍比作报童，并在父母不知情的情况下，让家里的司机开劳斯莱斯带他去送报纸

直到露丝从后面赶上来阻止了他们。在杰克加入童子军之后，需要配备必要的装备，这使得杰克再次陷入经济困境。因此，他只能通过写

信的方式请求父亲提高他的零用钱金额，信里写到："我目前的零用钱是40美分，我一般用这笔钱买小飞机和其他的小玩具，但是现在我是童子军，要把这些都放到一边。以前我总是在五分钟之内就花掉20美分，然后就只剩下空空如也的口袋了。现在我是一名童子军，我要买军用水壶、包、铺盖、火把和大衣，这些东西可以用很久并且我会一直需要它们，而巧克力和香草冰淇淋对我来说已经没有用了。我请求给我的零用钱上涨30美分，这样我就可以购买我的童子军装备，并且肯定会让我自己心满意足的。此致——约翰·菲茨格拉德·弗朗西斯·肯尼迪（John Fitzgerald Francis Kennedy）"

回信并未被保存下来。但是这里有一封1931年经济大萧条时期乔（长子）写给乔特寄宿学校14岁的弟弟杰克的信："当我仔细查看乔特寄来的账单的时候，我发现有一项熨烫西服费用花了10.8元。这引起了我的注意，因为花费有点多，不管我是不是希望你看起来体面一些，我都觉得多花一点时间把你的衣服捡起来，而不是直接丢在地板上的话，可能就不需要那么频繁地熨烫你的西服。另外还有一些不必要的开支可以取消，比如说一个大学帽子。"

老肯尼迪自己在大萧条时期获利颇丰。由于他卖掉了电影公司，使得他手中有大量可以支配的流动资金，现在他可以再把那些赔到底的公司用极其低廉的价格购买下来。他利用与吉米·罗斯福（Jimmy Roosevelt）的交情提前得知政府计划废除禁酒令，并获得独家从欧洲向美国进口威士忌和金酒的特权。一个在被强行要求撤出之前，持续了十几年的价值千万的生意。同样充满暴利的还有他投资的石油生意。在那时，他的资产就已经超过一亿了，按照今天的价值来估算大概有五亿美元。

他变成了有钱人。但是金钱已经不能让他满足。

“过去我认为金钱等同于权力”，他承认到。“现在我知道了，人们只有在政治上才能得到真正的权力。”

政治成为他新的目标。尽管他出于策略性的原因并没有公然对外宣布，人们猜测他打算在这个领域也要成为王者。第一步，他想要的当然只是一个部长的职位。他再次积极支持罗斯福总统的连任选举。他不仅与他一起参加竞选旅行，还像四年前一样大量地出资赞助竞选。但是他的计划并未立刻奏效。虽然富兰克林·D. 罗斯福在1936年确实连任总统，但是他并未给老肯尼迪提供一个部长的职位。直到一年之后，他才给他一个英国大使的职位，老肯尼迪给自己的定位也是这个，于是带着露丝和他的七个小一点的孩子一起去了伦敦。

两个年长的儿子乔和杰克都留在美国，在哈佛大学学习。老肯尼迪夫妇很快就让他们的美国大使馆成为有魅力的社交中心，外交使团、政治家、贵族乃至英国皇室夫妇，都聚集在他们周围，而他们的两个年长的儿子只在暑假的时候过去看望他们。其间两人表现得非常得体，外表英俊、舞艺非凡、谈吐有致并精通欧洲局势。两人都在伦敦商学院学习了一小段时间，并借此机会进行了欧洲之旅。他们还有一个共同的性格特点：

> 他们都是使女人神魂颠倒的有魅力的男人。虽然不完全一样，但是他们都是追随了父亲的榜样。

他们的父亲和以前一样，仍然有众多情妇。他有时甚至将她们带回家，在家里他利用身份的优势，对儿子们的女朋友也不手下留情。

当乔1938年结束他在哈佛的学习的时候，杰克首先又进行了一场欧洲之旅，实地体会一下欧洲的政治形势。当时欧洲的形势远比英国首相亚瑟·内维尔·张伯伦（Arthur Neville Chamberlain）愿意承认的要更有争议性。他认为希特勒不会引起更大的麻烦，而乔·肯尼迪也认同这一观点。毫无疑问，不论是他还是张伯伦都错误评估了希特勒即纳粹的威胁，他们只想在面对纳粹德国的时候谋求一个毫无希望的安定环境，二人都奉行绥靖政策。

美国总统很长时间都没有经历评估欧洲危机的可能性，因为他要先确保自己的再次当选。1940年9月，罗斯福第三次当选总统。直到那时他才发表看法，他认为希特勒和墨索里尼想要成为欧洲的霸主，只有美国与英国、法国结盟，共同介入才能阻止他们。与他有同样看法的，还有在张伯伦下台之后继任的英国首相温斯顿·丘吉尔（Winston Churchill）。丘吉尔并不认同肯尼迪一味迁就的“绥靖政策”，认为肯尼迪只是想利用绥靖政策，所以他要不惜任何代价让美国卷入战争。

因此，丘吉尔与美国大使交际，避开肯尼迪，直接联系美国总统。肯尼迪逐渐成为各方批判的焦点，人们指责他亲纳粹的行为，认为他政治眼光短浅。他还徒劳地试图证明，一旦美国插手干涉战争将会是怎样一个灾难性的场面，不过看起来美国总统罗斯福并没有接受他的想象。

1940年秋末，肯尼迪在被迫下野之前提前宣布辞职。

这是让人痛彻心扉的一步，没有任何可以解释的理由，事实就是他在政治上失败了，并且必须与他隐秘的梦想——终有一天成为美国总统——告别。因此他在长子乔·肯尼迪身上倾注了更多的期待。

在此期间，次子杰克引起了很多人的关注，23岁的他结束他在哈佛的学业，拿到了国际政治学位。他的论文是关于欧洲政治在当今社会的多样性，重点探讨英国在其中扮演的角色。最后以《英国为何沉睡》（*Why Ehgland slept*）为书名出版——在美国和英国都成功引起轰动，取得不凡销量。他的父亲乔非常骄傲："关于你，我有两件事可以确定，一个是你很聪明，第二，你是一个好样的。你的真诚的父亲。"杰克用版税收入买了他的第一辆车，别克汽车，其余剩下的钱全部捐给了在战争中被严重损毁的英国小镇普利茅斯。

战争场面深深地震撼了他。他决定加入，并且主动报名参军。由于他扭曲的脊柱，一开始他被认为不宜服兵役而被拒绝了。在杰克恳切的请求下，即使这违背了老乔的和平主义观点，他还是将次子安插进了海军基地，这个基地是罗德岛上一个鱼雷艇培训中心，他在那儿没多久就被派到一艘小快艇上执行任务。1943年8月2号，他的船在位于新几内亚与所罗门群岛中间的一处水域——所罗门海遭遇日本驱逐舰，船断成两截，13个船上的队员有两人当场死亡，其余11人落水，游泳求生。

当时情况非常危急，虽然26岁的指挥官约翰·F.肯尼迪在袭击中后背受伤疼痛难忍，但他仍然表现出了他的谨慎、勇气以及绝佳的应变能力。

他带领手下抓着船的残骸求生，帮助其中一名重伤员，他几乎无法在水上漂浮。当船的残骸要彻底下沉的时候，他要求他的手下和他一起向三公里远的一个小岛游过去。他用牙咬着重伤队员身上的绳子带着他一起游泳。五个小时之后，他们到达小岛，但是这些饥肠辘辘，尤其是非常口渴的人在岛上既找不到食物也没有饮用水。第二天肯尼迪鼓励他的手下游泳前往另一个岛，希望可以在那里找到更好的补给食物和水。事实上，他们确实在那里找到了椰子，靠它，他们坚持了两周的时间直到被美国救护队营救。在返回鱼雷艇基地之后约翰·F. 肯尼迪成为战斗英雄，并且被美国海军授予两枚最高勋章，以表彰他的勇气与坚强。

一年之后，他29岁的哥哥乔去世。作为一架轰炸机的指挥官，他自愿驾驶一艘装满了易爆炸药的飞机前往弗兰德海岸的德国导弹基地执行任务，还没有到达目的地飞机就提前爆炸了，坠毁在英吉利海峡，尸骨无存。

> 全家都大受打击，尤其是父亲乔。在他的人生规划中从未预料到会发生这样的厄运。

然而小乔的死亡既不是家族成员的第一例悲剧，也不是最后一例。如老乔在1940年瞒着他的夫人露丝让人给女儿罗斯·玛丽做了前脑叶白质切除术，这是一种在当时非常前沿的新型大脑手术，据说可以通过手术消除人的精神错乱症状，而罗斯·玛丽一直饱受这一症状的折磨。但是得到了毁灭性的结果：从那之后她严重丧失工作与行为能力，被远远地送离家人，到威斯康星的疗养院生活。这还不够，在乔失去长子四年之后，他的女儿凯瑟琳又一次因所乘飞机坠毁在法国离世。

如果说之前杰克还在犹豫自己是该继续读书还是先工作的话，那么自从他的兄长乔去世之后，一切就不言而喻了。乔过去打算成为美国总统，他的父亲也一直支持他这一选择。

现在轮到杰克接手肯尼迪家族这一野心勃勃的计划了。

与他兄长始终自信满满不同，杰克的这一决定始终伴随着自我怀疑，这种对自己的不自信，来源于一直以来对自己不健康身体状况的担忧。他开始犹豫不定地先从事起记者工作。在赫斯特新闻集团的几家报纸做特派记者几个月之后，杰克确定他更愿意亲自做那些报道里的事情，而不是仅仅报道别人的。他的父亲鼓励了他，并指出接受乔交给他的火把是他的责任。

1946年约翰·F. 肯尼迪在波士顿第11选区当选国会选举候选人。父亲乔为他组建了一个竞选班子支持他。尽管一开始他表现得谨慎并有所保留，他的演讲越来越放松，他的行为举止越来越让人信服。11月他成为国会议员。两个月之后他进入下议院。当时他还没有明确的政治路线规划，他最感兴趣的是外交政策。1951年肯尼迪进行了一场漫长的旅行，先后拜访了英国、法国、意大利、西班牙、德国、南斯拉夫以及中东、巴基斯坦、马来西亚、印度支那和朝鲜。父亲乔确保了他在每一个地方都能找到给他提供当地消息的人。

1952年4月，民主党的马萨诸塞州州长让人惊讶地放弃了参加竞选上议院的一个名额，因为他担心自己不能打败他的竞争对手亨利·凯博特·洛奇（Henry Cabot Lodge），约翰·肯尼迪察觉到这一良机，宣布参与竞选。政治观察家都大摇其头：没有人认为这个35岁的年轻人有机会成功。虽然他能从他父亲那里拿到一大笔钱投资竞选，但是他的竞争者亨利·凯博特·洛奇不仅比他年轻的对手更富有，在政治上也更加经验丰富，并在马萨诸塞州有更高的人气。然而肯尼迪在一点上可以胜过他：那就是他的身后站着整个肯尼迪家族，每个成员都积极参与到竞选中来。鲍比陪同他，父亲乔提供金钱与人脉，母亲露丝与他的姐妹们举办大型招待会，动员妇女的力量支持他。没有人认为可能的事，最后成真了。

约翰·F. 肯尼迪赢得了大选，成为马萨诸塞州的上议员，他的弟弟鲍比当时刚刚从哈佛大学法学专业毕业，成为他的顾问团法律顾问。

尽管顾及他的身份以及相应负有的义务，他仍然在私生活方面忠于自己对女性的亲和力。外表英俊，配上俏皮讽刺的幽默感，为他赢来了无数女友，并且他从来都没想过要在某一个人身上定下来。1951年他结识了杰奎琳·布维尔（Jacqueline Bouyier），这位出身于东海岸一个优越家庭的21岁的女孩儿迷人、聪慧，有幽默感，有教养，信仰天主教，但仍然没能改变他风流的天性。尽管如此，他们还是在1953年9月12日结婚了，婚礼在杰克的母亲露丝位于纽波特的庄园中举行。尽管新娘表达了想要一个“私人的”婚礼的愿望，但这显然不在父亲乔的考虑范围内。他坚持邀请1 400名客人，其中大部分人夫妇俩根本不认识：老肯尼迪利用他对宣传敏锐的洞察力充分发挥这一辉煌的大事件的影响力，尽可能多地吸引各方关注，因为这对杰克的事业毫无疑问是有很大帮助的：

他唯一需要担心的就是他儿子可能还会有外遇。

虽然迄今为止他对儿子在女人方面的成就非常骄傲，就像他也为自己在女人方面的无往不利而得意洋洋一样，但是他们情况不同，他本人是一个独立的企业家，而他儿子作为一个政客却要依靠选民们的好感，以及一个毫无瑕疵的名声生存。

杰克结婚很有可能是由于他父亲的推波助澜。老肯尼迪非常清楚，拥有一个妻子与家庭是总统候选人的资格证明之一。而杰克已经36岁了。他喜欢杰姬（Jackie，杰奎琳的昵称），她的阶层、品位、语言与历史知识都给他留下深刻印象。他们俩人一起，可以成为这个世界上最迷人的夫妇。婚后一年他们有了第一个孩子——生下来的时候就死了。1957年他们有了女儿卡洛琳（Caroline），三年后儿子小约翰·菲茨格拉德（John Fitzgerald）出生，被称为约翰-约翰（John-John），又三年之后帕特里克（Patrick）出生，不过几天之后就死了。就像父亲乔担心的那样，他儿子的爱情生活很明显是一个不安定因素，因为他从未被婚姻束缚住，甚至都不会花心思掩盖他的出轨，以至于这些花边新闻无论是在华盛顿的社交界，还是在他妻子那里都不是秘密。由于这些流言，杰奎琳在婚后三年就提出离婚。乔再次出手，他对她解释，离婚可能会终结杰克的职业生涯，只要她放弃离婚的想法，他就给她100万美元。

> 就算她真的坚持离婚了，那么她想象的婚姻也肯定与现实的婚姻不同。

虽然她已经彻底地被杰克的桃色事件警示过了，可她还是努力说服自己，流言并不总是会得到证实的。但是使她彻底失望的，可能不仅仅是他的出轨，还有他始终不在家的问题。1954年，她还有半年的时间能见到他的面，因为他在两次危险的椎间盘手术之后，卧床在医院住了半年，之后又搬进父母在棕榈泉的住所休养，在这之后他更加投入地工作，在飞机上的时间都比在家里的多。此外，还因为年轻的夫妻二人直到结婚的第四年，才在华盛顿住进了自己的房子，之前他们始终往返于华盛顿、波士顿、纽波特、海恩尼斯港以及棕榈滩，经常住在父母和岳父母家中。

杰克与他父亲之间的关系在这些年间日渐亲密。杰克非常重视父亲在政治方面的能力以及看法，有时他会把自己的演讲送给父亲。"我觉得这演讲简直伟大！"父亲这样评价年轻的杰克参议员于1958年的昆西工业与商业协会上的致辞。"需要思考的一个重点是，演讲面对的公众不是由《华盛顿报》的记者组成的，而是一群理解能力更弱、更迟钝的普通人。要想成功地达到演讲效果，必须确保有几处引人发笑的内容。你必须慢慢说，强调那些笑点，在你继续往下之前，给观众足够的机会笑。"

约翰·F. 肯尼迪在工作上最亲密的伙伴是他的弟弟鲍比。当时鲍比隶属于政府委员会，不仅负责监控"共产党思想的渗透"，还主要负责调查黑社会社团。实际上，当时的科萨·诺斯特拉[①]（Cosa Nostra）在工会有很大的影响力。鲍比·肯尼迪试图揭露黑手党的犯罪阴谋，并追捕他们的主要成员，指证他们非法与工业勾结，与此同时，约翰在上议院提出立法建议，国家应该加强对工会与工业的控制力度。

一部分人坚持声称是科萨·诺斯特拉，也就是黑手党参与了对肯尼

① 科萨·诺斯特拉，意大利语我们的事业，是美国黑手党社团的秘密代号。——译者注

迪兄弟的谋杀事件，依据是，无论是约翰还是鲍比兄弟二人都被激烈的敌人用这种方式送进了地狱。

1960年的总统大选，将黑手党的阴影远远抛在了后面。约翰·肯尼迪决定，作为民主党的候选人参选，并开始了竞选旅行。他在民主党阵营内部最大的敌人是林登·B. 约翰逊（Lyndon B. Johnson），一个经验丰富的政治家，还经历过南部竞选。肯尼迪已经不依赖公共航空公司，而是乘坐私人喷气式飞机完成超过100 000公里的飞行，他的竞选团队在他弟弟鲍比的领导以及全肯尼迪家族的支持下热情地为他全程提供协助工作。像之前一样父亲乔始终在幕后为他提供咨询、行动以及大量的资金支持他。

最先以私人身份对他表示支持的电影明星是玛丽莲·梦露（Marilyn Monroe），她与肯尼迪很早以前就有婚外情。她也很可能是肯尼迪夫人杰姬再次提出离婚的主要原因，并使得她的公公老肯尼迪再次付出了一张百万支票阻止离婚。有一种说法是，肯尼迪兄弟在两年之后梦露的自杀事件中，很有可能是幕后主谋，目的是为了遮掩与梦露的婚外情，这一点至今让人心怀疑虑，因为总统先生无论是在梦露之前还是之后，都没有试图遮掩过他的出轨行为。

1960年7月民主党提名约翰·F. 肯尼迪为他们的总统候选人。共和党的候选人是理查德·尼克松（Richard Nixon），一个来自加利福尼亚的律师，曾经是罗斯福的副总统。他们能成功地将林登·B. 约翰逊（Lyndon B. Johnson）的选民变成约翰·F. 肯尼迪的选民吗？又或者这些民主党的选民会干脆两个人都放弃，转而开始支持共和党呢？

父亲乔建议他推举约翰逊为副总统，这样可以确保所有民主党的选票。一招险棋。

肯尼迪的手下全都不赞同这一决定。他指出，副总统只有在总统死在在任的时候才有行动的权力，而他本人现在健康情况非常良好，绝对可以排除副总统掌权的机会，他用这一说明安抚了手下人。尽管此时肯尼迪还穿着紧身衣来缓解慢性背部疼痛，但是公众对此一无所知。同样的，肯尼迪一生所承受病痛的其他细节也从未对外公布过。他们也永远不知道，当肯尼迪的背痛特别剧烈的时候，不得不拄一根手杖乃至一根拐杖。父亲乔严格地控制所有与他亲善的出版界，他给他们提供什么资料，但他们又需要对哪些资料严格保密。而肯尼迪就像他的父亲一样，是一个应付媒体的天才。

这期间，总统竞选已经进入下一个阶段。理查德·尼克松和约翰·F.肯尼迪开始了他们的竞选旅行，在这一过程中，肯尼迪越来越多地赢得了党内许多对他抱有疑虑态度的人的支持。在这个普遍信新教的美国，肯尼迪只有一个不利条件：他是天主教徒。尼克松则犯了最大的一个错误，他低估了媒体的力量。历史上第一次电视直播总统候选人辩论，对媒体的影响力早有认识的肯尼迪，精心准备了一番，而尼克松则疏忽大意。于是在肯尼迪面对屏幕信心十足，对答如流的时候，尼克松则面色苍白拘谨，与他形成鲜明对比。

1960年11月8日，43岁的约翰·F.肯尼迪当选为美利坚合众国总统，也是至今为止最年轻的总统。

他的追随者们，尤其是他的家族成员，都在欢呼雀跃。不仅是约翰·肯尼迪本人，甚至是他的父亲乔也认为这是他一生中最美好的一天。两周半之后被昵称为约翰-约翰的小约翰出生了。

1961年1月20日举行了总统就职宣誓仪式。当天的就职晚会由弗兰克·辛那特拉（Frank Sinatra）组织，星光熠熠，约翰·肯尼迪身着燕尾服，他美丽的夫人穿着一件白色晚礼服，两人的共同亮相引起巨大轰动，他们看上去就像是站在美国顶峰的国王夫妇一般。尤其是衣着风格偏法式的第一夫人杰姬成为全美的时尚偶像。美国人惊叹她的品位，她用自己非凡的品位将白宫改造一新，还有她永远优雅的衣帽搭配，远远超出了之前他们看到的第一夫人们。她巧妙规避了对总统夫人必须在美国工厂买东西的规范要求，她要求法国供货商将产品运到美国，然后她再从美国直接购买。而她的衣物对外宣称都是由美国时装设计师奥莱格·卡西尼（Oleg Cassini）设计制作的，但是却在不少地方都显示出与某一巴黎高级时装设计的相似之处。她的这些采购行为赢来的必然不可能仅仅是赞美。许多美国人，甚至包括她自己的丈夫在内，都认为，她一定在这上面花费了大量的金钱。其实在这个过程中，总统根本没有机会看到大部分账单，因为它们都是直接寄到老肯尼迪那里，由他支付的。

除了为妻子的服饰账单生气之外，约翰·肯尼迪当然还有其他事情要做。随着他的上台，他面对着一大堆急需解决的问题。

其中内政方面他需要改善公民权、疾病防治事业、教育以及地方结构，但是他本人更感兴趣的是外交。

他有充分理由判断美国与苏联的冷战正在日益扩大规模。他一再在面对人民做演讲的时候，用末日毁灭的场景恐吓他们，以便给议会施压，向议会提出他的要求，一方面扩充美国常规武器配备，另一方面裁减核能武器。他上任三个月后就面对一个紧急的挑战“古巴危机”——这个词已经成为约翰·F. 肯尼迪的名称的一个近义词了，与肯尼迪紧密联系在一起。

距离美国东南海岸的佛罗里达州大概140公里远的古巴卡里比克岛，在20世纪50年代的时候始终处于贪污腐败的古巴独裁者富尔亨西奥·巴蒂斯塔（Fulgencio Batista）的统治下，但是在经济上却一直被美国掌控着。当地最大的甘蔗种植园被美国工业掌控，用于造酒，美国黑社会控制着当地的赌场、妓院以及毒品生意，哈瓦那因为毒品生意而声名狼藉。当菲德尔·卡斯特罗（Fidel Castro）1959年上台之后，他将甘蔗种植园全部收归国有，关闭赌场并试图消除毒品犯罪活动。他与美国的关系自艾森豪威尔（Eisenhower）时代开始就逐渐冷淡下来，他畏惧西方的超级势力。美国却强行污蔑他说，古巴与美国冷战期间最大的敌人苏联结盟了。据说一开始美国的秘密警察机构CIA曾经委托黑手党杀死卡斯特罗，因为他们是最想要保护自己在古巴的利益的人。在计划失败之后，CIA又煽动为了躲避巴蒂斯塔（Batista）与卡斯特罗而流亡美国的古巴人针对菲德尔·卡斯特罗采取行动。CIA认为岛上的古巴居民会加入他们的同胞的进攻中，一起推翻卡斯特罗的统治。

1961年4月17日入侵者登陆古巴的猪猡湾。

但是美国军事专家们估计错误的是，岛上的古巴居民并没有参与暴乱，于是，势单力孤的流亡美国的古巴人被打败并被俘虏，菲德尔·卡斯特罗向全世界公开指责美国煽动侵略古巴。肯尼迪的形象受到损害，他必须为这次事件负责并承受国际上的强烈谴责。

这次意外事件，使古巴与美国的关系进一步恶化，甚至导致卡斯特罗开始亲近苏联——直到1962年10月16日事态进一步恶化。某一天早晨约翰·肯尼迪按照他父亲的要求给他的弟弟鲍比，司法部长也是实际上的副总统看了一些照片，这些照片是在古巴上空拍摄的，证明了苏联在古巴建立了核导弹军事基地，并且直接对准了美国。谈话中提及了32枚核弹，后来证明甚至有46枚核弹。

约翰·F. 肯尼迪向苏联提出最后通牒，要求立刻拆除导弹发射中心。

否则美国将被迫亲自拆除它们。美国的战舰在古巴海湾前来回航行游弋，以阻止苏联运载更多导弹到古巴。10月26日，赫鲁晓夫（Chruschtschow）接受肯尼迪的提议，但是也提出了他的条件，美国不能再进攻古巴，同时美国要拆除其在土耳其的导弹基地。肯尼迪同意了——全世界都松了一口气。自从二战以来再也没有哪一次像10月份这些天一样如此接近核武器威胁。年轻总统审慎镇静地应对，为他赢来了全世界的瞩目，甚至赫鲁晓夫都夸赞他是一个“杰出的政治家”。

类似的事件苏联政府在1961年的时候就做过一次了。那时他认为肯尼迪是一个没有经验好吓唬的年轻总统，因此他们毫不犹豫地挑衅肯尼迪。除了古巴之外，柏林首当其冲。还在艾森豪威尔总统时期起，苏联就始终试图将当时处于苏联控制下的民主德国的首都柏林孤立起来。但是这一计划在西方势力的反对下失败了。于是赫鲁晓夫提出新的要求，威胁要与民主德国单独签署协议，禁止西方势力进入柏林，并将威胁到西柏林的自由。苏联始终不断煽动这种威胁的一个原因是，每一年都有上千名民主德国的居民向西逃往联邦德国——这削弱了东德急需的必要的劳动力，苏联当然要不惜任何代价阻止这一状况。1961年7月，肯尼迪严词拒绝了赫鲁晓夫最后通牒式的要求，并从他的角度提出了三个条件：允许自由出入柏林，美国继续在西柏林驻军，西柏林人民拥有自主决定权。1961年8月，东柏林政府建立柏林墙，封锁通往西方的通道，联邦德国坚决要求美军出兵干涉。因为当时苏联在民主德国的驻军与美国在西柏林的驻军相比占有明显优势，肯尼迪认为西方势力用常规方式与苏联开战不可能胜利。

因此他威胁，如果他的要求得不到满足，他将投入使用核武器。

威胁奏效了：苏联方面放弃柏林，专心在古巴经营势力。

1962年12月，肯尼迪家族像往年一样准备全家一起在棕榈滩庆祝圣诞节。乔和露丝夫妻俩提前飞过去，准备在那边监控节前的最后准备工作，并一起打高尔夫。12月20日下午乔正在与露丝的外甥女安·加根（Ann Gargan）一起打高尔夫，突然觉得身体不适，安立刻开车送他回家。他认为自己的虚弱是因为感冒，不许安叫医生过来，然后就自己卧床休息了。安给在另一个高尔夫球场的露丝打电话。直到露丝得知消息，在下午很晚的时候到家之后，她才联系了医生。医生诊断他中风，要立刻送往医院，并指出早在几个小时之前就应该这么做了。

后果不可逆转，乔左侧偏瘫并再也不能说话了。即使是最好的医疗团队也改变不了这个现实。接下来的七年里，乔都不得不在轮椅上度过，他的孩子们和孙子们都一如既往地爱他，一向都很崇拜他的杰姬总来找他说话，杰克总是来逗他笑一笑——尽管如此，他仍然会为他的失语、无助与毫无希望的依赖他人生存而感到绝望与愤怒。

1963年6月约翰·F. 肯尼迪首次以官方身份前往柏林访问，他在柏林的舍内贝格区受到150 000名柏林市民的热情欢迎，他对这些人表达了要与柏林休戚相关，团结一心的保证：

> 我是一个柏林人！

这是一个不仅针对柏林居民，更是针对莫斯科方面的公开宣言。

几周之后，杰姬生下了他们的第二个儿子帕特里克。这个孩子提前三周在科德角的空军军事基地被剖腹产取出，并有呼吸系统疾病。医生通知了在华盛顿的总统，他立刻乘坐直升机出发，并在下午将婴儿送往波士顿儿童医院。但是太迟了：孩子在两天之后死亡。

> 总统在葬礼期间始终守在儿子的棺材旁泪流不止。

共同的丧子悲痛使得夫妻二人的关系更加亲密。朋友们在他们过去十年的婚姻中从来没有见过如此温情的相处，因为他们认为在别人面前不能这样，但是现在人们有时候会看到他们手牵着手。约翰第一次展现出他一直不允许表现出来的温情关爱的一面——他在他的父母身边也没经历过这个。在这么多年之后，杰奎琳第一次相信，一切还是会变好的，虽然她可能永远都不知道她在她丈夫的生命中究竟有怎样的地位。最起码她知道，她为他的公众声誉做出了巨大的贡献——她还是他两个孩子的母亲。

约翰·肯尼迪是一个友善的父亲，虽然繁忙的工作让他并没有多少私人生活。当全家都在白宫的时候，他们会一起吃早餐。然后约翰和卡洛琳就去顶楼的幼儿园以及小学，那是杰姬特意为他们和其他的一些孩子们一起建立的学校。工作之后，杰克一般会与他们一起去总统住所的游泳场。游泳是一项能够减缓他脊柱疼痛的运动，也是卡洛琳最喜欢的运动。然后杰姬再陪孩子们一个小时，如果杰克时间允许的话，他也会来帮助杰姬与保姆一起带孩子们上床，并和他们一起祷告。总统偶尔不参与这些活动已经成为少数的例外。毕竟他在总统任职期间与家人待在一起的频率远远超过竞选期间。如果杰克要出差，他会详细地向孩子们解释他要去哪，去那里做什么，并每天跟他们打电话。他非常为卡洛琳骄傲，因为她很擅长运动。可能更为约翰-约翰骄傲——当然是因为他是一个男孩儿，可以向他展示对肯尼迪家族来说最重要的男人的政治的世界。

> 他并不是一个像泰迪·罗斯福那样，可以在白宫和儿子们玩枕头大战的顽童父亲，在这方面他比较内敛。但是在与孩子们相处的时候他是放松的，充满关爱的。

甚至在与他的无数的侄子侄女们的相处时也一样，他们也都非常依恋他，因为他很认真地对待他们，从来不会摆出高高在上的敷衍态度。

当卡洛琳和约翰-约翰偶尔去他办公室的时候他非常开心。有一张照片非常动人，总统的小儿子在他办公桌下面绕着他的脚边爬来爬去，还有一张抓拍的照片上，小姐弟俩在总统办公室跳舞，而总统则在一边给他们打拍子。这是非常少有的在白宫内拍下来的照片，也因为拍照的时候杰姬不在现场，她想要保护她的孩子尽量不在公众面前露面，但是杰克非常清楚，这些照片完美地展现出总统人性化的一面，对他的公众形象极为有利。

1963年11月末，另一张关于肯尼迪孩子们历史性的图片出现了。总统遗孀身着丧服，黑色的面纱长长地罩住了她的脸和头发，她右手边是6岁的卡洛琳，左手边是她的约翰-约翰，他像敬礼一样举起了他的右手到太阳穴的位置。1963年11月25日，在约翰·F. 肯尼迪的儿子3岁那一年，他被葬在了阿灵顿国家公墓。

父亲乔·肯尼迪六年之后在海厄尼斯港逝世，享年81岁。

希腊船王亚里士多德与女儿克里斯蒂娜·奥纳西斯

“在绝对实力与全然无助之间”

他一再修改自己的出生日期，总是比他本来的年龄要年轻一些才公布出来。可能是为了取悦某一个女人，可能是为了取悦岳父，也有可能只是单纯地因为虚荣心。他的成功故事总是被一定程度的自恋所影响。亚里士多德·奥纳西斯[①]（Aristoteles Onassis）何时出生，已经没有确切的时间了——大概是在世纪之交左右。他的父亲苏格拉底（Sokrates）当时将近三十岁，希腊出身，刚成为一名富有的烟草商人。

苏格拉底年轻的时候从安纳托利亚内地，当时那里就和今天一样属于土耳其，搬到了士麦娜海岸，也就是今天土耳其的伊兹密。当时的士麦娜有大概200 000名居民，大多是希腊移民，士麦娜是当时的地毯交易中心，并且由于威廉三世皇帝修建柏林-巴格达路线是从古老的沙漠骆驼商队路线开始的，这使得士麦娜成为一个连接东方与欧洲的兴旺的交易中心。苏格拉底敏锐地感觉到这个海滨城市的商机，与他的三个兄弟一起定居在这里。

他倒卖一切可以倒卖的东西，但是主要还是经营烟草。而这生意火爆起来了。

很快全家就搬进了士麦娜一个更好的城区。

---

① 亚里士多德·奥纳西斯（约1906—1975），昵称阿里，希腊船王，他的创业经历与风流故事一样出名，与曾经的总统夫人杰奎琳·肯尼迪的婚姻关系更添传奇色彩。——译者注

镜头前的和谐：亚里士多德·奥纳西斯和他的女儿克里斯蒂娜·奥纳西斯在希腊的蝎子岛上度假，今天父女二人都葬在这个岛上。

苏格拉底对聪明才智这一品行丝毫不感兴趣，因此他并不在乎亚里士多德只是一个中等水平的学生。他总是逃学，这不仅仅是反映在他的学习成绩上，更让他逐渐成为一个自大的年轻人，他在课堂上总是表现得像是一个捣乱分子。

深刻意识到他父亲的金钱的权力，亚里士多德既不受风俗限制，也不受权威管束，更不用说认识到学校的重要价值了，他反而不断地试探界限。

正是他的这一品质，在之后确定了他用来发展他的商业想法并实施的方式。未来在他的事业发展过程中展现出来的惊人野心，现在在学校里还未见端倪，虽然他靠父亲的关系进入了一所拥有极高文化水准的中学，但是他对那些都全无兴趣。他非常的粗野，这种粗野随着他的财富帝国日益壮大而壮大，与更多有教养的人交往，仍然毫无改进。他从孩提时代就觉得没有必要让自己去迎合别人。

麦克·阿弗拉米德（Michael Avramidel）是他父亲的好友，也是士麦娜最好的学校伊万格丽克中学的老师，由于他的推荐，亚里士多德能得以在那所学校就读，但是随后这一友谊的帮助就让他尝到了苦果，他在回忆录中写到："他太可怕了，一个完全不能被驯服的人，一个叛逆的孩子，他总能激怒身边所有的人，并且驱散学校里面学生的小团体。这样的孩子我从未经历过。在他还是个孩子的时候人们就能感觉到，他就是那种要么彻底自我毁灭，要么用杰出的方式取得成功的人。"

他身材矮小，但是由于热爱运动而身体强健，肌肉发达，拥有与他父亲一样浓密的黑发和黎凡特人的深色皮肤。他深色的眼睛被浓重的黑眼圈围绕着。然而他在他的同学中非常受欢迎。他非凡的精力、独特的想法和丰厚的零用钱给他的同学们留下了深刻的印象，而他也总是一半出于慷慨一半出于自大地把自己的零用钱散给朋友们。

从那时起他就得到了经验，那就是感情是可以买来的。

第一次世界大战并没有给士麦娜造成太多改变，虽然随着土耳其的失败，权力关系新秩序转向他们的盟国德国手里，胜利的盟国鼓励希腊占领士麦娜。对这座城市来说是一个好消息。它们在希腊的统治下蓬勃发展——苏格拉底·奥纳西斯与政府的生意也一样繁荣兴旺，苏格拉底在土耳其与希腊发生争端的时候，一直谨慎地防止自己被卷入政治中。

他儿子的校园生活也要提前结束了。亚里士多德没有毕业就离开了学校，开始在他父亲的公司工作。他把空闲时间都花在了发现自己的男性气概上，并在妓院里证明它。当时的西欧男性都没有固定的女友，而是在婚前选择去妓院——因为市民出身的女孩儿的好名声是需要全家用心守护的信物。

尽管1918年战争结束了，但是小亚细亚的权力争斗仍在继续。四年后土耳其又一次赢得了优势，开始对背叛他们的希腊人进行血腥的残酷的报复。他们被流放到俘虏营或者被处决，他们的住所被抢占。

士麦娜的土耳其司令官将奥纳西斯别墅当作自己的官邸，并且让人非常震惊地选择了亚里士多德做他的私人男仆。他一生中第一次被迫屈从人下。

这对他来说可能很痛苦，但是这救了他的命。

他与那个只比他年长一点儿的军官的关系出乎意料的亲密，但是亚里士多德的状况还是很危险，并且始终都很危险。毕竟他的父亲被流放到集中营，继母和姐妹被关押到难民营，他的三个叔叔都被处决了。一个婶婶，一个叔叔以及一个堂姐在一个教堂里的时候，被土耳其人放火全都烧死了。祖母客西马尼（Gethsemane）自从被逮到一个集中营后就生死不明。亚里士多德一定很害怕，他的那个土耳其朋友，不能永远保护他不被他的其他土耳其同伴下手，于是他决定逃走。他随身带着家里的全部积蓄，并在家族的一个美国朋友的帮助下坐上了一艘美国的海军驱逐舰离开了这个国家。

他在士麦娜得知家族的女性亲人被关在位于莱斯博斯岛的一个难民营里。因此他乘船到那里上岸，寻找他的继母、姐妹、祖母、婶婶以及堂姐妹。这非常不容易，因为岛上有那么多难民营，但是他还是成功地找到了她们。只有祖母不在那里，她在那段时间里去世了。他用带出来的积蓄给家人买了前往希腊比雷埃夫斯港口的船票。现在他还剩下一个任务，把父亲从集中营里救出来。但是他需要先得到君士坦丁堡政府部门的批准。他预料到，他不可能通过正常的行政机构办妥手续，而是要立刻得到许可——因为他可以立刻提供一笔必要的贿金，之后他沿着土耳其的博斯普鲁斯海峡前行，最终把父亲解救出来了。

在雅典，一家人终于团聚。虽然父亲被集中营的经历折磨得非常虚弱，但是他并未感谢儿子的营救，反而指责他花费了太多的贿金。23岁的亚里士多德在前一段艰难时光中一个人扛起全家重任，在这一刻感觉自己被父亲深深地伤害了，并被推到了一边。他凭直觉意识到，他的父亲不能给他提供他需要的空间，于是拒绝了父亲的建议，没有跟他们一起在雅典重新建立一家烟草公司。

他决定要去美国试试他的运气。

由于美国移民法令禁止东欧移民入境，还有一个备用地点是去南美，那里有他的一个远亲。于是亚里士多德·奥纳西斯登上了前往阿根廷布宜诺斯艾利斯的船。

旅途持续了数周，并且非常难熬，因为他只从父亲那里得到了最少的只够买船票的钱，而且只是一个糟糕透了的床铺，几乎买不起吃的东西。在布宜诺斯艾利斯的新开始也十分艰难，特别是在他的钱很快全部花光的前提下。他在一家电话公司找到了一个电工的工作，并很快晋升为话务员。此外他还开始在股市投机并从事期货交易。

到月末的时候还剩下的钱，他并没有花在语言班或者赎回典卖物上，而是用于采购讲究的服饰，并支付会员费加入有名的划船俱乐部。

他用这种方式开辟了打电话之外的第二种生活。在那里他彻底地投入他所有魅力，他总是能很好地掌控自己的迷人之处，一方面一如既往地追逐漂亮女人，另一方面则寻找一切对他的将来有帮助的门路。

他在烟草经营方面取得了成功，同时还在非法走私方面获利颇丰。然而他确定了一点，那就是听到的大多数希腊的海运企业家族，远远比他认识的烟草商人要富有。他据此决定了生意方面的侧重点：亚里士多德·奥纳西斯将他的烟草生意委托给两个堂兄弟，他们的父亲，也就是他的叔叔们在土耳其被谋杀了，整个公司转移到阿根廷，他本人则转而经营船运生意。那时他对船运生意了解极其有限，所以非常危险。不仅时不时有货物甚至整艘船都会全军覆没，甚至当公司想要有竞争力的时候，运费必须按照净重精确计算。他把新公司的地址定在了伦敦，因为还有许多其他的希腊航运公司都在那里经营生意。1930年，他从一家加拿大汽船公司购买了6艘二手油轮，大概在8 500吨到10 000吨之间，每艘船20 000美元，并登记在巴拿巴地区，这样他就可以在安全标准、最低工资以及税收方面绕过其他国家的规定了。

积极地行动、不知疲倦地努力。运输时装满油轮，在接下来的几年里他来回往返伦敦和布宜诺斯艾利斯，几乎都是坐船。在一次航行过程中他结识了著名的挪威大船主的女儿英格堡·戴迪新（Ingeborg Dedichen）。她是那种最吸引他的女人，迷人，出身于富贵有影响力的家庭，一个会让别的男人嫉妒他的女人，一个对他有帮助的女人。可能在他面对她的时候，首先想到的是战略本性主导的目的，而不是感情吧。他的感情往往是根据目的产生的，他疯狂地爱上了英格堡。他们在一起之后，关系持续了十几年。

在此期间，亚里士多德又冒险走了果敢的一步：

他决定，从运输“固体的货物”转为运送石油。

虽然石油在当时的能源供应中只占25%的比重，首位仍然是占有75%的煤炭，但是奥纳西斯认为这一情况早晚会变，近东地区与工业国家之间的航线上很快会需要更多油轮。这一想法奠定了他传奇的财富帝国的基础。

他经过计算认为，船的吨位越大越有利可图。然而当时几乎没有人相信他的理论。当时没有其他的买家会购买超过10 000吨的船，也没有任何一个造船厂做这个。通过英格堡的人脉关系，他终于成功地找到一个挪威造船厂，那里可以以800 000美元的价格造15 000吨的油轮，更重要的是，他找到一个担保人为他提供了购船需要的一份长达十年的贷款600 000美元。

1938年6月油轮“阿里斯通”号从船台上缓缓滑向旧金山方向，开始了他的处女航，为让・保罗・盖帝（Jean Paul Getty）的石油公司运送石油。奥纳西斯在他的巨型油轮还在建造中的时候，就与盖帝签订了合同，充分利用这艘油轮的第一年时间。紧跟着又造了两艘油轮，拥有同样杰出的运载能力，这证明了奥纳西斯的远见卓识，他革新性地开创了对新的石油能源的运输方式。

当然不可能始终一帆风顺。

第二次世界大战爆发之后，1939年9月挪威政府征用所有外国的，但是用挪威的名义挂着挪威国旗航行的船只，其中包括亚里士多德停靠在里约热内卢的“阿里斯托芬号”油轮。但是他成功地阻止了挪威政府接管他的油轮。他没有同意将油轮交给政府，而是向挪威政府要求100万美元卖掉那艘船，并威胁说否则他就要将那艘船一直停在里约热内卢，直到政府依法判决对它的征用为止。他判断挪威政府宁可付钱也不想冒险让法院判决，从而失去世界上最大的油轮。因为盟国当时迫切地需要这种大型油轮。他是对的。“阿里斯托芬号”是当时挪威政府征用的上百艘船中唯一一艘政府真的付款了的。

奥纳西斯跟随其他希腊船主前往伦敦，并因为战争而将所有财产转移到纽约和洛杉矶。1940年英格堡从巴黎来到伦敦跟他在一起。四年后她再次回到法国，因为现在被称为阿里的亚里士多德开始找外遇，她实在难以忍受，最终与他分手。

尽管战火纷飞，亚里士多德的生意仍然进展顺利，他再次证明自己对始终处于变化的市场需求敏锐的判断力。

战争中的国家突然开始前所未有地需要油轮，而生产根本跟不上急切的需求。然后亚里士多德就开始做二手油轮生意，他用买废铁的价格收购二手油轮，再加上巨额的利润将他们卖出去。同时他自己的油轮由于优厚的包船合同——其中包括美国航运公司——也赚取了大量利润。

1943年他认识了阿蒂娜·里瓦诺斯（Athina Livanos），通常称为蒂娜（Tina），希腊大船主斯塔夫·里瓦诺斯（Stavros Livanos）两个女儿中的小女儿。斯塔夫·里瓦诺斯属于富有的航运世家阶层，他们鄙视所有像亚里士多德·奥纳西斯这样的暴发户。阿蒂娜在英国长大接受教育，当时14岁，全世界都对她予取予求，是一个富有的，挑剔的年轻女孩儿。原本以她的年龄，亚里士多德根本不会考虑与她结婚的，但是他瞄准了她作为自己未来的战利品。

> 与里瓦诺斯联姻不仅可以极大地提高他的社会地位，还将对他的事业有巨大的帮助。三年后他成功地达成联姻。

1946年12月28日，当时四十五六岁的他迎娶了17岁的阿蒂娜，新娘苗条，金发，从外表上完全看不出希腊血统。斯塔夫·里瓦诺斯送给新婚夫妇一艘他自己的油轮，以及纽约萨顿广场的一处房产，他们在蜜月之后就搬入了新居，并在那里开始他们光芒四射的社交生活。

1948年4月30日他们的第一个孩子出生了，这个儿子以亚里士多德最喜欢，但是后来被杀害的叔叔的名字命名为亚历山大（Alexander）。大概同一时期，奥纳西斯又订购了5艘超级油轮，并取得了有利的包船合同，总价超过100万美元的油轮，他将在五年之内分期付款。此外还购买了一艘加拿大的驱逐舰，他将它改造为自己的私人船只，并命名为“克里斯蒂娜号”。

亚历山大出生两年之后，1950年12月11日，女儿克里斯蒂娜（Christina）来到世上，她完全继承了父亲的黑头发，大鼻子，眼睛下面的黑眼圈这些黎凡特人的典型外貌，没有一处和轻盈美丽的母亲相似。蒂娜总是在人后说，她从来没有真的与这个孩子亲密地打成一片过。当然了，她当时才21岁，还在某些时候表现得非常孩子气——这一特质即使在后来，她真的成为成熟的女性之后也没有改变，并且比起做母亲的喜悦，她显然更享受她的社交生活带来的乐趣。此外，虽然亚里士多德在家庭中按照地位划分算是一家之主，但是他和他的父亲一样，从来没有将家庭放在优先地位。生意不断向前推进，需要他不停地出差——除此之外，他也没从他父亲那里学到别的了。

> 他从没想过他的孩子们竟然缺少关爱。在亚里士多德这样的人看来，他们拥有所有他们需要的东西：钱，甚至是无法想象的那么多的钱。

一开始阿蒂娜陪着亚里士多德一起出差，这个习惯在她生下第二个孩子的时候被严重地限制住了。当然不是因为她把精力花在孩子们身上了，而是因为她的注意力都在她自己的个人爱好上了。与全世界各地的朋友们交际，进行各种娱乐消遣。在欧洲和美国各地日益增加的住宅，为她与世界顶级富豪构建一个良好的关系网打开了良好的开端。除了纽约的产业和蒙得维的亚的一处房产之外，他们逐渐购置的住所包括法国南部的一个城堡、瑞士圣莫里茨的一栋别墅、摩纳哥的一处房子、巴黎一处、雅典两处宅院。阿蒂娜是一个完美的女主人，而在夫妇俩没有购置住宅的地方，她又是一个受欢迎的客人，对她的邀请络绎不绝。

孩子们很少看到亚里士多德和阿蒂娜。他们一开始就是由保姆照顾，之后是家庭女教师和私人教师。他们身边从来不缺人，而是正相反。亚历山大和克里斯蒂娜从来没有自己待着过，全天24小时都有人照管，甚至是过度保护。这种环境就是导致了后来克里斯蒂娜根本不能独处，始终需要有人在身边的原因。当她正好没有处于婚姻状态，又或者没有亲密的男伴在身边陪她睡觉的时候，她就要她的女管家艾连妮（Eleni）陪她过夜，因为艾连妮走到哪都和她在一起。

因为他们既没有上过幼儿园，也没有上过正常的学校，亚历山大和克里斯蒂娜几乎没有机会学习社会行为的各种规则。与其他孩子相处、与他们一起玩儿、被人喜欢、被称赞，或者被拒绝、被伤害、被打。当他们与除了佣人之外的其他人交往时，暴露出了他们在人际关系方面缺乏训练，另一方面双亲关爱的缺失很早就显示出后果，两个孩子都用不同方式拼命想要吸引别人的注意力。亚历山大用叛逆与放肆弥补感情上的缺失，克里斯蒂娜比较内敛，她表现出抑郁症与孤独症的征兆。在她3岁的时候，她突然不再说话了。母亲惊恐地找来一个苏黎世的心理医生对她进行治疗。但是那个医生真应该给母亲好好看看病。

亚里士多德按照他自己的理解爱孩子们。然而他对孩子们的爱是一种自我中心的自私的爱，这种爱不允许他忘我无私。

作为一家之长的他当然需要孩子，同样地，他也需要孩子确保他的奥纳西斯帝国的未来。

因此他支配他的孩子们就像他支配他的个人财产一样。他们会因为父母的要求而被从雅典的家接到不同的住所。他们也经常被接到父亲的游艇“克里斯蒂娜号”上面去，那里有孩子们的房间和他们的佣人，即使偶尔会有父母社交圈子里的熟人，在船上的时光也因为跟一群成年人度过而无聊透顶。之后他们又会被再次丢给佣人照看。他们拥有一切可以用钱买来的东西，但是从未从父母那里得到过可以信赖的亲密关系。

> 对孩子们来说，亚里士多德这个父亲就和随便其他什么人一样，都是不能依靠、不能指望的。他们从未体会过感情上的安全感。

总的来说，亚历山大在这方面的经历比他妹妹还要好一些。因为就像其他希腊家庭一样，作为儿子的他拥有比妹妹更高的地位。此外，他还是父亲的事业帝国的未来继承人，反之克里斯蒂娜在家中只是次要的——传记作家们一直在争论这是否符合他们的心愿。另外，亚历山大比妹妹克里斯蒂娜要好看得多。出于以上所有的原因，人们在面对他的时候都非常感兴趣。

在克里斯蒂娜10岁的时候，他们的父母离婚了。这个打击让孩子们很久都没有恢复过来。在他们看来父母的婚姻失败完全是那个女歌唱家玛利亚·卡拉斯（Maria Callas）[①]的错。事实上，夫妻二人在此之前都分别有过出轨行为，阿蒂娜在亚里士多德与卡拉斯外遇之前就提出了离婚要求，但是亚里士多德拒绝了。他绝对不能让公众认为他是一个被背叛、被抛弃的可怜男人。在他爱上玛利亚·卡拉斯之后，阿蒂娜又一次提出离婚。这一次在外界看来就像是亚里士多德要为了那个女歌星离开

---

① 玛利亚·卡拉斯（1923—1977），著名美籍希腊裔女高音歌唱家，20世纪最伟大的歌剧女王，她与希腊船王奥纳西斯的爱情故事被认为是她扮演的诸多爱情悲剧的现实版，最终因心脏病发作去世。——译者注

他的妻子，这大大地满足了他的虚荣心。于是他同意了离婚。阿蒂娜自己就足够富有，她放弃了一切财产上的要求，只要求得到孩子们的监护权。亚历山大和克里斯蒂娜以及公众都认为，卡拉斯是夫妻离婚的罪魁祸首，而他们竟然就让事情那么过去了。孩子们非常憎恨这个女人，看起来就是她彻底摧毁了他们对一个和谐家庭生活的渴望，他们在面对卡拉斯的时候毫不掩饰这种敌意，都极力避免与她交谈。

亚里士多德几次试图居中调停但是完全没有效果。另一方面玛利亚·卡拉斯一直很急切地盼望与他结婚，而孩子们的敌意给了亚里士多德一个最好的借口推迟他们的婚礼。她为了和亚里士多德在一起，与自己的丈夫兼经理乔瓦尼·巴蒂斯塔·米奈利吉（Giovanni Battista Meneghini）离婚，这当然让亚里士多德承受了一定的道德压力。尽管他爱玛利亚，并且玛利亚在国际上的声誉也迎合了他的虚荣心，但是，她既不能给亚里士多德带来财富，也不能给他带来有影响力的交际圈，这与亚里士多德之前的妻子阿蒂娜完全无法比较。

> 玛利亚·卡拉斯能给他的，只有爱——而这一点，即使不结婚，亚里士多德还是得到了。

孩子们对父亲的情人始终怀有恼怒之意，亚历山大称卡拉斯为“唱歌的女人”，就像之后他只叫杰姬·肯尼迪为“寡妇”一样。四年后，他们从母亲那里得知她也要再婚时，他们的怒火一点也不逊于当初知道父亲的外遇。阿蒂娜的新任丈夫布兰福德伯爵（Earl of Blandford）是一位英国贵族，昵称是“萨尼”（Sunny），拥有豪华的庄园和前任留下来的两个小孩子。

对克里斯蒂娜来说，她生活中的这些违背她意愿的新变化的后果反而是积极的。克里斯蒂娜一开始在纽约上学，后来转去巴黎，她的母亲蒂娜在离婚之后一直定居在那里，之后她被送去牛津附近的一家寄宿学校。她在周末的时候会去看望母亲和那些新的亲戚。在那里，她第一次体会到了家庭给她带来的安全感，与此同时，亚历山大还在巴黎上学，由他的外祖父母里瓦诺斯一家照顾。1963年克里斯蒂娜从原来的英国寄宿学校换到了一个更好的瑞士女子学校，位于蒙特勒附近。不久之后46岁的美国总统约翰·F. 肯尼迪遇刺——这对她的生活也产生了一定的影响。

这段时间，亚里士多德突然想起他还有个女儿，于是经常在周末接她到"克里斯蒂娜号"上来。得到出乎意料的父爱的克里斯蒂娜，充分利用父亲的关注达到了她的目的，她可以——提前没毕业——离开学校了。亚里士多德建议她可以去他在1955年购进的奥林匹克航空公司在纽约的分公司，进行为期一个月的实习，学习商业基础，她对此喜出望外，并努力证明自己是一个聪明有事业心的实习生。

亚里士多德突然对女儿如此关注当然不是出于无私的爱。

其中一个原因，很有可能是因为儿子亚历山大与他的关系渐行渐远，他开始重视女儿是想引起女儿与儿子争宠从而使自己得利。亚历山大并没有继承父亲旺盛的生命力，也没有办法像家里其他人那样热衷于社交活动。他的兴趣始终是科技之类的东西，一开始是汽车，后来是飞机，这些他都知之甚深。但是这些并不足以帮助他度过学校危机。亚里士多德对儿子的无精打采、漫不经心既失望又生气，他强迫他离开学校，进入自己的公司。他给亚历山大在自己的奥林匹克海运公司蒙特卡洛分公司提供了一份工作，并支付亚历山大一份与他成长的花费相比简直是羞辱的工资，每年12 000美元。人们可能会觉得，这大概是一种教育方式，让亚历山大意识到自己不能离开父亲生活。克里斯蒂娜在纽约的实习工作能拿到多少钱也没有人知道。但是起码可以知道的是，克里斯蒂娜还是中学生的时候，她每个月就能拿到4 000美元的零用钱了。

对亚历山大采取的那些措施，事实证明是完全没有任何效果的。如果亚里士多德是希望用这种方式让儿子对他表示顺从的话，那么结果可能正相反。他还没来得及意识到真正的问题所在，儿子就已经离他而去了。亚历山大已经认识到父亲是一个充满阴谋诡计的独裁暴君，并且对他表示了鄙视。他后来的爱人菲奥娜·提森-博内米萨（Fiona Thyssen-Bornemisza）给他很大影响，让他决定要掌控自己的生活，在这之前他从来不敢公开对父亲表示反抗。

> 克里斯蒂娜在内心深处比她的哥哥更需要关爱，也因此比哥哥更依赖父亲，既没有他哥哥的愤怒，也没有他的勇气，更没有他哥哥那样坚定不移的信念。

他对亚历山大实施这种无意义、迟到的教育的另一个原因来自他对两个孩子有不同的期待。对女儿的期待就是能够有一个好的结婚对象——好对象的标准是，对奥纳西斯的事业有利用价值。他慷慨大方地付出的零用钱是为了让女儿有资格参加高级社交圈子，以便在其中寻找一个合适的丈夫。学校成绩根本不能显示出她在这方面的能力，因此没有必要在意。亚历山大则不然，他总有一天要继承整个奥纳西斯事业帝国，这一事业的重压对天才的父亲来说已经足够艰难。一再地遭遇战争，以及随后而来的政府与法律的限制、下降的油价、进出口的控制、世界经济市场的压力、精明的对手和其他被牵扯进来的多方影响，甚至是威胁。亚里士多德熬过了所有这些危机。但是他很担心亚历山大是否可以成长为一个足以应对这些挑战的企业家。尤其是在亚历山大还在学校的时候就表现出缺少向上的野心，在对此毫不在乎的情况下，亚里士多德无意识地以自己为标准，衡量儿子的表现。

> 在发现他的儿子缺少成为企业家的力量与能力的时候，亚里士多德非常失望。而从亚历山大的角度来看，意识到自己对父亲仅仅意味着一个达到目的的棋子，也同样让他感到失望。

在这段父子关系中，最大的刺激源是亚历山大在18岁的时候爱上了一个女人，而亚里士多德从心底表示反对，35岁的菲奥娜·提森-博内米萨，苏格兰海军上将之女，曾经做过模特，非常富有的德国男爵亨利希·冯·提森-博内米萨（Heinrich von Thyssen-Bornemisza）的前妻，还是两个孩子的母亲——她虽然既美丽又聪明，但是以亚里士多德的判断，她非但没有可以利用的地方，反倒是一个威胁，因为她看透了他。这一场围绕奥纳西斯家族的流言蜚语，先是在报纸上流传开来，随后又在所有的传记中广泛传播，而她在整个过程中扮演了一个完全无可指责的角色。虽然有违她本人原本的打算，但是在亚历山大有目共睹的积极主动下，她与这个年轻自己17岁的男人的关系越来越亲密了。同时她也支持他继续学习，成功中学毕业之后，又开始了大学学习，并且长时间地离开父亲独立生活。

奥纳西斯怒不可遏。他清楚亚历山大对待这段感情的态度有多认真，并且害怕他们有一天会真的结婚。他明确地告诉儿子，如果他真的与菲奥娜结婚，那他就彻底剥夺他的继承权。事实上，这个美丽的苏格兰女人确实是亚历山大的挚爱。当然他也在这个女人身上寻找到一丝母亲的感觉，因为他从未体会过母爱的滋味——就像后来克里斯蒂娜的第一次婚姻是嫁给了一个大她很多的男人一样，她也想要在她的丈夫身上找到一丝父亲的感觉。

亚里士多德在儿子那里被气得暴跳如雷，转而开始与女儿亲近起来，并建议她搬到纽约，因为他当时频繁地住在那里。他的这一建议当然还是有一个自私的理由，他与美国总统的遗孀杰姬·肯尼迪的风流韵事。几年前他在杰姬·肯尼迪的妹妹李·拉琪威尔王妃（Lee Radziwill）的介绍下认识了总统夫人，在她丈夫遇刺之后，他以朋友的身份开始与她联系。这一关系逐渐进一步发展之后，她要求对公众保密他们的关系。她认为自己有义务支持丈夫的弟弟鲍比·肯尼迪的政治野心，助他参加1968年的总统竞选。她和鲍比都非常清楚，在美国备受敬爱的总统遗孀与对美国人来说，非常可疑的希腊船王之间的私情，毫无疑问会对竞选有很大的负面影响。为了给他们的私通涂上一层中立的无辜色彩，他们需要克里斯蒂娜做挡箭牌。于是每次他都和克里斯蒂娜一起出现在杰姬的社交圈子里，这样的做法果然没有引起任何人的怀疑。除了克里斯蒂娜本人，她对于做父亲的盟友这一身份越来越感到不愉快，并且对杰姬·肯尼迪的怀疑远超过之前的玛利亚·卡拉斯。此外她还专心忙自己的事情，花去了大把时间。在纽约跳舞、在圣莫里茨滑雪、在“克里斯蒂娜号”或者爱琴海的蝎子岛上面晒日光浴，蝎子岛是亚里士多德购买下来的私人岛屿，他将它改造成了一个奢华的度假场所。

1968年6月，鲍比·肯尼迪被谋杀之后不久，奥纳西斯告诉女儿他很快就要和杰姬·肯尼迪结婚了。在肯尼迪的弟弟鲍比·肯尼迪去世之后，他们再也不必顾及谁的政治生涯了。前一年杰姬已经在蝎子岛上度假，这一消息让玛利亚·卡拉斯非常担忧，那时候她就已经意识到自己逐渐被冷落，直到后来奥纳西斯明确向她提出分手。婚前不久，亚里士多德向儿子亚历山大和全世界通报了这一消息。公众一片哗然，一个是虽然富有但是年长妻子三十岁的粗野男人，另一个是芳龄39，出身于最好的美国家庭的优雅的前总统夫人，所有人都觉得这两人的婚姻完全不匹配。克里斯蒂娜也非常惊讶。她非常痛苦地首先想到的是，这些年来她终于和父亲有所亲近了，如今又要被杰姬这个女人把父亲抢走。亚历山大甚至比妹妹的反应还要激烈。他公然将自己的猜测强加于这个“寡妇”身上，认为她就是为了钱才与他父亲结婚的，他这样精炼地表达自己的看法：“我爸爸喜欢名声，杰姬·肯尼迪喜欢钱。”他们的婚前协议由杰姬的财务顾问与亚里士多德的律师共同商定，从这份婚前协议和新娘或者说妻子在婚前，婚中以及婚后对金钱的要求来看，亚历山大的这一评价并非毫无道理。

亚里士多德享受着自己的成就，他赢得了全世界最有名的寡妇。

从那时起他再也不需要女儿做挡箭牌了，除了商业工作之外，他把自己的其他时间都花在了年轻的新婚妻子和建设蝎子岛上。杰姬·O[①]，是现在人们对他妻子的称呼，正忙于装修蝎子岛上亚里士多德送给她的那栋房子。但这并没有影响亚里士多德为自己当时18岁的女儿与富有的希腊船商之子彼得·古兰得利斯（Peter Goulandris）牵线订婚。彼得既拥有巨额遗产，也拥有广泛的影响力，是完全符合亚里士多德品位的好女婿。

克里斯蒂娜与彼得从小相识，并且不久前他们还热情地调过情，这个订婚对克里斯蒂娜来说原本不算讨厌。但是不久之后，她爱上了一个年轻的美国人——丹尼·马润特（Danny Marentette），出身于美国底特律一个富有家庭，当然这在亚里士多德的眼里远远算不上有钱，他们在圣莫里茨相识。亚里士多德使出了浑身解数来拆散克里斯蒂娜和她的爱人，并与古兰得利斯家安排好了订婚日期，

在订婚的前一天，克里斯蒂娜消失了——她与丹尼一起飞往纽约。

在克里斯蒂娜怀上丹尼的孩子的时候，她的父母还劝她堕胎。最终，她的丈夫丹尼终于意识到家庭对克里斯蒂娜的影响有多大，以及他自己是多么不被她的家庭所接受。考虑到他们面对的阻力，丹尼其实也在怀疑，与克里斯蒂娜结婚、共同组建家庭的这个想法究竟是不是正确的。

几周之前，克里斯蒂娜的姨妈欧也妮被她的丈夫发现死在卧室。她

① 杰姬·O，即杰姬·奥纳西斯的缩写。——译者注

生前嫁给了亚里士多德最大的竞争对手希腊大船东史塔沃斯·尼亚尔霍斯（Stavros Niarchos）死因是服用超剂量的安眠药，可能是由于丈夫一直以来的不断出轨。尸体上显示有伤痕，因此奥纳西斯家族认为，是史塔沃斯谋杀了欧也妮，目的是得到她的遗产。两次尸检反驳了这一猜测。但是克里斯蒂娜仍然坚持谋杀论。尤其是在她得知，她的母亲在与萨尼·布兰福德7年的婚姻结束之后，选择与她的姐夫史塔沃斯·尼亚尔霍斯结婚的时候，她尤其震惊。她害怕，他会为了得到蒂娜的财产，再把蒂娜杀掉——这很清楚地显示出她受她父亲的影响有多深，因为亚里士多德经常说，为了钱，人什么坏事儿都能干。在她姨妈去世之后不久，克里斯蒂娜前往英国探望她的母亲。四周之后，她依照家人的意愿选择堕胎，她的初恋结束了。接下来当然还会继续有其他的恋爱故事。

> 克里斯蒂娜很容易陷入爱情，因为她继承了她父亲那种旺盛的激情的性欲。后果就是，她与所有她喜欢的男人上床。

根本不需要等这个男人表示对她的兴趣。后来她就召唤路易斯·巴萨尔多（Luis Basualdo）帮她与她感兴趣的男人拉皮条，并为他们指明前往她的卧室的路。路易斯·巴萨尔多是巴西的马球运动员，曾经是她的情人，后来两人做了朋友，再后来由克里斯蒂娜高价雇佣做她的管家。如果有人拒绝她或者离开她，她就会非常受伤，并要尽全力达到自己的目的。她并不为此羞耻，她的全部骄傲都来自她父亲的亿万家财。她因为自己的巨额财富，也从来不会在遭遇个人失败的时候感到受伤害。但是她会在没有特别预警的情况下，突然陷入抑郁状态，甚至会到试图自杀的程度。根据家族的一个朋友，扬·吉奥贾克斯（Ioannis Georgakis）教授断言，她的自我价值观念始终摇摆于“绝对实力与全然无助”中间。

在克里斯蒂娜刚刚20岁的时候，她放荡的行为就已经没有任何意义，或者干脆就是固定模式的不断的重复。1971年她在圣莫里茨认识了乔伊·波尔克（Joe Bolker），一个48岁英俊的美国商人。一次乔伊·波尔克在自己的房间里惊讶地发现了服用过量安眠药试图自杀的克里斯蒂娜，因为他没打算与她结婚。尽管在建筑与房地产方面取得成就，并在经济上没有后顾之忧，但是这个年长克里斯蒂娜28岁的波尔克，当然不能胜任岳父对女婿的要求——而他本人对此也心中有数。而他想不到的是，在他让步于克里斯蒂娜绝望的努力，不太真心地与她去拉斯维加斯结婚之后，紧跟着的是他的岳父怎样盛怒的表现。

在他们短暂的婚姻中，这绝对不是她唯一的一次试图自杀。

当她得知她的母亲要嫁给那个她始终认为是杀害姨妈的凶手史塔沃斯·尼亚尔霍斯的消息之后，她彻底崩溃了。因此当母亲阿蒂娜建议女儿反抗她的父亲，与丈夫乔伊·波尔克好好相处的时候，克里斯蒂娜认为这不是一个真心的建议，而是母亲想要祸水东引，转移父亲的注意力——因为她清楚，如果父亲知道他的前妻嫁给了他的死对头尼亚尔霍斯会怎样暴跳如雷。克里斯蒂娜非常生气，同时也深受伤害。她感到自己被欺骗了——并试图回避这一坏消息，于是她又一次服用了大量的安眠药。

她被救回来了。但是她的婚姻却走到了尽头。亚里士多德尽其所能地破坏他女婿事业上的声誉，他女婿本人的声誉以及他女儿女婿的婚姻。除此之外，他委托朋友对她进行专业的心理恐吓，并持续在电话中折磨她，通过他的朋友们他告诉女儿，他扣下了给她21岁生日准备的高达7 500万美元的遗产，除非她离婚。

无助地承受父亲摆布的克里斯蒂娜绝望了。她与丈夫签署了一个财产公证，上面明确规定两个人都放弃继承对方的遗产。但是让她失望的是，这份声明并未让父亲哪怕被打动一点点。取而代之的是，他们即使躲到了波尔克工作的洛杉矶，也逃不开父亲的阴谋诡计与心理压力。除此之外，婚后的生活也让克里斯蒂娜感到百无聊赖。每天她的丈夫和其他上班族一样早晨离家，直到晚上才回来，这种完全不迷人的生活，必然会造就一个空虚的家庭妇女。结婚7个月之后他们离婚，刚刚21岁的克里斯蒂娜回到欧洲。

亚里士多德如释重负。但是他与女儿的关系还是处于破裂状态。

她对自己的独立自主权产生怀疑，并开始不信任父亲。

虽然女儿的离婚平息了他的怒火，但是他心中仍然没有把握。毕竟她得到了他的7 500万美元，不再仅仅是未来的继承人，而是突然就变成了富豪。然后克里斯蒂娜立刻开始追求一份经历——她渴求已久的一份经历。

让她感到幸福的是，自从她与乔伊·波尔克结婚以来，她与哥哥之间的关系明显变得轻松了。亚历山大很高兴看到她终于开始反抗父亲。

兄妹俩发现他们共同承受了那么多的苦难，又需要克服那么多困难，并在彼此多年生疏之后感觉到了信任——这一切都是在聪明的菲奥娜推动下进行的。其间克里斯蒂娜享受着她的新的自由生活，并乘飞机往返于伦敦、巴黎、纽约、布宜诺斯艾利斯和里约热内卢。有几周时间她一直试图与自己过去的情人——阿根廷马球运动员路易斯·巴萨尔多重温旧梦，两人都装作不记得巴萨尔多早就跟一个美国女人有暧昧关系。

1973年1月初，亚里士多德告诉他的孩子们他要与杰姬·肯尼迪离婚了。他们都非常高兴听到这个消息，因为早在四年前他们结婚的时候开始，孩子们就一直在期待这一天。兄妹俩对这个决定都不感到吃惊，毕竟他们都不是没有察觉，亚里士多德和杰姬越来越少见到彼此。除此之外他们还知道，甚至杰姬也知道，亚里士多德又与那个女歌手搞在一起了。

不久之后，亚历山大在雅典有了一个工作，他负责乘坐亚里士多德的比亚乔牌私人水上飞机，指导一个新飞行员的飞行工作。亚历山大本人是一个经验丰富的飞行员，但是由于弱视只能驾驶小型飞机。指导工作将持续一周，直到新飞行员有能力将飞机开往佛罗里达为止，到那之后，亚里士多德要把这架飞机卖掉，换一架现代直升机。

他的儿子亚历山大早就警告他不要继续用这架旧飞机了。

1973年1月21日下午，亚历山大开车前往雅典机场。他做好飞行前的安全检查，爬到副驾驶的位置，同时飞机驾驶员坐在驾驶座位上，他们身后坐着一个副驾驶员。根据控制塔的指示，升空，飞机向右倾斜。几秒钟之后坠毁。

三个驾驶员被立刻送往雅典医院。另外两个驾驶员都只是受了轻伤，但是亚历山大因为坐在飞机右侧，飞机右侧在坠落的时候先着地，所以虽然看起来身体表面没有很严重，但是身体内部的伤害危及生命。尤其是他的大脑已经受到不能恢复的伤害。

消息很快传到纽约的亚里士多德与杰姬，巴西的克里斯蒂娜，圣莫里茨的蒂娜·尼亚尔霍斯，以及在伦敦参加她兄弟婚礼的菲奥娜·提森那里。

当奥纳西斯家族成员以及菲奥娜·提森赶到雅典的时候，亚历山大已经陷入深度昏迷，只靠机器维持生命。克里斯蒂娜离雅典最远，她也是最后一个赶到医院的。菲奥娜坐在亚历山大的床边，连续几个小时地抚摸他，轻声和他说话，试图唤醒他的意识，亚里士多德意识到情况已经无可挽回，因此发出指示，只要克里斯蒂娜来到医院和她的哥哥做过告别，就立刻把机器关掉。事情就是这么发生了，亚历山大死亡。当时他只有24岁。葬礼在蝎子岛举行，亚里士多德没有勇气参加葬礼。克里斯蒂娜代表他出席。杰姬也在场。而让杰姬没有预料到的是，她的儿子约翰以及儿媳卡洛琳，也在1999年自己驾驶飞机，坠毁在美国东岸前的大西洋里。

亚里士多德整晚整晚地坐在儿子亚历山大的墓前，跟他说话，在他还活着的时候，他从来没有与他说那么多话，他用这种方式与儿子告别。他现在是一个因为失去儿子而心碎的男人，这种打击让他再也没有恢复过来。他的现在已经动摇，他的未来彻底被摧毁了。

亚历山大的死亡带给亚里士多德精神上的打击，远远超过他活着的时候亚里士多德花在他身上的精力。

现在只剩下克里斯蒂娜可以拯救他的一部分未来了。让人惊讶的是，她很清楚地意识到了自己的责任，并且很乐意接受这一切。因为这终究是她可以在父亲面前展现自己的一个机会。2月的时候，她把居住地从巴黎迁到了纽约，以方便自己进入公司工作。她陪同亚里士多德参加所有的会议并有权限参与所有的内部事务。

这个时期对奥纳西斯和所有其他航运商人来说都很艰难。因为利润微薄，他卖掉了很多艘船，并在几个月前就与新罕布什尔州政府进行协商，想要在那里建一座炼油厂。但是失败了——他的申请被拒绝。他的身体健康受到冲击，肌肉不再完全听他的使唤，因此他很难把话说清楚，同时他的眼皮有时候会不听话地直接垂下来闭上眼睛。

1973年，克里斯蒂娜在女管家艾连妮的陪伴下飞往伦敦。她在那里又一次服用大量安眠药。艾连妮发现后打电话召唤急救医生，也通知了正在法国南部停留的阿蒂娜，她在得知消息后，立刻赶往伦敦看望女儿。蒂娜自己也体弱多病并且有药物依赖，她与丈夫尼亚尔霍斯的婚姻也发生了危机，因为尼亚尔霍斯就像之前对待欧也妮一样不停地对蒂娜撒谎。简言之，蒂娜现在没有心情和精力给女儿以依靠。当克里斯蒂娜有所好转的时候，蒂娜返回法国。三周后，蒂娜在巴黎尼亚尔霍斯的城市宫殿中被发现死亡，时年44岁，死亡原因是过量服用安眠药。女儿克里斯蒂娜感觉自己一直最恐惧的事情得到了证实。由于蒂娜的尸体与她姐姐的不同，没有出现任何伤痕，所以没有进行解剖。

在此期间亚里士多德更改了遗嘱。尽管他很高兴克里斯蒂娜对他的生意感兴趣，他仍然不能下定决心，将他的全部遗产都转让给女儿，而是指定将亚历山大的那份遗产捐献给一个慈善基金会。就像他那时候不信任亚历山大的能力一样，现在他开始怀疑克里斯蒂娜是否有足够的能力管理他的公司。他还多次批评克里斯蒂娜。有时候他会期待杰姬可以用自己的优雅灵巧，与高品位格调给克里斯蒂娜一些好的影响，但是他的这个愿望从未被实现过。克里斯蒂娜不像杰姬那样永远苗条，迷人，每次出场都带着一种甚至是矫揉造作的轻盈。正相反，她显得太胖、太吵了。

> 但是比起批评她的外表，她缺少教养与气质以及她在男人方面的品位，亚里士多德看起来在儿子过世之后，最想指责克里斯蒂娜的是——有意无意的——她不是哥哥亚历山大。

亚里士多德的传记作家劳伦斯·J. 戴维斯（Lawrence J. Davis）意识到："在这对父女之间站着一个灵魂，而且有一些时候人们甚至几乎可以看到他。"这一状况对克里斯蒂娜来说毫无希望可言，尽管如此，她仍然眷恋父亲给予的永不让她满足的爱。

奥纳西斯夫妇之间的关系到底是怎么回事，不仅亚里士多德自己很清楚，杰姬也早就明白了，甚至于全世界都知道了。他们的性格和需求都完全不能协调一致。他指责她——就像她前夫杰克·肯尼迪说的一样——花了太多的钱，每年300 000美元的生活费都完全不够用，而她则反过来抱怨他的粗野庸俗——两人说的还都有道理。他1973年宣布要与杰姬离婚，两年之后他真的准备好离婚，并且试图搜集证据证明杰姬不忠，以便自己可以在离婚时少付一点钱。但是失败了。

杰姬太清楚这涉及多少钱了，所以她足够聪明，决不暴露自己的缺点。

1975年1月，亚里士多德把他的奥林匹克航空公司，这个全世界唯一一个私人控股的国家航空公司卖给了希腊政府。由于中东经济危机，石油价格以及相应的汽油价格都迅速上涨，导致运输业利润大量下滑。此外在总营业额中占有大部分比重的旅游业，自1974年土耳其入侵塞浦路斯以来，首次崩溃。奥纳西斯要求国家提供汽油补贴，并给他的航线提供低廉的国家贷款，同时威胁政府如果不满足他的要求，他将关闭他所有的航线。这是一场豪赌，和他这一生赢过的许多次一样。但是这次他输了。奥林匹亚航空主管辞职，希腊政府重新霸占了这个职位。几个月之后亚里士多德将他原本更想要保留下来的股份卖给了政府，当然是以可能达到的最高价格成交。他不情不愿地将奥林匹亚航空公司转让给了希腊政府。

这场交易让亚里士多德度过了无数个不眠之夜，虽然最后他将股份卖了一个最高价，却失去了一个航线，这一切都让他筋疲力尽。

在与政府协商谈判结束之后不久，亚里士多德的身体一下子垮了。克里斯蒂娜立刻赶到医院，杰姬也从纽约赶来。医生诊断是胆囊感染和肺炎，尽管一部分医生认为，以亚里士多德现在糟糕的身体状况最好推迟手术，但还是在考虑后给他进行了胆囊手术。

亚里士多德自己就是反对推迟手术的人。主刀的专家将在巴黎的美国医院为他做手术，于是亚里士多德在杰姬和克里斯蒂娜的陪同下飞往巴黎。杰姬住在亚里士多德在福煦大街的豪宅，克里斯蒂娜则住在了酒店，她绝对不会和她的继母住在一个屋檐下的。三周后亚里士多德的情况有所好转，杰姬返回美国，克里斯蒂娜则陪在父亲身边。3月初的时候，他请求她答应会嫁给彼得·古兰得利斯，她同意了。几天之后他的身体状况突然恶化，克里斯蒂娜寸步不离他的病床。1975年3月15日，亚里士多德·奥纳西斯在女儿的陪伴下与世长辞。在蝎子岛举行的葬礼上克里斯蒂娜站在她的继母杰姬身边，手腕上包扎着绷带，人们则在猜测她是不是又一次试图自杀。

她当时25岁，遭遇了人生中最不幸的时刻，两年之内她相继失去了兄长、母亲与父亲。虽然她与家人在一起生活的时间有限——或许正因为这样——他们对她来说仍然有非常重要的意义。这导致的后果是，这种突然失去所有最亲近的家人的情况，让本来就不敢一个人待着的克里斯蒂娜，陷入了深深的恐惧之中。

她问自己是不是她的家族遭受了一个诅咒。也想知道，自己是不是可能就是下一个遭受诅咒的人。

尽管她悲伤、恐惧、情绪时不时地非常不稳定，但是克里斯蒂娜还是以让人惊讶的镇静和果断，熬过接下来的一个月。尽可能完整地继承遗产。她放弃了自己的美国国籍，以规避美国的遗产税。另一方面，奥纳西斯的公司还有一个需要处理的问题，之前有意不透明化账务，使得奥纳西斯财团旗下很多分公司都处于不同国籍归属，现在必须重新调整结构。从美国那边逃掉的遗产税，都由克里斯蒂娜决定捐赠给巴黎的那家美国医院。税费高达100 000美元——这个数目即使是她父亲亚里士多德也没办法逃掉更多了。她的使命就是管理奥纳西斯帝国，壮大它，无论这将会需要多长时间。此外她还十分关注亚历山大-奥纳西斯基金。在她的管理下，这个基金成为非常重要的慈善基金，它在美国、加拿大和欧洲赞助了大量的文化项目，并赞助了雅典的一个大型心脏医院。

另一个不那么让人愉快的挑战，就是遗产之争了，在她母亲去世之后史塔沃斯·尼亚尔霍斯掌管了她母亲超过10亿美元的资产，并且不肯交出来。她最终达成了有效的和解，确保她能得到母亲大部分的财产。另一个棘手的任务是安抚杰姬·肯尼迪，她为了与亚里士多德四年的婚姻，要求得到2 000万美元的补偿。尽管亚里士多德在遗嘱中并没有留给她那么多的馈赠，克里斯蒂娜还是表现出来了慷慨大方的一面。她同意了杰姬的要求——只是为了让杰姬尽可能快地从她的生活中消失。

在她与乔伊·波尔克短暂的婚姻之后，她又结了三次婚——也离了三次。需要注意的一点是，在这些婚姻中，克里斯蒂娜始终是掌握主动权并且想要结婚的那个人。如果她活得更久一些，她必然不止四任丈夫。其中当然也有一些拒绝她的结婚计划的情人们。

人们肯定会问，为什么在他的父母、她周边的人甚至是她本人都一再离婚的情况下，她还如此热衷于婚姻呢？

她应该很清楚婚姻绝对不是长久的、幸福的保证。尽管如此，婚姻制度对她来说仍然有着很重要的意义。她希望婚姻可以确保她完全得到一个人，并且在这个人身边得到永远的保护。尽管她在父亲临终前许诺会嫁给彼得·古兰得利斯，但是她仍然对此人怀有疑虑。她不能确定是否真的要嫁给他，而彼得·古兰得利斯也对此举棋不定。

她接下来的两次婚姻都在很短时间内，显示出一些夫妻双方各自的问题，并且很快就被遗忘了。其中一次是嫁给希腊富豪亚历山大·安德烈亚德斯（Alexander Andreadis），另一次是嫁给俄国人谢尔盖·考佐夫（Sergei Kauzov），她甚至为了这个俄国人打算去莫斯科生活。当时的莫斯科是一个即使有再多的钱，连一个冰箱都买不到的地方，更不用说各种她早已习惯的奢侈享受与自由了。

1984年她与蒂埃里·鲁塞尔（Thierry Roussel）缔结了她的第四次婚姻，这次与之前的都不同。她早在多年前就已经认识蒂埃里了，他出身于一个富有的法国工业家庭。他当时在自己的朋友与堂姐妹的要求下，一起来到蝎子岛度假，而克里斯蒂娜与这个长相英俊，比自己小两岁半的法国男人有过短暂热情的婚外情。十年之后，她偶然遇到了蒂埃里的父亲圣·莫里茨（Sankt Moritz），在与她的谈话中莫里茨告诉她蒂埃里结束了与漂亮的瑞典模特盖比（Gaby）的亲密关系，目前早已恢复单身。克里斯蒂娜接受了这一暗示，并冲动地给当时正好在鲁塞尔家族肯尼亚的产业处停留的蒂埃里打电话。几周之后，他们在多年后再次见面。没多久他们就订婚了，三个月后举行了婚礼。

> 蒂埃里与克里斯蒂娜之前的男人们的不同之处在于，尽管蒂埃里比她年轻，但是他在与她相处时表现得更强势，并且有相当高的品位。

他禁止她继续依赖药物，要求更多的私人奢侈消费——一个更大的私人飞机、更广阔豪华的住所、更多的佣人，甚至在她发现他竟然在伦敦保留了一处私人住所的时候，要求一定的私人独立性。

克里斯蒂娜直到两年之后才知道，他要求保持独立性的原因。之前她一直很幸福，尤其是在她得知自己怀孕之后，她立刻开始在各地的住所中配备儿童房，装修房间，并为尚未出生的孩子雇佣保姆和保镖。她还选择了一处宫殿作为他们一家未来主要的居所。

1985年1月末，她的女儿在巴黎的美国医院降生，她的名字是克里斯蒂娜为了纪念母亲取的雅典娜（Athina）。克里斯蒂娜极其幸福。从那时开始，她就决定要让她的女儿有一个幸福的童年。然而一年之后，她开始怀疑自己是否可以做到这一点了。在雅典娜出生后不久，蒂埃里的前情妇盖比·兰特哈格（Gaby Landhage）也为蒂埃里生下了一个儿子，他在与克里斯蒂娜结婚后不久就重新与盖比恢复了来往，而他之前坚持的“私人独立性”也只是为了让他可以过两个妻子的双重生活。

当然就像这种情况通常会有的那样，除了克里斯蒂娜之外，所有人都知道。

当她终于知道之后，她非常震惊并绝望，现在她总算明白，之前蒂埃里不断地离开是为了什么了。又一次，她认为是幸福的，实际上是一片废墟。与目前为止的几次婚姻不同，这次她为了女儿并没有陷入灰心丧气的状态，而是容忍了丈夫的外遇，甚至对外遇的对象盖比和他们的儿子，小雅典娜的异母弟弟非常友好。一开始蒂埃里和盖比也同意一切保持现在的状态，因为这样克里斯蒂娜就会源源不断地、慷慨地馈赠大量资金到蒂埃里独立于家族产业的私人公司里，其中还包括一家模特代理处。

盖比两年后又生下了第二个孩子，蒂埃里虽然舍不得他的富有又慷慨的妻子带来的种种好处，还是向她提出了离婚。并向克里斯蒂娜保证，即使离婚了也不会和盖比结婚的。这个条件对克里斯蒂娜来说非常重要，她也很可能为了得到这一诺言付给蒂埃里一大笔钱。

她对雅典娜的照顾非常精心，远比当年人们照顾她要好得多。她在巴黎外买了一栋别墅，并集中与社交圈中的父母以及那些女儿与雅典娜年龄相仿的妈妈们结交，因为她希望女儿能够与同龄的小伙伴一起长大。但是她还是无法彻底放弃过去的旧习惯与追求。

尽管她的生命因为有了雅典娜的存在不再那么空虚乏味了，她还是努力想要寻找一个地方，一个人可以让她依靠。

她重新拾起了过去持续时间最长的一个爱好，旅行。1988年11月，她在女管家艾连妮的陪伴下飞往布宜诺斯艾利斯，想要去那里拜访老友多特罗（Dodero）一家。11月18日晚上，她抱怨着刚刚痊愈的感冒，还与朋友一起吃了晚餐，然后比平时早一些上床休息了。

第二天清晨她没有起床用早餐，她的朋友马瑞娜·多特罗（Marina Dodero）敲她的卧室门但是却没人开门。门从里面锁上了，马瑞娜让她的丈夫用暴力手段将门打开。几分钟后，他们发现克里斯蒂娜全身赤裸躺在半满的浴缸里，毫无生气。医生确认了她的死亡。与医生一起被叫来的警察，发现了很多个只有半瓶甚至全空了的安眠药瓶，在与医生商讨过后，他们放弃了尸检，对外声明死亡原因为过量服用安眠药导致的心脏问题。

无论是她的女管家的证词，还是她对女儿雅典娜非同寻常的依恋与责任感，以及在她死亡前一晚，没有任何诱因或者迹象暗示可能会导致她自杀，人们由此推断她的死亡很可能是一个意外而不是自杀。后果就是死亡，她一生中尝试了很多次的一个挑战——简言之，这是生命尽头一个多少有些不幸的意外，她的一生虽然拥有无数财富与奢华享受，但是从一开始就处于缺乏关爱与父母失职的状态下，终其一生都无法弥补这些缺憾。

三岁的女儿雅典娜的监护权最终落在父亲蒂埃里·鲁塞尔名下，他在克里斯蒂娜去世三个月后就与盖比·兰特哈格结婚了。雅典娜成为她父亲之前隐秘的小家庭中的一员。与她的同父异母的弟妹们一起生活的雅典娜，得到了之前她的自身情绪不稳定的单身母亲无法给她的东西——安全感。这一事实补偿了人们对她父亲可能借监护权从女儿的手中得到大量资金的怀疑。在她成年之后，她得到了母亲留下来的亿万遗产。与母亲不同的是，雅典娜直到目前为止都成功地躲避媒体的追逐。她21岁的时候与巴西马术越障运动员阿尔瓦罗·阿方索·德·米兰达·内托（Alvaro Affonso de Miranda Neto）结婚。阿尔瓦罗曾经代表巴西国家队参加比赛。

歌唱家弗兰克
与女儿南希·辛那特拉

"不断地'再见'"

14岁的时候他就只想要“一直活下去，尽可能多地唱歌”。弗兰克的父母当然不可能认同他的这一生活态度。两年后他没有毕业提前离开学校，他的父母不断地请求他找一个“有规律”的正常工作。他试了大概15次，在报社、船厂、书店、船上等。唯一有规律的就是，他总是在工作之后没多久就又辞职——然后继续只想要唱歌。他最大的偶像是平·克劳斯贝（Bing Crosby）。

弗兰克的父母安东尼奥（Antonio）与娜塔莉亚·辛那特拉（Natalia Sinatra），通常被称为马蒂（Marty）和多莉（Dolly），从意大利移民到美国这个新世界之后，定居在新泽西州霍博肯城的“意大利人区”，他们自身的经历让他们非常清楚，要摆脱这个贫穷的充满大蒜味儿的地方将会多艰难。因此在多莉1915年12月12日生下马蒂一直热切盼望的儿子之后，他们除了想要为了儿子而提高社会地位之外，别无他想。

马蒂是一个不出名的拳击手，性格内向安静。

> “我的父亲是一个非常温柔的人。”弗兰克后来谈到他的时候说道。“尽管他是一个职业拳击手，但是他从来没有打过我一次。”

爱操心的母亲多莉在家里、邻里间，甚至后来的地区政治方面，都非

弗兰克·辛那特拉与他亲昵的称为“切肯”（Chicken）的女儿南希（Nancy）。父亲的名望使她付出了高昂的代价。

常有影响力。她是一个极其果断、精力充沛的女性，从事助产士的工作，作为一个有经验的专家，偶尔从事当时被严厉禁止的堕胎手术。由于她的多种特长，无所不在，使得她很快就掌握了一个稳固的社会交际网络，她利用这一关系网，给马蒂谋得一份体面的工作：消防队长。此外夫妻俩还在禁酒令期间开了一个小酒馆，靠非法售卖酒精类饮品获利。

小弗兰克从小就是一个瘦小、友善的孩子，他的成长过程中既没有兄弟姐妹，也没有父母的陪伴，因为他们要从早到晚地工作，放学之后大多数都是一个人待着。“一个孤独的孩子”。他的女儿南希后来这样评价他。这一孤独的特质如影随形地陪伴他一生，不仅使他之后在男女交往方面深受影响，也给他的音乐作品打上了同样的烙印。那个贫穷的男孩儿，每天不得不为了身边的混混流氓而烦恼，这样的形象后来被他自己改变了。因为他很清楚自己没有实力与他们对抗，所以他每次都有意避开那些打架的混混，在有危险的时候，转而寻求可以保护他的同事或者朋友的庇护。有时候这种做法非常必要，因为弗兰克的脑子里充满了奇思怪想，很喜欢挑衅别人。

多莉努力让儿子在学校里不仅身体跟得上他的同学，还要在经济方面不被落下。虽然她并不是一个特别温柔体贴的妈妈，但是她始终坚持给弗兰克提供新衣服和丰厚的零用钱。这可能是因为她的虚荣心，也可能是她良心不安的一个补偿。因为她没有时间照顾儿子，他只能整个下午无聊地坐在门槛上，来回拨弄着尤克里里琴，直到父母晚上回家为止。

> 母亲买给他昂贵的衣服，他为了引人注目自己穿上了。拿到的零用钱他则用来购买友谊，他用自己的钱请人吃冰淇淋或者看电影。

这一性格他也一直保持到最后，对朋友——或者说对那些他想要赢得友谊的人的慷慨大方。

能够为他换来必要的生活费的那些临时工作，在他眼里如此无意义。对他来说，像生命一样重要的就是作为歌手登台唱歌了。为了得到机会登台，他觉得没有任何劳累是艰难的，没有任何架子因为太高而爬不上去，没有哪一次拒绝会成为最终的判决。带着认为自己比所有人唱的都要好的坚定信念，以及从母亲那里继承的顽强坚持，他逐渐走到了镁光灯下。他在高校舞会、慈善活动、促销现场、教会庆典以及地方广播上面唱歌，在不同的乐队做临时替工——有时候一晚上只能得到一盒烟做报酬。20岁的时候，他加入一个霍博肯的歌唱组合，他们主要表演一些刚开始流行的歌曲，并与他一起以“霍博肯四人组”的名号登台演唱。

将满一年之后，弗兰克认为自己已经足够优秀，可以单飞了。

而受聘的机会也出现了，他最终加入了哈利·詹姆斯（Harry James），摇摆舞时代最著名的小号演奏家刚刚组建的独立爵士乐队。整个行业都注意到这个年轻人的出现。他事业上的下一个伟大的进步就是与当时最著名的乐队领袖汤姆·多尔西（Tom Dorsey）签约。幸运的是，这次薪酬不再是香烟了，而是每周100美元。1939年2月23岁的弗兰克与小他两岁的意大利裔女友南希·巴蓓图（Nancy Barbato）结婚，她坚定地相信自己的丈夫，以及他的歌唱家之梦。尽管婚后不久她就怀孕了，她仍然陪伴他一起巡回演出，直到怀胎八月为止。1940年6月女儿南希出生。南希在自己的传记《我的父亲》（My Father）中用带有一点受伤的语气记录到：“那时他正在去唱歌的路上。”

“那时候我就知道，我只能与世界上的其他人一起分享我的父亲。

这始终是我生命中最大的主题，拥有一个总是说‘再见’的父亲。”

弗兰克与汤姆·多尔西和他的乐队一起录制了他的第一首歌，在他一生之后的60年里，他还有大概1 300首歌。1940年11月，他与乐队一起前往拉斯维加斯，在那里出演他的第一部电影《拉斯维加斯之夜》（Las Vegas Nights）。几乎是同一时期，他凭借他的《我不会再微笑》（I' ll never smile again）第一次登上流行歌曲排行榜。南希后来回忆道："我妈妈帮我播放了那首歌。我听出了他的声音，每次听都会叫起来。"她已经习惯父亲总是以声音的方式出现了，至少是人们只要用电唱机就能召唤来的爸爸。当真实的爸爸回家的时候，她才第一次感到幸福。她是弗兰克最爱的孩子。他称她为"切肯"并且终生都与她亲密无间。然而他对歌唱事业狂热的爱和壮志雄心都让他别无选择，只能一次又一次地离开家。

他的投入在事业上取得了回报。1942年他离开了汤姆·多尔西，试图单飞，成为一名独唱歌手。乐队领队教导了他许多，与他一起训练他的声音与舞台风格，还与他一起录制了83首歌。1943年，他接受哥伦比亚公司的合同。他的歌曲爬上了流行歌曲排行榜的顶端，同时每周都主持多个广播节目，这些后来都成为他的歌曲最好的宣传广告。

1944年他第一次鼓起勇气在大批观众面前表演独唱，在纽约派拉蒙剧院举行的本尼·古德曼（Benny Goodman）爵士乐单簧管演奏会上做嘉宾演出。他的演出大获成功，并在流行音乐史上，第一次迎来了群体极度兴奋的喝彩。他的精明的媒体经理人乔治·伊万斯（George Evans）发现弗兰克对十几岁的女孩儿格外有影响力，于是他雇佣了12名女中学生，负责站在观众群中歇斯底里地欢呼，并因为过于激动而昏倒。但是产生了未曾预料的效果，晕倒的不仅仅是雇佣的那12个人，而是几倍于

12个的小姑娘，观众都很癫狂。

> 辛那特拉事后回忆到：“当时到处都是震耳欲聋的吼叫声。5 000名年轻人在跺脚、尖叫、鼓掌喝彩，并齐声大喊‘弗兰奇’！（Frankie）。”

情况始终如此，派拉蒙的聘请大概有六周的时间，在此期间辛那特拉每天登台表演六次。

除了在新泽西家里的时候之外，他几乎不得清闲。他的家人在那段时间搬进了一个更大的房子，大南希也就是他的妻子南希，负责回复潮水一般涌进来的粉丝来信，到深夜的时候还要负责把那些被粉丝扯坏的领结缝好。

他的那些狂热粉丝当然也都有两面性。一方面他们保证了他的唱片以及演唱会门票的高销量，并被他的经理人用以下手段巧妙地促销宣传着。比如免费在女学生中间派发演唱会门票，举办主题为“为什么我爱辛那特拉”的竞赛，永远不停地让辛那特拉活跃在媒体上并给他安排各种采访。事实上从销量上来看他已经超过了他的竞争对手们如迪克·海默斯（Dick Haymes），佩里·科莫（Perry Como），甚至是他最崇拜的偶像平·克劳斯贝都被他甩到身后了。而另一方面狂热粉丝表现出了他们肆无忌惮的一面，比如抢走偶像身上佩戴的东西，或者干脆入侵他的私人生活。

> 他们一直到半夜都在辛那特拉的住所窥探，住在花园里，把他们

的鼻子贴在窗户上压扁，就为了看一眼他们的偶像和偶像的家人。

大南希虽然很紧张，但是她承担了耐心的公关工作。她邀请那些孩子们吃饼干、喝可乐，甚至带他们去购物，并告诉他们晚上会给弗兰克做什么晚餐。

两年后他们又一次搬家了，这次搬到了一个大庄园里，远离纽约和新泽西，位于洛杉矶附近的特卢卡湖附近，一方面是为了躲避粉丝的骚扰，另一方面是方便他更快、更频繁地来往好莱坞。他在那里很快发展了第二职业，每年在那边拍摄一到两部电影。同时他还参加电视节目，每年发一到四张自己创作的单曲唱片，其中大部分歌曲都进入了流行歌曲排行榜。此外他还继续主持他的广播节目。对小南希来说最幸运的事，就是这段时间他很少参加巡回演唱会。

1944年，弗兰克的儿子小弗兰克或者被称为弗兰克二世诞生了。姐姐南希快乐极了，因为现在他们是真正的一家人了，而在她眼里始终是一个喜爱孩子的“温柔的”爸爸，也一直照顾她关心她。他教她游泳，陪她一起在湖里游泳，还教她钓鳟鱼，钓到的鱼就拿回去给妈妈煎了做饭。回顾这段童年，南希认为这是她一生中最美好的时光。不仅仅因为她那时候与父亲一起很幸福，还因为那时的她对父亲的声望毫无概念，也不知道她将会因此成为公众关注的对象。

她料想不到，“我们一直被窥视，媒体不间断地报道我们的事，也不停地颠倒黑白。”

父母尝试着给南希和她的兄弟姐妹们一个普通的生活，在这样的生活中家庭——包括祖父母以及其他亲属——就像其他意大利家族一样，占有极其重要的地位。

虽然辛那特拉家的孩子和其他“好莱坞子女”一样也有家庭女教师，起码南希去上了一个公立中学。弗兰克大量赠予她礼物，这与其说是一种教育方式，不如说更像是他本性的一种表达。他近乎浪费的慷慨众所周知，家庭成员、男女朋友们、贫穷的熟人或者陌生人，以及无数的慈善组织都曾接受他的慷慨，他也不止一次被媒体轻蔑地否定，媒体在他一生中始终坚持将他当作批判的靶子，他一生都在承受这些，同时像他这样感情冲动、顽固并且完全没有外交手腕的人，当然也一再地主动向媒体挑衅。

大南希很长一段时间都成功地将那些会让孩子们不开心、恼火的报纸报道藏起来不让他们看到。那些报道在弗兰克职业生涯刚开始的时候还相对无害一些，甚至报道了不少真实的事情：比如他在好莱坞有很多外遇。现在一切表明，他是一个混合了目标明确与无拘无束、大男子主义的举止与亲切和蔼，骄傲自大与脆弱敏感，幽默与性感使之即使对成年女性也大有影响的奇特的男人。大南希当然也察觉到了他的出轨，她因此一再与他谈话，但是一切都没有改变，直到弗兰克始终尊敬的母亲多莉教训了他。

> 一段时间以来，他一直努力试图将闪耀的名望，所有好莱坞膜拜他的女人们——从小演员到大明星——以及意大利裔美国人的家庭生活，全部和谐地融合到一起。

他成为一个红得发紫的电影明星，还是美国最著名的流行歌星，并且收入高达千百万，他的妻子南希始终像他们婚姻刚开始时那样节俭地生活，到现在也不敢相信他们有那么多钱。弗兰克一再打算要与妻子离婚。大南希和多莉甚至是他的媒体经纪人乔治·伊万斯也一再阻止他。后者阻止他的原因是因为，他担心弗兰克的离婚可能会导致他的女性粉丝的反弹。弗兰克在婚姻期间究竟有多渴望改变，从一件事上就能看出来，虽然他那时候不能逃离与他妻子的婚姻，但是可以一再地逃离他们的住所，并不断地搬到更大的别墅里。

弗兰克与艾娃·加德纳（Ava Gardner）[①]的婚外情开始于1948年，正好是他称为蒂娜的女儿克里斯蒂娜出生的同一年。弗兰克与她关系更亲密一点的时候，艾娃26岁，是当时除了玛丽莲·梦露（Marilyn Monroe）之外“活着的最性感的女人”，她拥有完美的、让人窒息的美丽。与玛丽莲的美相反，没有一丝孩子气的无辜。玛丽莲·梦露也早已经是弗兰克的仰慕者，直到她去世她都是弗兰克的女友乃至情人，与他联系在一起。

弗兰克追求艾娃很长时间，一开始艾娃对他完全没有兴趣。或者是因为他们之间有太多共同之处了，出身普通家庭、缺少教育与生活兴趣、爆发式的脾气、肆无忌惮、嫉妒心强以及吸烟、饮酒、诅咒、通宵玩乐的习惯。他们之间的本质区别是，艾娃尽管表面上很自信，但实际上她始终处于自我怀疑的状态。而弗兰克坚信自己是活着的最好的歌唱

①艾娃·加德纳，1922—1990年，美国女演员，被誉为“世界上最美丽的动物”，与弗兰克·辛那特拉有过六年的短暂婚姻。

家。如弗兰克的男仆乔治·雅克布（George Jacobs）的自传《S先生》（Mr. S.）中所说，在这段关系中艾娃从一开始就是强势的一方。

这场伟大的恋爱，给辛那特拉带来了巨大的后果。

恰好在这段期间他非常不幸地离开了他的媒体经纪人乔治·伊万斯。可以肯定的是，伊万斯持续了十年的完美服务并没有得到弗兰克的珍惜——比如说伊万斯在过去这些年里成功地向公众隐瞒了弗兰克的爱情生活，同时还要负责安慰夫人南希，防止她向媒体公布真相。弗兰克完全了解，媒体究竟有怎样的权利。没有媒体他永远也不会成为今天这样的明星。然而他在面对媒体的时候，从未真的全然自由，他根本无法忍受媒体的批评，更不用说那些充满了诋毁之意的谎言了。几乎整整十年的时间，乔治·伊万斯都负责一方面应对弗兰克的敏感脆弱，一方面对付媒体的攻击。而他显然也完成了杰出的公关工作，使弗兰克完全没有后顾之忧。在辛那特拉达到事业的顶峰之后，他突然觉得自己没有那个最重要的参谋也可以——就像他过去离开哈利·詹姆斯和汤姆·多尔西也一样成功了。事实证明，这是一个后果极其严重的错误想法。更糟糕的是，他认为他可以不理会媒体，甚至攻击媒体，亲自上阵骂记者，这样的事经常发生，他口头上攻击记者或者揍他们。在伊万斯被他一脚踢开之后，与之前不同的是，这样的新闻突然间就登上报纸了。

更与之前不同的是，媒体现在也开始监控并评价他与艾娃与之前不同的是，加德纳的婚外情了。

尤其是在弗兰克不再受经纪人伊万斯的阻拦之后，更加肆无忌惮地与艾娃出入公共场合。

后果很快显露出来，米高梅电影公司对他们发出警告，因为无论是他还是艾娃都是公司的签约艺人。两个靠对观众的吸引力赢取票房的明星，正在用他们的地位冒险。弗兰克是三个孩子的父亲却与人通奸，艾娃是他的情妇，毫不顾忌地破坏他的婚姻。那是一个公众道德极为严苛的时代，而这些道德很多都是由已婚家庭妇女制定的，因此他们的情况在当时十分尴尬。更巧的是，很多妇女还是弗兰克的粉丝——她们在此期间也都从小姑娘长大成人——虽然她们很久没有尖叫着大喊“弗兰克”！但仍然还在买他的唱片。艾娃也需要这批女性，因为她不仅仅靠男人获得承认，而是靠广大公众的支持。

> 弗兰克没有能力掌控与媒体的沟通。他不知道媒体会怎样敏感地操控这件事情。

反正他只关注自己和艾娃。他爱她，从没有哪一个女人让他这样爱过，以后也没有哪一次再这样爱过，他决定跟她结婚。但是他的妻子南希拒绝离婚，按照当时的法规离婚必须双方同意才可能。她想像对付丈夫之前的外遇一样，拖延时间，但是这次失败了。

1949年弗兰克离开了他的家庭。当时他33岁，大南希31岁，小南希9岁，小弗兰克5岁，蒂娜1岁。女儿南希后来说：“在我的记忆里，他当时没有跟我说，这次他不会再回来了。妈妈也什么都没说。她给我们一种希望，他就像以往一样，去参加巡回演唱会。但是这次不一样了。这是一次漫长的告别，我们排练了那么多次，但是至今我都仍然不能接受。”在一段时间之后，她猜到父亲可能不会回来了，然后开始对自己提问：

为什么他不回家了？是因为我做了什么吗？他不再爱我们了吗？这很奇怪，但是我没有把任何一个问题说出口。

她当然还是得到了答案。她被彻底击溃了。尽管母亲自己已经深受伤害，但是她仍然努力不为孩子们与父亲的关系增加不必要的负担。她的功劳就是，虽然孩子们因为见不到父亲而难过，但是她仍努力让他们与父亲保持一种从容的无拘无束的关系。从弗兰克那边来说，他仍然频繁地给孩子们和前妻南希打电话。他们需要他，但是他的生活里已经无处安置他们了。

小南希10岁那年见到了艾娃。爸爸弗兰克开车接她过去，并想要给她展示一下自己的新房子。她在那见到了父亲的女友，她坐在梳妆台边梳头发。“我那时还是一个孩子”，南希这样描述她们的见面。

我那时对美没有任何概念。但是我知道：她是我见过的最美的存在。我无法停止凝视她的目光。

艾娃送了她第一支口红。南希很高兴，她越来越放松。然而南希也在他们身边感觉到了一种悲伤，那种为了“一切都如此转瞬即逝”而产生的悲伤感。南希说："有一段时间我一点也不想再见到我爸爸，因为我太憎恨那种不得不再次离开他的感觉了。"

这也是弗兰克所有的关系中最糟糕的时期。他对孩子们感到愧疚，与妻子南希商讨离婚事宜，与艾娃争吵，因为她认为弗兰克是在拖延离婚。媒体疯狂报道他的丑闻，此外他的唱片销量以及他在米高梅的声誉都在下滑。电影公司取消了与他的合约。他跌入了事业的低谷。

1951年，他终于离婚并与艾娃结婚了。与她的新婚丈夫不同的是，艾娃被大量电影片约缠得脱不开身，弗兰克则不得不在夜店表演。大部分的夜店都处于意大利黑帮的控制之下，其中很多人在拉斯维加斯都有产业。弗兰克与他们很熟悉，甚至和其中的一些人是朋友，并很感激他们在他最低谷的时候给他工作的机会。因此再三产生类似的谣言，说他与意大利黑手党社团有勾结。唯一可以确定的是，他有拉斯维加斯的"砂砾"俱乐部的股份，而客人中有被算作黑社会的人，由此产生的与黑社会的关系，对当时弗兰克的形象来说不算是一个正面新闻。

1953年，哥伦比亚电影公司开始准备筹拍电影《乱世忠魂》（*Verdammt in alle Ewigkeit*）。弗兰克想要申请扮演一个意大利裔美国士兵安格鲁·马吉奥（Angelo Maggio）的角色，但是制片方犹豫了很久是否要同意。弗兰克现在星途黯淡，这在整个好莱坞也已经流传开来。他不得不正式地请求得到这个角色，甚至表示愿意接受零片酬出演。他从未像这样低三下四过，最终他还是成功地得到他想要的了，他得到了那个角色。一年之后，他扮演的士兵马吉奥被奥斯卡评选为最佳男配角。颁奖礼上他带着精心打扮过的女儿南希与儿子弗兰克一起出席。

最大的危机已经过去了——这次弗兰克的星光前所未有地闪耀。

时代杂志以他做封面故事，甚至预言，他正在走向他的第二个职业，“而这个职业可能比第一个更加闪耀”。他很快就比之前还要出名了。他再次成为一个备受欢迎的演员，他的演唱会场场爆满，门票供不应求，他的最新专辑《和我一起飞，和我一起跳舞，只有孤独》（*Come Fly with Me*，*Come Dance with Me*，*Only the Lonely*）又一次登上流行歌曲排行榜首位。在与南希离婚之后，他一度不知道怎样才能支付他那些房子的贷款，现在他又赚到成百上千万了。此外他将自己重奏（Reprise）唱片公司的股份卖给了华纳兄弟制作公司，赚得了一大笔钱。

然而他并未因此幸福生活，尽管他与艾娃真心相爱，并为了他们的婚姻努力经营，但是他们还是在结婚六年后离婚了。小南希认为：“他们不能在一起生活，可能是因为他们无法忍受彼此分开吧。”弗兰克身边的明星走马灯一样地转换，他和他的那些被称为“流氓无赖”的朋友们如迪恩·马丁（Dean Martin）、小萨米·戴维斯（Sammy Davies）、彼得·劳福（Peter Lawford）等人一起结伴游荡于一间又一间酒吧和夜店，以此填补艾娃离去留给他的空洞。他与他的前妻南希在此期间始终保持友好的关系，他经常去她那里看望孩子们。

1956年他因为在电影《金臂人》（*Der Mann mit dem goldenen Arm*）中的角色再次获得奥斯卡提名，1953年和1957年两次获得金球奖。1957年他还与格蕾丝·凯丽（Grace Kelly），以及他之前的偶像平·克劳斯贝共同出演了《上流社会》（*High Society*），这部电影也大获成功。

尽管他在很多方面都多才多艺，但是他永远都有一个最爱：他最喜欢待在他的唱片工作室。

录制新歌，之后登台表演。弗兰克是一个杰出的电影演员，一生参演了61部电影以及无数的电视节目，尽管他在其中贡献了极其精准的表演，但是他从来不会太过在意，自己是否要听导演的安排，又或者究竟听导演安排到什么程度。比如他认为，一再重复拍摄同一个镜头，只会降低演员表演的质量，因此他拒绝同一个镜头拍摄第二遍——这通常让他的导演和同事非常绝望。他的朋友亨弗莱·鲍嘉（Humphrey Bogart）盛赞弗兰克的表演天分，但是他很遗憾弗兰克并不专注于此："他本可以成为最伟大的一个。"

然而他却集中精力要让自己成为他的时代最伟大的艺人，并且时间越长越好。他确实做到了，这都是因为他为了追求目标所付出的非凡的意志力以及他在唱歌的时候，全身心专注。于此他曾经解释说："我认为，我成功地让观众通过我的歌曲与我进行私人的交流，因为我自己已经彻底地投入其中了。如果歌曲是在歌唱逝去的爱情，那我的内心就会非常痛苦。我自己感觉到了那种失去，然后表达出了我的孤独与痛苦。"

他不仅是一个天才的歌手，还是一个天才的表演者，并且非常有幸地拥有像阿克塞尔·斯托达尔（Axel Stordahl），吉米·凡·赫森（Jimmy Van Heusen）和萨米·肯（Sammy Cahn）这样水平相当的优秀编曲与作曲家，他们在他的成功中都占有举足轻重的作用。今天人们估计他一共销售了大概有八亿张唱片和CD，在他之前没有人做到过，在他之后只有埃尔维斯·普雷斯利（Elvis Presley）、披头士（die beatles）和迈克尔·杰克逊（Michael Jackson）达到过他的纪录。他的音乐在当时绝对属于创新之作，今天人们有时候会将它们划分到浪漫—伤感派，直到今天，人们仍然在演奏他的音乐，并且他的唱片至今销量仍然很好。他以改编自爵士乐队的曲子为基础，融合了爵士乐与爵士即兴演奏的元素，并首次将歌词放在了与配乐同等重要的位置上，歌词都以抒情—浪漫叙事诗的形式创作。因此他生前获得了18次美国最重要的音乐奖项格莱美奖，在他去世之后还获得了6次。

在他声望达到顶峰的时候，他的一个朋友，电影演员彼得·劳福介绍了他的连襟约翰·F. 肯尼迪（John F. Kennedy）与他结识，弗兰克非常喜欢肯尼迪，他还在辛那特拉的棕榈泉住所里留宿过一次。他给这位年轻的参议员，人尽皆知的女性猎手介绍了许多好莱坞和拉斯维加斯的电影明星，其中包括玛丽莲·梦露，她与约翰和鲍比·肯尼迪兄弟俩都有桃色纠葛。在肯尼迪参加总统大选的时候，弗兰克大力支持他。他从他的朋友们，其中包括从事夜总会和俱乐部行业的朋友那里搞来巨额政治捐赠金，无论是肯尼迪还是他的竞选团队，都没有问过这笔巨额资金的来源。他还鼓动他的影界同仁公开表示支持肯尼迪和共和党。在肯尼迪成功当选为总统后，弗兰克负责组织了一场群星闪耀的就职晚会。他还幻想着可以在总统任职期间，继续加深他们之间的友谊。然而肯尼迪随后任命他的弟弟鲍比为司法部长并主要负责打击黑手党势力，由于弗兰克与黑社会势力的纠葛，白宫方面认为总统不适合再与弗兰克保持联系。弗兰克在他棕榈泉的住所里为总统的即将来访精心准备，特意装饰了一栋新的客房，甚至还配有一间会议室和一个给小型飞机升降使用的滑行道。但是这次访问被以“安全原因”取消了，然后总统去了平·克劳斯比的家。

> 弗兰克·辛那特拉非常失望，但是他并未对总统的疏远耿耿于怀。1963年11月，肯尼迪总统遇刺身亡，他非常伤心并且连续数日沉默寡言。

总统遇刺16天后，19岁的小弗兰克与音乐人约翰·福斯（John Foss）一起在塔霍湖“哈拉斯酒店”福斯的房间共进晚餐。在小弗兰克还是个小孩子的时候，他那个任何方面都遥不可及的父亲，就始终是他模仿的对象。学习他的谈吐、声音、举止、穿着以及他的工作。虽然他无论是在才华、魅力还是独创性方面都与他的父亲完全没有可比性，但是由于他的名字，总是能得到工作机会。晚上小弗兰克打算和约翰·福斯一起去酒店的休息室，突然有人敲门，他打开房门的时候，冲进来两个穿着服务员制服的年轻人，他们将福斯绑住，并用手枪指着小弗兰克，强迫他跟他们一起离开酒店并一起上了一辆车，向洛杉矶方向驶去。

不久之后，福斯成功挣脱束缚打电话给酒店管理处。酒店方面很快报了警，并通知在棕榈泉的父亲弗兰克，他得到消息后立刻租了一架飞机飞往塔霍湖，但是一场突如其来的暴风雪将他困在路上，不得不住在一家酒店里，他在那里度过了不眠不休的17个小时，等待绑匪打电话过来并提出赎金。半夜的时候电话打进来了。弗兰克事先准备了100万美元现金备用，但是绑匪只要240 000美元的“旧钞票”。他飞回洛杉矶，在那里准备好钱，然后在前妻的家里等待绑匪的进一步指示。

他遵照指示，将赎金放在一个棕色的包里，然后放置在指定地点继续等待。

在小弗兰克被绑匪袭击54个小时之后，他在距离母亲的住所两英里处被释放并被巡查队找到。几分钟后，弗兰克和南希终于又可以把儿子抱在怀里。

比整个绑架案持续时间更长的，是媒体对被害者的栽赃性炒作，他们指责小弗兰克本人策划了绑架案并以此获得知名度。尽管这是全然的谎言，而且两个23岁的犯人很快被抓获，并被判处长时间的监禁，小弗兰克仍然一生都在与那个诽谤相抗争。这是他为了他父亲的名望付出的代价，让人恼怒地与媒体的斗争。

在父亲的阴影下，女儿小南希的生活相对轻松一点。

父女之间的亲密关系即使在1960年小南希与23岁的歌手汤米·桑兹（Tommy Sands）结婚之后也没有丝毫改变。正相反，她继续疯狂地崇拜他并非常骄傲，因为每次弗兰克录制一首新歌的时候，他都要把样本送给女儿小南希听，并询问她的看法。

小南希在结束了与汤米·桑兹5年的婚姻之后，决定像他的哥哥小弗兰克一样追随父亲的脚步。尽管顶着弗兰克的名字，她的事业仍然进展不太顺利。虽然父亲在1959年跟她一起合作了一首节奏和布鲁斯歌曲《袖扣和领带夹》（*Cuff Links and a tie clip*），并在他仍然持股的唱片公司重奏（Reprise）中制作发行，但是却只卖给了几个国家，在美国完全没有表演。这样类似的经历，在几乎六年的时间里一再重复。直到歌曲作家李·哈兹勒伍德专门为她量身打造的歌曲《这些靴子就是为了走路而生的》（*These boots are made for walking*），她才终于迎来了一次爆发。在她按照制作人的要求，终于将她的表演方式改得更有攻击性之后的成功。

你是一个已婚妇女。别再唱得像个小姑娘。

制作人这么对她说。“唱得粗野一点——想想那些货车司机！”她做到了。她还改变了自己的形象，变成金发、性感、穿着火辣的超短裙和及膝的靴子，在杂志上装腔作势地摆出封面女郎的模样。这一策略确实奏效了，歌曲《这些靴子就是为了走路而生的》在三周之内就登上了流行歌曲排行榜首位。而且不仅在美国，在许多其他国家比如德国也同样大受欢迎。随后她给在越南的美国大兵做巡回演出，接受电视节目邀请表演，以及第一次现场表演。这次现场表演是在拉斯维加斯的“国际酒店”进行的，她的节目排在芭芭拉·史翠珊（Barbra Streisand）和猫王埃尔维斯·普雷斯利（Elvis Presley）后面。父亲弗兰克安排他所有娱乐圈的朋友来女儿的首场演出现场捧场。他和南希一样为女儿小南希的首场演出兴奋不已，并继续为她的职业前景而出手相助。1967年他带女儿合唱了他的另一首歌《一些蠢事儿》（*Somethings stupid*），同样大获成功。

他本人在这段时间又一次陷入了爱情的漩涡。50岁的他爱上了米娅·法罗（Mia Farrow）。她出身于一个有名望的艺术世家，是一个演员，比弗兰克小30岁，比弗兰克的女儿小南希小5岁，当时刚刚20岁。南希和弗兰克的朋友都非常恼火，但是随后她就问自己，是否“他比我所了解的更需要我。我觉得，他可能非常害怕中年危机的到来，因此需要米娅·法罗拯救他”。

当她认识了米娅·法罗，随后对她的聪明、幽默、“沉静的强大”有所认识并且非常赞赏的时候，她改变了自己一开始的想法。她发现，米娅的温柔平和可以有效均衡弗兰克在男性朋友中间时，总会发生的打架斗殴行为，另一方面，米娅也在寻找一个可以依靠，并让自己成长起来的人。米娅是生长在摇摆的20世纪60年代的花儿权力文化[①]的追随者，比起物质价值更重视精神世界的追求。尽管如此，弗兰克还是按照他一贯的风格，慷慨大方地赠送她各种礼物。其中包括一只金色的雷鸟——“与她的金发十分匹配”——放在她的门口。1966年他们结婚了。弗兰克与穿着到大腿长度婚纱的小新娘的照片传遍全球。弗兰克的男仆乔治·雅克布在他的传记《S.先生》中提道：“没有人把这场婚姻当真。”不久之后，米娅开始拍摄罗曼·波兰斯基（Roman Polanski）导演的电影《罗斯玛丽的婴儿》（*Rosemarys Baby*），电影在一年之后上映，她因为此片获得极大赞誉并赢得意大利最重要的电影奖项“大卫奖”（Premio David di Donatello）。

然而弗兰克却不能给予米娅本人及她的事业需要的独立空间。他想要她在自己身边。当她不拍电影的时候，她也会陪着他一起，尤其是

① 权力归花儿，美国20世纪60年代末到70年代初的反文化运动，主张以和平方式反对战争，嬉皮士被称为花的孩子。

在拉斯维加斯，因为弗兰克在拉斯维加斯的“砂砾”俱乐部经常举办演唱会，门票始终供不应求。她为他感到骄傲，但是她在与他身边的朋友们相处的时候感到很不舒服，因为那些人就只会酗酒和说下流的笑话而已。

> 婚后两年他们就离婚了。弗兰克给了她一大笔补偿金，但是米娅不想要钱。

她只留下了弗兰克赠送给她的那些首饰。

弗兰克重新投入工作中，米娅则在一位印度宗教导师的帮助下休养。她事后表示：“我们非常相爱。但是年龄的差异还是产生了一些问题。我们不能理解对方的日常生活，也不能彼此了解对方生活中的其他重要领域。”

> 尽管她又温柔又年轻，但是她还是足够强大到让自己不被弗兰克影响太深，而是坚持了自己的道路。

弗兰克在这段时间再次全身心投入的领域，也包括政治在内。作为意大利移民的后代，他非常清楚处于社会中被歧视的底层的生活是怎样的，因此他终生都在与各种各样的歧视做斗争，不论是针对贫穷、弱势、犹太人，还是针对移民都一样。因此他支持马丁·路德·金（Martin Luther King）的人权运动，赞助以色列文化医疗设施。在罗伯特·肯尼迪遇刺之后，辛那特拉再次支持1968年美国总统大选中的民主党候选人休伯特·H·汉弗莱（Humbert H. Humphrey）。遗憾的是，汉弗莱以1%的差距输给了共和党人理查德·尼克松（Richard Nixon）。在尼克松参加连任大选的时候，这位一贯只支持民主党，并且之后也仍然这么做的明星，让他的民主党的朋友们非常惊讶地选择支持一位共和党人——尽管弗兰克本人坚决反对越南战争，而尼克松在任期从未采取任何部署终止这场战争。他还多次批判由尼克松总统安排的暗中侦查民主党竞选中心的丑闻——被曝光之后，人们称之为“水门事件”。不久之后，他利用他的影响力，开始表示支持共和党总统候选人罗纳德·里根（Ronald Reagan）。他是改变了自己的民主党观点还是另一个目标——当然是更加接近权力的目标——比忠于自己的政治看法更重要？从那时开始，他开始能够自由出入白宫以及美国总统的周末居所戴维营了。

他的女儿小南希也对政治很感兴趣。1966年和1967年她为越南的美国大兵举行巡回演唱会，并因为在那里的亲身经历而大受震撼。

> 士兵们的战争经历及其身体与心灵上的创伤，深深地感动了她，让她在离开之后也久久不能释怀。

直到今天，她仍然支持参加战争的美国老兵们。

1970年，她再次结婚——这次的对象是导演兼芭蕾舞蹈设计师休·兰伯特（Hugh Lambert），他们是多年的工作伙伴并且有了两个女儿，安吉拉·詹妮弗（Angela Jennifer）以及阿曼达（Amanda）。70年代中期她一度因为孩子们而暂时搁置事业。她也是在追随爸爸的脚步，因为弗兰克已经开始思考，是否要终止他事业的脚步了。

1971年夏天他举行了最后一场演唱会，收入捐献给一个电视以及电影人福利基金会。他演唱了《一切或者全都不要》（*All or nothing at all*）、《你在我的皮肤下面》（*I' ve got you under my skin*）、《那个姑娘是个妓女》（*The lady is a tramp*），以及最后那首他通常用来结束的歌曲《我的路》（*My Way*）。山呼海啸的欢呼声中，观众们热情要求安排曲目，直到弗兰克同意才安静下来。他说，他的职业生涯就是在酒吧唱歌开始的，所以现在也想要以一首酒吧的歌曲结束。他当时的作词人托马斯·汤普森（Thomas Thompson）回忆道："他当时是这样布置的，整个舞台一片黑暗，只有一个光圈笼罩着他的剪影。他点燃一支烟，淡淡的烟雾将他笼在中间，然后他轻轻地说：'如果我离开，请原谅我。'灯光熄灭又亮起，——弗兰克·辛那特拉消失了。"

一个十分伤感的离别——尽管这并不是最后一次。看起来似乎他的离别强烈激起了人们对他的爱与需要。为了对抗似乎永无止境的关于他与黑社会有勾结的流言，平息报纸上的报道，他的顾问开始努力营造他的正面形象。从那时开始，他越来越多接受慈善活动的工作邀请，并在活动中证明他一如既往的高人气。此外，他还捐助了棕榈泉的一间医学教育中心，并以他父名命名了那个学校。同时，他在全国到处奔波，领取大量的表彰与奖项，如内华达大学荣誉博士学位、以色列国家荣誉奖章，以及美国电影协会终身成就奖。

这同时也是家人之间联系格外紧密的一段时间。女儿小南希在《这些靴子就是为了走路而生的》之后，事业再次陷入停滞阶段，经常带着她的两个女儿和丈夫去他在棕榈泉的家探望他。儿子小弗兰克和女儿蒂娜、他的前妻南希，以及永远果敢坚毅的母亲多莉也总去他那里。

孩子们已经开始期待父母可能会复婚了。

还有很多朋友也经常去拜访他，因为所有人都知道，他是一个多么慷慨大方的主人。

尽管如此他还是孤独的。不断更换的伴侣，永远不能取代他一直不知疲倦地追求的爱情，他甚至曾经在艾娃身上得到过一次真爱。他在与艾娃离婚之后，多次试图与她复合，但是她明显更愿意与他保持朋友关系。她偶尔也会出入他在棕榈泉的家。

在离开娱乐圈三年之后，他不再提起要彻底放弃工作的事情了。弗兰克再次开始工作。他还会接拍少量的电影，主要的工作当然还在灌制唱片。虽然在50年的工作之后，他的声音不再像过去那样有力了，但是在经过相关安排与现代技术支持下，他仍然可以成功灌制唱片，制作专辑并在夜店和演唱会登台表演。与此同时，他并不珍惜他那一生都被人们称为“那个声音”的嗓子，他肆无忌惮地饮酒、吸烟。

20世纪70年代初，他不得不接受一个持续三年的官方调查，关于他与有组织犯罪的关系，并对此进行辩解。

调查结果证明，他与许多黑社会头目以及幕后操纵者相识数十年，并与其中一些是很好的朋友，甚至在金钱方面给予对方帮助，不过他并未被卷入犯罪事件中。媒体即使在多年之后也不愿放过这一充满刺激性与吸引力的话题。1976年1月，弗兰克的母亲多莉在去看他的表演的路上死于一场飞机失事事故。同年10月10日，弗兰克与芭芭拉·马克思（Barbara Marx）结婚。这位50岁的加利福尼亚美人儿的第二任丈夫是著名搞笑组合“马克斯兄弟”中最小的那个泽伯·马克斯（Zeppo Marx），当时夫妻二人住在弗兰克家的隔壁。芭芭拉曾经是一个舞女和模特，与泽伯结婚十三年之后离婚。她既不像独立的艾娃，也不像固执又太过年轻的米娅，并不追求个人事业的发展。

弗兰克继续推动他的慈善事业，并利用他的知名度从他的演唱会以及其他发起者那里募集到巨额资金。为了感谢弗兰克在大选中为他提供的支持，罗纳德·里根像之前的约翰·F. 肯尼迪一样，委托弗兰克负责筹办他的总统就职晚会。让他失望的是，他还是没有出现在被郑重邀请的100名总统就职典礼官方宾客的名单上。不过作为补偿，里根在四年之后授予他一个美国公民至高荣誉：美国自由奖章。

> 弗兰克70岁了，比起过去身上空荡荡穿着西装的样子，现在的他圆润了许多，头发稀疏，眼神虽然变差了，但是眼睛仍然像过去一样蓝。

他不再需要钱，早在多年前他就已经非常富有了。他还是不能放弃他的歌迷，他不辞劳苦地继续举办巡回演唱会，其中包括澳大利亚、巴西、日本以及欧洲。1984年与伯特·雷诺兹（Burt Reynolds）、迪恩·马丁、小萨米·戴维斯以及雪莉·麦克雷恩（Shirley MacLaine）一起参演了他人生中最后一部电影《炮弹飞车II》（*Cannonball Run II*）。

他的唱片还在热卖，他的演唱会场场爆满。可能他的舞台表演质量不如从前，但是他的声望却日益高涨。自70年代开始，他就越来越频繁地为了慈善而登台演出。他用这种方式大概筹集了总价值超过10亿美元的善款。1996年为了取悦妻子芭芭拉，他卖掉了在棕榈泉的别墅并搬到了洛杉矶的比弗利山上。他过去曾在那里给他的好友小萨米·戴维斯购买过一个房子，使他成为那个一贯只有白人居民的高档社区的第一个黑人住户。弗兰克在洛杉矶无比怀念过去40年里，棕榈泉那种肆无忌惮的生活氛围。

1995年12月，弗兰克80岁时，他最后一次在公共场合演唱。两年半后，1998年5月14日，82岁的弗兰克在西德斯-西奈医疗中心因为第二次心肌梗死去世。人们失去了20世纪最伟大的艺人，一个影响音乐舞台超过50年的终生传奇。为了致敬弗兰克的《哦蓝眼睛》（*Ol' Blue Eyes*），也为了纪念粉丝们挚爱他那双与同名歌曲一样迷人的蓝眼睛，拉斯维加斯关灯三分钟，纽约帝国大厦三天之内日夜闪耀着蓝色的灯光。小南希说道："我们为他最后的旅程准备了一小瓶杰克丹尼威士忌，一包骆驼香烟，还有一些他最爱的糖果。更重要的是，有一支总统护卫队和美国国旗陪伴他——'他们肩负着整个感恩的国家的委托'。我知道，这对父亲来说，比任何其他的都更让他高兴。"

小南希的个人事业在她那首世界闻名的《这些靴子就是为了走路而生的》之后，在美国市场不再继续火爆发展了。尽管如此，《法兰克福汇报》（*Frankfurter Allgemeine Zeitung*）仍然在2010年6月她70岁生日那天，将她称作"应该被认真看待的女歌手"。《法兰克福汇报》声称，人们直到几十年后才认识到这一点。

当然，她永远也无法达到弗兰克·辛那特拉的事业的高度，但是直至今天也没人能做到那一点。这也从来都不是她真正追求的目标。

无论如何，她都是成功的，她有一共22首歌登上了流行歌曲排行榜，除了她的那首《这些靴子就是为了走路而生的》之外，还有两首歌的销量超过了百万张，一个是与父亲合作的另一首歌《一些蠢事》，另一个是《甜蜜小镇》（*Suger Town*）。她举办演唱会并参加了三个音乐剧，几十个电视角色以及一共八部电影的拍摄。无论是在六七十年代她取得巨大成功的时候，还是在那之后逐渐不再红火的时候，她始终没有失去她的生活态度。1985年，她守寡之后过着不上头条的生活，没有丑闻。如果人们不算她54岁的时候为《花花公子》杂志拍摄的裸照的话，起码这事儿对她母亲来说不能接受。也没有在音乐圈子里常有的吸毒的新闻。她的两部传记《我的父亲弗兰克·辛那特拉》（*Frank Sinatra. My Father*）和《弗兰克·辛那特拉1975—1998，一个美国传奇》（*Frank Sinatra* 1915—1998. *An American Legend*）都展示了这样的一个父亲：总是不在家、性格变化无常、情绪不稳定，并且从未把家庭利益置身个人利益至上。如果他真的仅仅这样，那么他就不会成为他后来成为的那个人了。

小南希也从未像其他类似情况会有的那样，认为自己的童年是一个受害者的形象。

这可能是因为她有一个始终稳定的母亲，以及她本人也才华横溢。

她看待父亲的方式非常成熟。因此，她不仅描述了父亲的缺点，也同样描述了父亲的温暖、温柔以及——忽略不断变动的婚姻问题的话，他永远对家庭的认同意识，他的根，永远根植于他的意大利后代身上，以及他的脆弱忧郁，不断地追寻爱情，这种追寻不仅反映在他的歌曲中，也让他不能成为一个成熟的父亲，比如像他的女儿一样成熟。

国宝级演员杰拉尔
与儿子吉约姆·德帕迪约

“我在梦里已经杀过他上千次了”

杰拉尔·德帕迪约，1948年出生于法国中部贝里区的一个小城市夏托努。而这已经是这位法国电影巨星生活中最适度的全部内容了。他的父亲是一个金属加工工人，全家一起住在安德尔河畔的一个两居室里，距离城里的屠宰场很近。他家境贫寒，往往不到月底钱就花光了。杰拉尔每次被命令去买肉的时候，不得不请求肉贩记账。肉贩在招呼其他客人的时候看到杰拉尔路过，都要招呼他，告诉他，他的父亲可要赶紧过来付账。而母亲，在杰拉尔的记忆中，“永远在怀孕”。她一共生了七个孩子，其中一个夭折了。面对狭窄的居住空间，大量的孩子和永远不够的生活费，使他的母亲总是手忙脚乱、疲惫不堪、经常发火。父亲是个老好人，但是总不在家。他每天从早到晚工作，还要做一些额外的临时工作补贴生活。他的父亲曾经梦想做一个艺术家，但是既缺乏动力，也可能还缺乏能够实现梦想的天分。杰拉尔的父亲既不会读，也不会写，他唯一会写的只有自己的名字，还是很吃力地学会的，因为很多官方文件需要签名。

他的父母是因为爱而结婚的，并且始终相爱。尽管如此，他们仍然很少交谈，也很少与孩子们交谈。不谈政治，甚至也不谈论日常生活。他们几乎不说话：“我们是那种，家里的人有时候会对自己大喊大叫的家庭”，杰拉尔·德帕迪约后来在自己的自传《我爱生活，生活爱我》（*Ich*

父亲杰拉尔和儿子吉约姆·德帕迪约少见地和谐相处。与父亲之间充满痛苦折磨的相处方式，让儿子吉约姆永远也无法释怀。于是，他开始满足于用酒精来麻痹自己面对无望的前途时候的痛苦。

liebe das Leben，das Leben liebt mich）中这样描述他的失语的家庭的。

我能想起来家里那种压抑的、无止境的沉默，在这样的沉默中人们甚至开始观察一只苍蝇是怎样绕着灯罩飞来飞去的。整个晚上所有的人一动不动地坐在椅子上，一言不发。

在这种情况下，杰拉尔的结巴，一开始连一句话都说不完的语言障碍，显得更不起眼了。他爸爸也结巴，反正也没有人有钱治疗这个。

当然也没有钱去旅行。有时候杰拉尔可以去看望外祖母，她在巴黎奥利机场做厕所清洁女工。年轻的杰拉尔在这里见识了夏托努小镇之外的令人兴奋的世界。他在起飞与降落通告板上看到的那些大城市的名字，激起了他想象的翅膀。祖母的生活也引起了他的思考，她常年与杰拉尔的祖父有外遇关系。他的母亲对此知情，杰拉尔也不知道什么时候知道此事。但是也没人谈论它。

在夏托努没有任何事情发生。在法国中部广阔地域中间的生活，远离世界上的大事件，永远单调无聊。当美军根据NATO（北大西洋公约组织）的决定，于1951年在夏托努建立一个军事基地的时候，一切都改变了。居民数量一下子从20 000上涨到了30 000。房子接二连三地盖起来，商店、脱衣舞夜总会以及妓院纷纷开业，爆米花、牛仔裤以及超短裙也都随之而来。黑市贸易日渐兴旺，杰拉尔从小就熟悉这些交易。

尽管不情愿，他还是去当地学校上学了。

> 他憎恨任何形式的纪律与强迫他适应的要求，并始终坚定地拒绝教师与学校。

他要做什么，由他自己决定。他的父母不关心这个。他们给予他，按照他自己所说的“最大的自由”，在他8岁那年第一次尝试不回家的时候，他们也不会责怪他，于是他继续这么做。是生活本身培养了他。

7岁的时候，他帮助母亲分娩生下了他的妹妹凯瑟琳（Catherine），8岁的时候帮忙接生了弟弟艾瑞克（Eric），因为没有钱去医院，父亲两次都烂醉如泥。其他的知识与经验的教育，都是在马路上得来的。他很早就学会怎样保护自己，怎样打人。14岁的时候，他已经有1.82米的身高，60公斤的体重，他非常强壮，有些暴躁，精力旺盛，这也导致他后期的爆发。

12岁的时候他开始“溜进”美军基地，并从美国人那里买牛仔衣服和T恤衫，然后在黑市上用两三倍的价格卖出去。他卖一切弄到手的东西，包括偷来的汽油桶、威士忌、香烟，一个星期赚到的钱比他父亲一个月赚的还多。赚来的钱大部分立刻就花掉了，包括花在他经常去的妓女身上，他早就习惯这些生意，甚至还会给她们介绍嫖客。此外，他也会一夜之间把钱都用在喝酒上面。他一再被卷入斗殴事件，甚至被带到警局。有一次警察直接到课堂上将他带走，还有一次，他因为抢劫和偷盗汽车被判处三周监禁，只是因为他年龄不够而得以不必坐满刑期，但是作为交换条件，他必须在很长一段时间内经常写信告诉法官他在做什么、他在何处。简而言之：

> 他会成为一个小贼，然后逐渐脱离正常社会，最终进入犯罪世界。

他从未对父母隐瞒过自己的前途，但是他们一如既往地沉默，什么都没做。父亲逐渐变成一个酒精成瘾者——就像之后他的儿子和他的孙子一样。母亲很少关注杰拉尔。面对放肆好斗并且早就已经脱离父母控制的儿子，他的父母完全不知道究竟怎样与他打交道。他们放任他，连同他身边那些总是在更换的伙计们。他的生活在街上，混乱、暴力、无牵无挂，孤独决定了他的生活。

初中毕业之后，他在一个印刷厂找到了学徒的差事，并加入一个拳击俱乐部。他在拳击俱乐部的经历，对他后来饰演一个拳击手的角色非常有帮助。所有其他人年轻时候的经历他早就都丢在一边了："我从小就已经是一个成年人了。"他后来这样描述自己——这也是一种暴力行为。那种艰难的多样的人生发展轨迹，他从未有机会开始过。在这三十年间，他曾经试图在精神疗法的帮助下做出补偿。还有很多对他比较了解的人认为，他在某些人际交往时表现得更像是一个孩子或者未成年人。

1963年他认识了年长他三岁的米歇尔·皮罗杰（Michel Pilogé），他出身于沙托鲁一个条件优越的市民家庭，父亲是医生，现在在巴黎学戏剧。对杰拉尔来说，在家乡的生活让他越来越难以忍受。他是全城闻名的小流氓，任何发生在当地的犯罪行为他都要被怀疑、被盘问，有时候甚至会被逮捕。他想要离开了。但是去哪呢？米歇尔给他一个良机，他是一个有志气、有目标的人，想要成为演员。巴黎，对杰拉尔来说也可能是一个发展的好地方。在夏托努当一辈子印刷工人的生活突然间让他恐惧不已，而他本人也不愿意就此决定当一辈子罪犯。他中断了学徒工作，1965年与米歇尔一起前往首都巴黎。他当年16岁，金色长发及肩，上臂满是文身。他逃票上了火车，平时他也习惯了不花钱到处走。一开始他住在米歇尔和他的两个兄弟的房子里，后来米歇尔的大哥资助了他。

米歇尔在查尔斯·杜林（Charles Dullin）的戏剧学院读书，他鼓励杰拉尔和他一起。一个新世界向他打开了大门，杰拉尔被戏剧吸引了。他经常去听课的课堂上的老师以为他也是在学校登记过的学生，而杰拉尔小心谨慎地隐藏自己旁听生的身份。有一天，他被要求凭记忆学习拉·封丹（Lafontaine）的寓言故事并表演出来，他不得不承认，自己没学过。表演老师就要求他来一段即兴表演。他这样做了：

> 他没有诵咏拉·封丹的故事，而是爆发了一阵大笑，那么出乎意料又歇斯底里，那么长时间又那么有传染性，最后老师和同学们都开始笑了。

他的即兴表演得到了肯定。

很快他就意识到，他与他的同学们完全不同，他之前从未接受过戏剧相关教育，人们做这一行需要读的书他都没读过，需要学习的内容，他也都没有学习过。他不可能一直隐瞒到底，而且他的语言缺陷让他根本没有机会走上舞台。连续几个月他都在自我怀疑，不知道自己究竟是否真的有才能成为一个戏剧演员。他甚至不能理解那些他需要学习表述的文章和其中的关联。他非常沮丧地离开了戏剧学院。

接下来的一年，他靠朋友的资助与自己打零工维持生活，直到后来在朋友米歇尔·皮罗杰和另外两个朋友的鼓励下，报名著名导演让-罗兰·高谢（Jean-Laurent Cochet），曾经的法国喜剧学院成员所在的戏剧学院。记者帕特里克·里格莱特（Patrick Rigoulet）引用戏剧老师在他的自传《杰拉尔·德帕迪约——一个怪物的人生道路》（*Gérard Depardieu.*

Itinéraire d' un ogre）中的话："我们刚开始在一个大练习厅里上课，就看到一小群人走进来，

> 一共四个人，其中一个高个子有一头长发，像是森林之神。他们看起来像是从瑟吉欧·莱昂（Sergio Leone）的西部电影里走出来的。

有那么一刻，我以为他们走错地方了，应该是要去酒馆的。但是不是，他们想要在我这报名登记。杰拉尔才17岁，但是他看起来像是35岁。他有一个舞者的腰、摔跤手的肩膀以及一副不可思议的面孔。他的衣服破破烂烂，像是嬉皮士时代后期的风格，而且还穿了一双及膝的长靴。"

在入学考试上，杰拉尔必须朗诵那些他一直都读不懂的文章，然后又一次让观众哄堂大笑。尽管如此，高谢还是招收了他，并且在他承认没有钱的时候免除了他的学费。

与这位当时31岁的有教养的艺术家相遇，对杰拉尔之后的人生有着至关重要的意义。杰拉尔在他的自传《我爱生活，生活爱我》（*Ich liebe das Leben, das Leben liebt mich*）中这样写到："高谢，给了我一个机会，让我追随我的本能表演，而不是按照固定模式塑造我。他花费大量时间让我慢慢听从他的话。"他引导杰拉尔学习语言与文学，因为杰拉尔的语言障碍，他还送他去一个语言专家和一个心理—精神治疗专家那里，这样的治疗是杰拉尔永远都负担不起的，现在也不用杰拉尔付钱。他上课学习身体表演与文学以及怎样理解文章的含义，他在那时仍然不能明白地说清楚。

他突然地就开始阅读、理解，“像疯了一样学习”。

他抛弃了一切的恐惧与心结，并在高谢导演的剧中第一次出演角色。他扮演的大部分角色都要求鲁莽大胆的气质，而他在表演中发展出动人的细腻风格。

更多的演出机会逐渐出现。在车站咖啡馆（café de la gare）剧院，他代替一个演员与伯纳德·布里叶（Bernard Blier）同台演出。之后他又在电影和电视剧中参演了一系列无足轻重的小角色，其中有一次他甚至还与让·迦本（Jean Gabin）对戏，扮演他的一个挑战者。1973年布里耶的儿子贝特朗（Bertrand）邀请杰拉尔在他执导的电影《圆舞曲女郎》（*Die Ausgebuffften*）中饰演主角。这部电影在法国就像《逍遥骑士》（*Easy Rider*）在美国一样赢得大批忠实粉丝，也是当时25岁的杰拉尔演艺生涯的一大突破。

这时杰拉尔已经结婚三年了。妻子伊丽莎白·基涅罗奥（Elisabeth Guignot）与他在高谢教授的演艺学校相识。她与他是完全的对立面——娇嫩、迷人、有教养、聪明并出身于一个有教养的大家族。她与他相识的时候25岁。他19岁——当时他除了学习戏剧表演课程之外，还在学习心理学。他们从对方身上感受到了强烈的吸引力，共同的工作以及充满希望的未来，让他们走到了一起。

就像高谢教授在职业方面给予他极大的影响一样，伊丽莎白在个人方面对他产生了同样的影响。虽然他很早就有过性经验，但是从未感觉被爱过，他本人也从未与女性有过任何感情上的关系。因为伊丽莎白，他第一次体会到被爱的感觉——也第一次爱上别人。她让他获得了全新的自我意识，又让他的生活在建立了基本架构的同时，不被市民的狭隘观念束缚。当然，杰拉尔本身也没有准备全盘接受所有这一切的改变。

虽然他在伊丽莎白身上不仅见识了她优雅的举止，还体会到了巴黎有教养的生活方式，但他仍然像以前一样会去红灯区，甚至混迹于异装癖者中间，并且非常骄傲自己可以游走于不同的世界。

1971年他的长子吉约姆（Guillaume）出生，1973年女儿朱莉（Julie）出生，杰拉尔当时分别22岁和24岁，全家搬到了巴黎附近的布吉瓦尔一个宽敞的乡间别墅里，杰拉尔买下了这处住所。这是杰拉尔购置的无数房产中的第一处，随后还包括一个城堡和安茹区的一个葡萄种植园，在那里，每年的葡萄酒销量达到70 000瓶：比起那些吸引人的奢侈消费，如游艇、跑车，杰拉尔·德帕迪约更喜欢按照他小时候学习到的，人们做生意的方式投资不动产，而他在这方面确实很有天分。他如今是一个非常富有的人了。

但是他在做父亲方面就没有那么有天分了。尤其是对他的儿子吉约姆来说。

母亲伊丽莎白在怀孕期间，因为一次可能的流产而遵医嘱服用了一种药物，但是这种药物导致了吉约姆出生之后四肢骨头畸形，阴茎尿道下裂，不久之后，这种药物就不再在市面上流通了。吉约姆因此在年幼的时候就经历了多次手术并且非常艰难地熬过那些艰难时期。更重要的是，杰拉尔不知道怎样处理父子关系，他对他的《我爱生活，生活爱我》一书的传记作家劳伦特·纽曼（Laurent Neumann）承认道："那个年龄我还没有做父亲的准备，我对此完全没有任何概念。"这个角色他没有任何剧本可以参考，他也没有任何可以学习的榜样。他从父亲那里继承到的只有酒精依赖，与完全不关心孩子两项，而他本人就是这一切有意识或者无意识的恶性影响的受害者，他不能把这些反映给孩子。但是另一方面，他也没有能力完全把这些扭转成相反的好的方向对待自己的孩子，他没有学过怎样与人交际。

他的父子关系让他不安。

就像许多男人一样，他逃离了这个他不擅长的角色，转而投入工作里，只有在恰好合适的时候，他才会参与进父子关系中。当然在他职业刚开始起步的时候，肯定不是很合适。当他取得成功，站在法国电影界巅峰的时候，当然还不是合适的时候——因为那时他一部接着一部地拍电影，有时候甚至一年拍六部电影。

他的事业很快就顺风顺水地发展起来了。他与当时法国电影界的大导演合作，与他一起出演的都是类似于伊莎贝尔·于佩尔（Isabelle Huppert）、凯瑟琳·德纳福（Catherine Deneuve）、伊莎贝尔·阿佳妮（Isabelle Adjani）、让·迦本（Jean Gabin）、阿兰·德龙（Alain Delon）以及罗伯特·德尼罗（Robert de Niro）这样的大牌明星，并出演《1900》、《最后一班地铁》（*Die letzte Metro*）、《丹东》（*Danton*），以及《大鼻子情圣》（*Cyrano de Bergerac*）这样的优秀电影。在这一过程中，他的角色越来越重要，最终他只出演主角并拿到当时法国最高的片酬。他得到数不清的电影奖项，并在1942年参与一部法国—美国合拍的克里斯托弗·哥伦布（Christoph Kolumbus）的电影时积累了好莱坞拍摄的经验。但是美国《时代周刊》（*Time Magazine*）报道他曾经在年轻时参与一桩强奸案，这让他在美国陷入了媒体的批判中，尽管他激烈否认了这一指控，并指出他只是在9岁的时候做过一次强奸案件的证人，然而这一强奸的栽赃，在当时风气保守的美国已经足以致命。于是他的好莱坞职业前景彻底被毁掉了。但是这并未影响他在法国的事业。他在接受《时代周刊》采访时承认，自己像是入魔了一样地拍片，到今天已经拍了有大概170多部电影了。

对孩子的教育问题，全部丢给妻子伊丽莎白。她给予他们很大的自由。但是，她也给他们一定的限制。与他的父亲不同，当吉约姆做了什么出格的事情的时候，他必须为自己辩护。于是他越来越狡黠，尽最大的努力在不被发现的情况下，逾越规则甚至将出格的行为尽量扩大化。他年龄越大，这一倾向越严重。

> 在他还很小的时候，他觉得父亲很爱他——尽管他总是不在家并且不擅长表达感情。

他用与小吉约姆一起笑的方式表达爱意。吉约姆在2004年由马克-奥利弗·弗杰（Marc-Olivier Fogiel）执笔的传记《在我父亲的阴影下》（*Im Schatten meines Vaters*）中说道："他试着逗我笑，而且总是能成功。因此我原谅他所有的一切，因为和他在一起太有趣了，因为我这么喜欢听到他的笑声。他笑得浑身颤抖，我也是。"他同时也感觉到他父亲完全不擅长教养孩子："我父亲喜欢孩子，只要他们还很小，大概7岁到8岁左右的那种。只要孩子们长大一点儿，他们就会让他精神紧张。然后我就总听到他说：'哈！这个讨人厌的年纪！这个讨人厌的年纪！'而在我身上这件事发生的还要格外早一些，因为我是一个早熟的孩子。"

继承了父母双方不同性格特征的吉约姆，不是一个简单的孩子："我的性格比较执拗。我从母亲那里得知，从小我每天的睡眠不超过4个小时，早上4点钟就起床，自己给自己弄早饭，然后不停地在地板上踩来踩去，我不知道怎样发泄我那些过剩的精力。"

此外他还很孤独。并且无止境地感到无聊。

他的妹妹朱莉选择了逃避，她最喜欢把自己锁在房间里，目的是让自己远离危险，因为她好动的精力旺盛的哥哥，总是要给她带来一些危险。他的母亲当时已经开始创作歌曲，她总是在钢琴边工作或者就是在旅行中，而家里的那个保姆又不得他的欢心。所以他就经常与他唯一的朋友"在放学后在树林中漫步"。

在学校与人相处的过程中，他第一次意识到"与其他人不一样"。与其他同学不同，他看起来没有一个独立的属于自己的身份。在学生们的眼中他首先是杰拉尔·德帕迪约的儿子，于是他很有名。此外他还很有钱。对他的这些评价让他非常恼火，由于无力改变这一切，他就将怒火对准了父亲。杰拉尔对此表示理解，并建议他可以试试改掉他的名字。但是吉约姆不想这么做，因为同时他还非常为自己的父亲而骄傲。尽管如此，在他的传记中他还是坚持责怪父亲："后来我明白过来，那些指责（我的同学们的）并不是针对我本人的，而是针对一种杜撰的内容，反映的是他们自己对生活环境的幻想。我希望能从父亲那里听到一些宽慰的话，比如类似于：'别在乎这个，吉约姆！你说的没错！他们都是蠢货！'但是这样的话我从未从他那里听到过，从来没有。只从母亲那里听到过。但是一个母亲对儿子来说并没有父亲那样相同的地位。"

父亲的地位越来越高大，尤其是在他越来越不可接近的时候，对儿子来说就更加重要了。

此外他还很冷静，尤其是在最让他无聊的学校里的时候。他非常聪明，没什么能难倒他，为了让他的学校生活丰富多彩一些，他在面对老师的时候态度非常傲慢放肆，与此同时，他又与他的同学们保持距离。他是一个我行我素的怪癖的人。自愿或者不自愿地一共换了9次学校。

在寻找自我的过程中，除了挑衅老师之外，他当然也会挑衅父母，尤其是父亲。于是总也免不了会挨揍。

与杰拉尔一样，吉约姆在年轻时期也总是在夜晚离开家。但是与他祖父母家那种没人在乎的情况不同，他母亲总是很在意孩子是不是在家，不过吉约姆总是可以成功蒙骗过关。在所有人都入睡之后，吉约姆一般就会在不惊动房里的人的情况下悄悄溜出去，努力赶上前往巴黎的最后一班火车。然后他就整夜在那座城市里漫游，再乘坐早班火车回布吉瓦尔，但不是回到家里，而是直接去学校。他用这种方式一周度过三次不眠之夜，而没有任何人发现。同样没有发现的，是他为了自己的漫游之旅始终偷父母的钱，那时他14岁。

这个阶段他开始接触软性毒品，吸大麻烟，之后开始尝试效果更强的毒品。

杰拉尔禁止他吸毒，但是吉约姆总是能在房间里再搜出来一些。由此导致了吉约姆与父亲之间激烈的争吵。当时因为一再处于抑郁状态，吉约姆不仅吸毒并且还酗酒。在吉约姆清醒的时候，他就去参加心理治疗。

16岁的吉约姆第一次被告上法庭。因为偷窃被判处6周监禁。与他父亲23年前那次因为年龄不足最终被判缓刑不同，他不得不在监狱里坐满刑期。但是这并没有阻止他继续做出格的事情。按照规定，他在释放之后必须要参加行为治疗，显然这一治疗完全没有效果。这个时候，他终于退学并从布吉瓦尔搬到了巴黎。他的母亲给他一所小房子以及2 000法郎的生活费。至少他还有一个目标，他要成为一个音乐家。虽然他一直对母亲取得成功的歌曲领域感兴趣，但是他现在还是转而研究古典音乐。他非常有天分，擅长多种乐器，并始终在上课进修，想要进一步提高自己的钢琴水平。从早到晚他都像疯魔了一般地练习，徜徉在音乐的世界里。

他的生活费足以支付正常生活的全部开销了。但是他的生活并不正常，大部分钱都花在了赛马、可卡因和海洛因上，这些消费除了他自己，还包括一个他收留在家里的同样有毒瘾的朋友。为了赚钱，他在一个乐队组合里做兼职，那个组合当时正好缺一个打击乐演奏者，一个歌手或者一个钢琴师。在不同的小舞台上当歌手或者在马路上为游客表演。当这些钱还是不够的时候，“这个就够我们三天的海洛因钱”！他就去卖身换钱。他与女人甚至男人一起睡觉。这些对他来说都无所谓，他后来还说把人记下来，他自己挑选客人，那些客人让他很有好感，他们出手大方，并保证了他的“独立性”，或者随便他以为的什么。自18岁起，他就一直依赖海洛因了。

整整六年的时间他游走于“白天与黑夜之间的灰色地带”。

有时候他也会主动去戒毒：“这么做就是想知道，那到底是什么感觉。”每一次都有一种可怕的幻觉出现。

20岁的时候，他与父亲一起拍了他的第一部电影，由阿兰·科尔诺（Alain Corneau）执导的《世界的每一个早晨》（*Die siebente Saite*）。主角是一个音乐家，吉约姆扮演音乐家的青年时代，他的父亲杰拉尔扮演音乐家的老年时代。吉约姆为了这部电影特意在几周内学会了维奥尔琴。父亲为此非常震撼：“他几乎什么都会！”父子的这次合作令人惊讶的是十分平和。与私人生活中不同，他们对对方在工作方面的表现表示了十足的尊重，吉约姆评价：“专业方面我们处于同一波长，不需要语言我们就可以互相理解。”他在电影中的表演让人印象深刻，使得他一开始就获得了法国电影最高奖项“凯撒奖”（César）的提名。更让父亲担忧的是，吉约姆无视他的才华与健康，继续在毒品中挥霍他的时间与金钱。

吉约姆通常在荷兰补充他的毒品存货，一次在他从荷兰返程不久，人们在他身上发现了海洛因，据警方所说，还不仅是一个人的用量。他因为涉嫌贩毒被逮捕。尽管他激烈地反驳了对他的指控，他还是被判入狱三年。由于担心长时间的入狱会更加危害到本来就意志不坚定的儿子，杰拉尔求助了当时的总统密特朗（Mitterrand）。尽管如此吉约姆还是必须接受判决，但刑期减至18个月。

父母开始期待监狱中的强制戒毒会奏效。

一切都是徒劳。几乎一被释放，吉约姆即迫不及待地恢复了过去的生活。杰拉尔·德帕迪约对他的传记作家劳伦特·纽曼说道："监狱生活一点也没有改变他。吉约姆很有经验，并认为自己是司法丑闻的受害者。他出狱之后比之前还恨我。他认为，法官之所以这样严厉的判决，只是因为他是德帕迪约的儿子。在监狱里也一样，他因为是我的儿子付出了昂贵的代价。"和他第一次狱中生活一样，他这一次又受到了欺辱与践踏。

1990年杰拉尔·德帕迪约因为他在电影《大鼻子情圣》中的表现，获得戛纳电影节"金棕榈"（Goldenen Palme）最佳男主角。这部电影是他最伟大的成就之一。两年之后，在拍摄电影《1942》刚开始的时候，他突然又有了一个女儿。大鼻子情圣希拉诺（Cyrano）[①]在情人迫切的请求下给女儿命名为罗克珊（Roxane）。孩子的母亲是一个法国-塞内加尔模特卡琳·希拉（Karine Silla），他在纽约与她结识，两人的关系在他生命中持续了很长时间。虽然之前他的妻子伊丽莎白一直原谅他在拍电影以及旅行中的外遇行为，但是这一次她彻底伤透了心，决心离开

① 大鼻子情圣希拉诺即杰拉尔，这里用杰拉尔的成名角色指代他本人。——译者注

他。他们的离婚事宜拖延了很久。与母亲不同的是，杰拉尔的孩子们已经准备好接受这个异母的小妹妹了，当然这对吉约姆来说是一个痛苦的经历，这个孩子突然之间得到了父亲全部的关爱，而吉约姆还曾经为得不到父爱而痛苦。虽然他明白他的父亲直到44岁的时候，才学会怎样关爱别人，但这对减少他的痛苦并无帮助，他对他的传记作家承认："这是一个打击。"但是他并未将自己的这种痛苦发泄在他的小妹妹身上：

> 我自己想着：这个小孩子有什么错呢？就好像生为一个德帕迪约的孩子还不够惩罚她似的。我知道，她将会遭受我曾经的一切。

他决定帮助她。

吉约姆的下一步是接拍皮埃尔·沙尔瓦多利（Pierre Salvadori）执导的一部犯罪喜剧。这开启了他与这位突尼斯法国导演漫长的合作与友谊，他一向以拍摄低成本电影出名。两年后他邀请吉约姆在他的电影《实习生》（*Die Anfänger*）中扮演主角。在拍摄过程中，吉约姆的大部分时间花在了赛马上。杰拉尔对他的状况非常担心，请求导演给他一小段时间的假期，强行让他在一家心理诊所治疗。吉约姆从那家诊所三楼窗户跳出来，摔断了腿。他腿上打着石膏结束了拍摄，尽管一切混乱不堪，吉约姆仍然获得了他人生中第一个"凯撒奖"。

> 这是他生命中的一个高峰。同时也是一个彻底的低谷。

不仅因为他生病了，更是因为与制片方签约确保所有工作人员安全，担保制片方不亏损的保险公司，将他归类为成瘾病患，拒绝承认他是合同中应该被保障的一员。之后他又多次进入不同诊疗所戒毒，但是始终没有成功。父母已经束手无策。父亲杰拉尔厌倦了他一再的经济亏空，拒绝再给他经济上的支持，也不肯再见他。杰拉尔对自己的退缩回避这样解释："我宁愿与他拉开距离，远远地等待，直到那些波涛起伏逐渐平息下来。我也承认人们现在强加于我的评价，这看起来很胆怯。这当然也有点道理。"至少事实是，无论是杰拉尔还是吉约姆两人接受的心理治疗，都没有将他们彼此的距离拉近，尽管他们两人在生活中有那么多的相似之处。可能也正是因为如此吧。

俩人与他们父亲之间相处的经历，几乎没有什么不同。因此我们毫不奇怪地发现，杰拉尔只是继续了他从父亲那里学到的东西，而没有能够将之扭转成积极的一面。俩人都在成年之后抱怨自己家庭中缺少关爱与情感表达。此外杰拉尔看起来处理得要更好一点。他那永远沉默、容忍一切事物的父母，并不会像法院一样，质疑他或者让他照顾他们。人们不能与他们争论，甚至也不能指责他们的沉默不语，他们忽视他，就像他自己也同样做的一样。尽管如此，这种压抑的过程也并未完全成功。在他父母去世的时候他竟然如释重负："他们的死讯对我来说像是礼物一样。"他在一封信中这样写到。这封信与其他信件一起在20世纪80年代末期的时候以《被偷走的信》（*Gestohlene Briefe*）为题出版了。"我们永远只能在痛苦中交流。"

杰拉尔与吉约姆之间的关系要复杂得多。

不同于杰拉尔的父亲之于杰拉尔，杰拉尔对吉约姆来说就像法院一样，只代表了公众知名度与艺术方面的意义。但是说到父子之间的交流却没什么出路。

吉约姆不仅自己经常与父亲作比较，还要忍受别人将他与父亲作比较。由于人们永远否定他的个人身份，只将他看作杰拉尔的儿子，这让他更加受伤害。这对他来说意味着，他不仅在父亲面前毫无意义，甚至对公众来讲，他本人都没有存在的意义。人们因为他的父亲而伤害他、虐待他，对他来说更是一种羞辱，也更加证明了，这个父亲非但没有给他带来任何帮助，反而持续让他面临挑战。

杰拉尔的所作所为——或者他的放弃。一方面，他总是不在，这一事实吉约姆在4岁开始就已经很失望地意识到了。另一方面，吉约姆无法判断父亲的情绪波动。他既可以那样有趣、可爱，又可以那样不耐烦、冲动、反复无常，尤其是他喝醉之后。换句话说：一个让人无法信任他的情绪的父亲。何况他的好情绪从来都不表现出来。虽然有时候他会在采访中表达爱意："我爱我的儿子"，他在面对传记作家劳伦特·纽曼的时候说。在他的《被偷走的信》中他也同样羞涩地承认，对他来说谈及妻子说他爱她，远比对妻子本人说爱她要容易得多。而在儿子吉约姆看来，这样的表白只是给公众看的。他不相信那些。

与他的妹妹不同，她面对冲突只会缩回去，吉约姆更多表现出示威和攻击的行为。对他父亲、对身边的一切、对他自己。他挑衅其他人，与他们打架斗殴，以此来挑衅父亲，威胁他要用剃须刀割伤自己的胳膊，以及其他自杀意图。当他的这些示威行为不能坚持到底的时候，他就开始用吸毒这样的自毁方式逃离这个世界。

我始终站在一根钢丝绳上保持平衡，却总是“过界”。

他在《在我父亲的阴影下》一书中对他的传记作家马克-奥利弗·弗杰解释道。“对，我是糟蹋我自己的身体。我的身体是我的工具。一个没有终点的进行时。直到最后的终结。”

1995年，最终发生了一件关键性的转折。吉约姆驾驶他的摩托车行驶在巴黎—特鲁维尔的路上，高速行驶中撞上了前方的一辆汽车，汽车后备箱的一个箱子飞出来撞到他，他和他的XT600摩托车像导弹一样飞出去摔倒沥青路面上。他的右腿挂在路边竖起来的界碑的空心砖上，全身多处骨折被送进医院。医生首先确定他是一个吸毒人员，因此无法给他麻醉。于是他在没有麻醉的情况下被紧急手术抢救，紧接着进行了16次手术。

然而这场事故对他来说有好的一面：吉约姆最终决定戒毒。这一次他终于成功了。还在医院的时候，他就开始创作歌曲，一部未来主义的剧本，并策划未来的生活。父亲去看他，吉约姆却评价为：“他身体上来了。

但是痛苦让他缄默不语，他总是缄默不语。

无论是因为自己的痛苦还是别的什么痛苦，都随便了。我反正不知道为什么。那吓坏他了。”

由于手术以及他本身不稳定的免疫系统，导致吉约姆在医院发生了更严重的细菌感染，而他不能用药物治疗。这些引发他右腿的剧烈疼痛，也让他车祸之后的人生像是一场噩梦："我的人生现在只剩下疼痛了。"他咬紧牙关，开始看那些慢慢又接到的剧本。2000年他与艾丽丝·温特拉（Élise Ventre）——戏剧学生兼记者结婚，同年他们的女儿路易斯（Louise）诞生。几年后艾丽丝带着孩子离开了他。吉约姆只能自我安慰，他还可以经常看到孩子。他决定要做一个好父亲：

> 我知道我绝对不能做的事情是什么，当她想要抓住某个人的时候，她不应该只能抓到一片虚空。

他的事业仍然蒸蒸日上。2000年到2002年他一共拍了4部电影。但是右腿的疼痛仍然在持续，"我走每一步都有一种走在锯齿中间的感觉，我没有办法继续这样活下去了。"2003年他再也看不到任何出路，他决定截肢。从那时起他开始戴假肢。

然而他不能截掉的是他受伤的灵魂。他一再与他的父亲发生争执。他的父亲也同样对他。他们甚至在公共场合互相指责对方。父亲杰拉尔很不满意吉约姆总觉得自己是他父亲的受害者，还把这些在公共场合说出去。而当他在一次采访中声称，他的不被理解的儿子最后可能会杀掉他，像那位诗人蓝波（Rimmbaud）一样，而不是仅仅做出特立独行的样子。吉约姆深受伤害并非常生气。他气呼呼地说："这是对我的艺术成就最大的质疑！"自杀的威胁看起来不再那么让他生气了。

> 父亲在电话答录机里留下了一个道歉，但是吉约姆没有打回去。

他再也没有接受父亲任何示好的意图。“人们必须戴着丝绒手套和他握手，并且总要知道他刚刚的情绪如何。而他，他在乎我的感受吗？在我的梦里”，他承认，“我已经杀过他上千次了”。

尽管有着这一切冲突，他也不否认他还是爱他的父亲：“我当然爱他。尽管这样我们也不与对方交谈。”这种坚决，他猜是继承自父亲。还包括了“简直病态的多愁善感”、“动物的一面”以及“总在过界的过程中享受乐趣和笑的乐趣”。提起怎样与他继续相处的问题，他没有给出答案：“我不会彻底关上大门，但是我必须先关心我自己。然后才是他。”首先他继续满足自己对自由的追求，以及想要试探界限的需求：“我还没有试过所有的事呢。起码没有试过所有好的。”

他必须学习，带着极大的限制自己行动自由的残疾身体继续生活去工作。起码人们看到他与让娜·莫罗（Jeanne Moreaus）一起出演了弗朗索瓦·萨根（Françoise Sagen）的戏剧《瑞典城堡》（*Ein Schloss in Schweden*）。他的表演具有一种强大的、敏感的、刺激的吸引力。

2008年6月，法院因为他醉酒驾车判处他两个月的拘留。10月12日他从罗马尼亚拍片结束，回到巴黎的时候身体健康状况恶化。晚上他被送往城西的雷蒙·普恩加莱（Raymond Poincaré）医院。几个小时之后，他就因为在拍摄中细菌感染导致的肺炎去世。享年37岁。

展望：新派父亲

直至20世纪60年代为止，父亲们都像他们想要或者可以的那样，父权的、独裁的、关心的、可爱的、尽责的、不尽责的，以及不在意任何批评的。他们养育家庭，也制定教育孩子的规则。除了贵族之外，因为贵族家庭的教育往往委托家庭教师进行，大部分情况下被转给母亲负责，或者父亲在一起吃饭的时候进行教育，这就是为什么这——不仅仅对托尔斯泰的孩子来说——是一个噩梦了。这样的行为是否对孩子的健康有益，直到上世纪中旬也没有人对此进行过探讨。

68运动首先打碎了父亲的形象，并开始质疑父亲的专制权利，反专制教育成为流行以及进步父母的标准。摆脱所有，直到现在还残存的结构与要求，越来越多专制下的孩子们开始称呼父母的名字、指责他们、拒绝他们、用手染了颜料把自己和托儿所全都画得乱七八糟。很快，惊恐的教育专家们就断言，彻底的自由已经让孩子们把父母变成他们自由主义观点的奴隶了。他们开始没有安全感，大多数心理专家开始警告大家，注意防止孩子们的专制专权，并发现不要对孩子予取予求，而是让他们更多地学会接受挫折，才是教育中最重要的元素。

这场反权威运动有些过火了。父亲的形象连同之前让人信任并稳定的社会关系一起停滞不前。法兰克福的心理专家亚历山大·米特谢利西

（Alexander Mitscherlich）指责这个“父权沦落的社会”。但是实际上不仅仅是父亲的形象，就连男人的形象也在解放运动的进程中，逐渐变得混乱不明。女权主义者只愿意承认男女之间只有“一点点区别”，并批判所有试图坚持流传至今的男性特质的男人为大男子主义者。由此引发的不确定性，连同对于究竟怎样是男性化的怎样是女性化的问题的探讨继续产生影响。这还不够，女性们抓住了至今仍然不为人知的权利。避孕药的发明使女性第一次可以享受性爱自由，而废除禁止女性违背丈夫意愿去工作的1356条款法律，则让更多女性得以追求自己的事业。男人们高兴地看到，女性自愿地承担一部分家庭责任，减轻了他们养家的负担。而女性则正相反，她们在不知什么时候确定了一件事，那就是她们突然有了两份工作：职业女性以及家庭妇女同时兼顾。

一开始的时候她们别无选择地接受这一双重身份，但是后来她们逐渐意识到，这对女性来说有些要求太过。她们开始要求家庭内部分工合作。但是没有用，父亲们既没有心理准备，也没有这个能力承担一半的家务、田间劳作，以及教养孩子等工作。直至今日——几乎40年之后——根据联邦机构调查数据显示，2001—2002年间，6岁以下儿童父母都工作的家庭中，母亲在照料孩子上花掉的时间要比父亲多两倍，更不用说加上做家务的时间之后了。造成这一结果的首要原因是，很少有父亲在结束一天紧张疲劳的工作之后，回到家里还有兴趣照顾或者教育孩子。因为当他们按照我们的功利化社会的要求结束8、9、10甚至14个小时的工作之后，几乎没有精力可以贡献给孩子们了。这对工作的母亲们来说当然也不例外。这也是为什么她们中的很多人只选择半日制工作的原因。虽然大部分这种情况往往意味着放弃自己的职业前途，但是社会学家认为，女性这样做比男性要轻松一点，因为他们享有其他方面的优先权。

是这样吗？父亲的身份对男性的意义与母亲的身份对女性的意义有所不同吗？如果有，那么是怎样的不同呢？无论究竟有怎样的意义，这些意义是否有所改变呢？

避孕的可能性使得成为父亲的基础改变了。心理学家认为，今天的男人成为父亲不再是出于传统，社会的义务或者因为意外事件，而是因为他们自己决定要一个孩子。

如果这是真的，那可太美好了，当然那些其他因素仍然会有一定的影响。一直以来总有孩子不被期待而降生。尽管如此，现在仍然有许多父亲想要让他们的父亲的身份——以及孩子们——能够各归其位，并成为好父亲。这对许多人来说，比想象的要难多了，因为大部分想要这么做的父亲，往往都有一个与自己想要成为的父亲截然相反的爹，这使他们从一开始就缺少一个可以学习的榜样。他们往往只知道，他们既不可以太专制，也不可以总不在孩子身边，也就是要参与孩子的生活。然而就是这一点，让很多父亲都非常害怕。一个父亲，参与——完全违背传统的理解——照顾孩子以及与孩子一起游戏的过程中去，可能就要倒退回孩子模式。大部分男人都会本能地抗拒这个。因为这种儿童模式与他们通常在职场上的状态完全是对立的，即与“直面现实、解决问题”的状态正相反。男性们在公司与办公室为了事业追求以及获得更高职位的过程中，掌握的那些技能在照顾孩子的时候根本没有用武之地，如怎样画月亮熊、装饰芭比娃娃、指挥骑士与巨龙作战或者用乐高积木搭城堡。

他们必须掌握的技能是，灵活的应变能力、敏感性、耐心以及宽容——这是许多男性必须首先学会的素质。因此，在儿童地毯上的爸爸们，明显就活动在社会公认的日常生活之外了。同时，母亲则乐于彼此谈论他们孩子们的习性与进步，并在这一过程中感到安慰，这些绝对不会成为父亲们谈话的主题。因为这并不能够提高他们的社会声望，而是正相反。

毫无疑问，孩子能给父亲带来的混乱远超过给母亲的。父亲们被自身的无能为力与无助打击，从而导致许多父亲逃离这一让他不安的内在职责，转而从事强调男性特质，以及独立性的工作，比如办公室工作。工作保证了一定的距离，让男性可以确保自己的独立身份，并保护他们不被孩子们同化。

即使父亲们内心并不排斥承担父亲的角色，问题仍然存在，那就是他究竟如何将父亲的任务与自己的工作结合在一起。即使对母亲们来说这也是一个几乎无解的问题。于是每四个工作的母亲，就有一个从事非全日制工作，而父亲们则继续从事全日制工作。

数据表明，父亲们仍然将自己定位为养家糊口的户主。尽管他们可能很乐意接受女性也来分担一部分家计的负担，但是如果女性完全承担家用，而由男性负责照看孩子，那么他们中的大部分人的自我价值观念就会动摇。

不仅是他们之前认为不言而喻的观念会被动摇。当一位工作的母亲因为孩子突然得了百日咳，而不得不将公司半年收支结算工作放在次要位置的时候，她可以期待得到上司的理解。但是父亲则不然。如果他没有做好心理准备，全然服从这个功利社会的规则，并将他的潜能全身心地投入工作中，那么他的这一观点在大部分的上司眼中都很让人不信任，并且对一份职业来说是很不合适的。2008年黑森基金会委托的一个研究表明，如果父亲们要求在工作中享有更适合照看家庭的待遇或者为此而要求非全日工作，或者一个更长的亲子时间的话，将会得到一个负面的结果，54%的受访者认为这会阻碍他们的职业发展，39%的受访者则认为他们的上司会给出拒绝的反应，7%的受访者甚至认为这会让他们丢掉工作。

这意味着大多数的父亲把他们的工作看得比父亲的身份要更重一些。被施加于父亲们身上的道德压力，以及父亲们自我施加的压力也非常巨大。从母亲的角度寄予的期待、缺乏合格的父亲榜样、心理上对于新角色的抗拒共同在工作世界中对父亲的角色施加敌意。大部分父亲都有很好的意愿——但是对他们的要求太多了。用政策推动改变，如用新生儿养育津贴让父亲们和他们的上司们更清楚地意识到父亲的责任，并对承担这一职责更有兴趣，能够产生的影响一直被低估，没有什么能比社会接受度更可以对文化的改变做贡献的了，这方面的政策可以产生很大影响。

人们肯定要问，今天人们究竟应该怎样看待父亲这一角色的内涵呢？是否除了减轻母亲的负担之外，与其他方面都全无关系呢？

确定的是，父亲们不再是家中唯一一个权威了。父亲的身份要求他们注意在过去10年里多方位得到证明的心理学知识，他们怎样才能促进孩子们的发展，并且这些与孩子的互动——不应该等到“人们可以和孩子们一起说话或者行动”才开始，而应该从孩子降生就开始。负责研究父亲在儿童早期发展中的作用的法国心理学教授让·勒·加缪（Jean Le Camus）博士认为，这种互动可以起到非常大并且非常正面的效果，由于一些已知的理由，这样的做法还是很难与传统的“符号性的”父亲——永远不负责孩子教育的父亲——那种模式相抗衡。当然，现代社会孩子们拥有极高的地位，这一点非常有帮助。因为即使是传统的符号性的父亲也知道，心理学认为每个孩子，无论在哪个年龄段，都拥有独立的人格与独特的天赋，也有不少父亲确实这样做了。然而也有一些父亲不同，他们——比如说弗兰茨·约瑟夫一世或者赫尔曼·卡夫卡——认为，他们必须严格按照流传下来的模式或者他们自己的观点来教育孩子，完全不需要考虑孩子们实际资质以及其他的可能性。他们也属于那一类家长，认为与孩子太过亲密的互动，可以推迟到以后再进行——因为他们往往都没有彻底放弃那种认为孩子是“有缺陷的成年人”的看法。或者因为对他们来说，要与孩子打成一片简直太吃力了。

勒·加缪教授认为，在父亲从母亲那里接受照顾孩子的任务那一个阶段开始，父亲就已经起到了非常重要的作用，因为他展现了“两个性别的不同”，并确保孩子最初与母亲的“融合”不会超过必要的时间。此外专家还将父亲看作是两个性别的儿童在构建精神时的重要参与者，他在男孩儿那里扮演了“确定自身性别”的角色，在女孩儿那里则帮助她们“发现另一种性别”，他让男孩子在对父亲进行身份确认的时候，寻找自我认知，而同时给女儿树立一个异性的典型形象。儿童通常在3岁到5岁之间完成这一过程，如果父亲推迟履行自己的职责的话，那么父亲错过的和孩子们因此缺失的，就是这一性别区分的范例了。

父亲既是母亲的对立面，也是母亲的一个补充，孩子们在母亲身上索求的是保护、安全、需求可以立刻得到满足，而在父亲那里则是关于与禁令的必要的对抗、对秩序的学习、对组织性的接受，以及怎样面对挫折。即使权威的父亲退役了，这也不意味着权威本身的消失。孩子们需要威信，缺少威信导致孩子成长成为一个无组织的、情绪变化无常，并且缺乏自信不稳定的人。事实证明，对孩子权威方面的教育一直持续到6岁就足够了。总而言之，过去的父辈是家庭中负责威严教育的唯一统治者，今天不仅父母双方共同完成这一教育阶段，更会很少使用严格的方式进行。目的也不是为了行使父母的权威，而是为了在孩子通往个人生活的道路上给他以保护、方向性以及安定感。

父亲在儿童社会化的过程中，主要的作用在于“探索、考察”，也就是说，激励孩子，帮助他探出巢穴的边缘向外看、发现外面的世界、行使发现者的身份并认可这一身份。父亲陪伴孩子从内在的生活世界走向外面的世界，在他的社会能力发展的时候帮助他，并使他赢得自信与对外部世界的信任。同时也表明，父亲的行为对孩子之后的感情行为也有很明显的影响。父亲对孩子越是用心，孩子在成年之后，对待感情就越是稳定可靠。如果父亲是一个耐心、周到，并且可亲近的，那么儿子也会这样。他们越是信任他们的父母，就会更坦率，更容易满足。孩子跟着不那么体贴用心的父亲，就正相反，很容易在伴侣交往方面出问题。简言之，过去十年的经验告诉我们，早期父亲与孩子之间的互动，不仅有利于加强父子之间的感情，也有利于加强孩子与其他人交往的能力。但是让人遗憾的是，全职工作的父亲往往只能提供不完全的陪伴。

与此相关的，国家提供的教育孩子时间就显得意义非凡了，因为它有效促进了父亲与孩子之间的身体以及心理方面的接触。这也是一个令人高兴的进步，因为越来越多的父亲也开始利用这一机会。当前已经有23%的父亲利用这一亲子时间了。但是它只是暂时解决了问题，大部分的年轻父亲仅仅在孩子刚出生前三个月暂停工作。然后他们就又恢复工作了。孩子像过去一样继续待在一个由女性编织的大网里照料着，母亲、祖母、外祖母、白天的保姆、交流学生保姆、专业保姆，以及托儿所和幼儿园阿姨。最重要的是要让父亲也进入这个照看孩子的网络中，让他接受并且重视自己父亲的新角色，尽可能持续地行使这一责任。

与之相关的最大的问题在于，越来越多的孩子长在单亲妈妈身边，而他们的父亲，如果有的话，则仅仅每两周的周末过去看一眼。单亲妈妈要全天工作来给自己提供必要的经济基础，这方面孩子的父亲往往不能充分承担责任，一方面要提供母亲能够给予孩子的保护与安全感，另一方面又要行使父亲的职权，对于单亲妈妈来说，实在是力不从心，从而导致孩子们在心理社会学层面的发展不足。对她们来说，来自哥廷根大学神经生物学专业教授格拉德·胡特（Gerald Hüther）教授提出的一个模式非常有用。他认为，因为男孩在开始的时候体质比女孩儿要弱小，因此需要一个外在的更强大的支持、依靠。于是他们往往首先被所有看起来强大的、有力的特质所吸引，并寻求那些可以让他体会到这种感受的角色，而不是发展自己这方面的潜能。因此按照胡特的理论，父亲们需要帮助他们的儿子们认识到自己的可靠性。或者起码得是一个可以替代父亲角色的人——尤其是对那些在“没有好的男性前辈指引下成长的”年轻人们。胡特希望能发起一项倡议，借此介绍一些男性导师给那些年轻人，他们应该可以鼓舞、激励这些年轻人，用游戏的方式与他们一起发现，“作为男人意味着什么”。一个诱人的想象，可能未来这些可靠的年轻人们也会成长为同样可靠，信心十足的父亲们。

但是，如果这些导师们表现得和那些总是不在身边的父亲们一样让人失望，比如说，他们也同样从这种联系中抽身离开的话，怎么办呢？人们怎样才能确保，这些陌生人可以提供一种持续不断的关爱、指导给那些亲生父亲都不能提供的孩子们呢？

与此相关的另一项，来自联邦家庭事务部的计划则显示出积极的一面，他们打算在幼儿园雇佣更多的男性员工，防止孩子们在学前阶段只被女性影响，而男性形象被排除在外。我们可以期待，这一计划可以顺利实施，并且其他幼儿园的经营者也会跟随这一成功的案例继续推广下去。

有不少的专家都认为，现代的父亲不能满足多种多样的新要求。事实上有80%的父亲承认，他们甚至不能完成他们本人对于父亲角色的要求。他们几乎没有足够的时间照顾孩子，给大哭大闹的幼子们换尿布、喂食，忍受桌子下面持续不停的玩具车的滴滴声对神经的摧残。总之，他们完全不能应对那种巨大的压力。与此同时他们当然也在寻找一个方法，可以避免这种不安，接近自己的孩子们。

这一过程中他们当然要依靠社会的支持。幸运的是，现在他们发现了这种“新式父亲”模式，可以进行研究探讨。总还有希望在前方。

参考文献

拿破仑与儿子罗马王

盖尔德·霍勒：《拿破仑之子——不幸的莱西斯塔德公爵》，阿玛特出版社，维也纳，1987年（Holler, Gerd: Napoleons Sohn. Der unglückliche Herzog von Reichstadt, Amalthea, Wien 1987）。

J·K. 摩尔：《莱西斯塔德公爵最后的日子》，左内出版社，柏林，1948年（Moll,J. K. : Die letzten Tage des Heryogs von Reichstadt, Zsolnaz, Berlin 1948）。

《拿破仑一世：拿破仑写给玛丽·路易斯的信》，费舍出版社，柏林，1935年（Napoleon I. : Die Briefe Napoleons an Marie-Luise, Fischer, Berlin 1935）。

爱德华·维特海默：《莱西斯塔德公爵——根据最新资料编撰的传记》，科塔出版社，斯图加特/柏林，1902年（Wertheimer,Eduard: Der Herzog von Reichstadt. Ein Lebensbild, nach neuen Quellen, Cotta, Stuttgart/Berlin 1902）。

约翰·威尔姆斯：《拿破仑传》，C.H.贝克出版社，慕尼黑，2005年（Willms, Johannes: Napoleon. Ein Biografie,C.H.Beck, München 2005）。

卡尔·马克思与女儿图西·马克思

以赛亚·柏林：《卡尔·马克思》，皮佩尔出版社，慕尼黑，1959年

（Berlin, Isaiah: Karl Marx, Piper, München 1959）。

路易斯·多娜曼：《燕妮·马克思——一个社会主义者的一生》，卡尔·迪茨出版社，柏林，1980年（Dornemann, Luise: Jenny Marx. Der Lebensweg einer Sozialistin, Karl Dietz, Berlin 1980）。

伊芙·卡普：《艾琳娜·马克思，第一卷：家庭生活，1855—1883年，第二卷：拥挤的岁月，1884—1898年》，劳伦斯与维斯哈特出版社，伦敦，1972—1976年（Kapp,Yvonne: Eleanor Marx, Bd. 1: Family Life, 1855—1883, Bd. 2: The Crowded Years, 1884-1898, Lawrence and Wishart, London 1972/76）。

奥尔加·迈耶（主编）：《卡尔·马克斯的女儿们——未被公开的信》，基本霍伊尔与韦氏出版社，科隆，1981年【Meier, Olga,（Hrsg.）: Die Töchter von Karl Marx. Unveröffentlichte Briefe, Kiepenheuer und Witsch, Köln 1981】。

尤恩·舒特鲁普夫（主编）：《燕妮·马克思：寻求一条正直的路》，卡尔·迪茨出版社，柏林，2008年【Schütrumpf, Jörn（Hrsg.）: Jenny Marx oder: Die Suche nach dem aufrechten Gang, Karl Dietz, Berlin 2008】

沃尔夫冈·施威尔布洛克（主编）：《卡尔·马克思的私人未公开信件》，保罗·里斯特出版社，慕尼黑，1962年【Schwerbrock, Wolfgang（Hrsg.）: Karl Marx privat. Unbekannte Briefe, Paul List, München 1962】。

科罗斯科·冯·施威林，格拉夫·卢茨：《燕妮·马克思——在卡尔·马克思阴影下的爱与痛》，施塔慈出版社，乌珀塔尔，1975年（Schwerin von Krosigk, Lutz Graf: Jenny Marx. Liebe und Leid im Schatten von Karl Marx, Fr. Staats, Wuppertal 1975）。

都筑忠七：《艾琳娜·马克思——她的生活，1855—1898年》，学术报告会发表，柏林，1981年（Tsuzuki, Chushichi: Eleanor Marx. Geschichte ihres Lebens, 1855—1898, Colloquium, Berlin 1981）。

艾娃·威斯威乐：《图西·马克思传——父亲与女儿的戏剧性人生》，基本霍伊尔与韦氏出版社，科隆，2002年（Weissweiler, Eva: Tussy Marx. Das Drama der Vatertochter. Eine Biografie, Kiepenheuer und Witsch, Köln 2002）。

哈拉德·维塞尔：《图西或者27封关于艾琳娜·马克思—艾威林的动荡生活的信》，女性出版社，莱比锡，民主德国，1974年（Wessel, Harald: Tussy oder siebenundzwanzig Briefe über das sehr bewegte Leben von Eleanor Marx-Aveling, Verlag für die Frau, Leipzig, DDR 1974）。

阿尔伯特与女儿维多利亚公主

埃德加·福熙特万格：《阿尔伯特与维多利亚——萨克森-科堡-哥达家族的崛起与衰落》，汉布雷顿·康帝努出版社，伦敦，2006年（Feuchtwanger,Edgar: Albert und Victoria. The Rise and Fall of the House of Saxe-Coburg-Gotha, Hambledon Continuum, London 2006）。

弗兰茨·海河：《弗里德里希皇后：维多利亚，一个德国的英国人》，霍恩海姆 出版社，斯图加特，莱比锡，2006年（Herre, Franz: Kaiserin Friedrich: Victoria, eine Engländerin in Deutschland, Hohenheim, Stuttgart/Leipzig 2006 ）。

K·雅格（主编）：《女王的丈夫阿尔伯特——王座旁的一生。1831—1861年亲笔书信与笔记》，希格斯穆德出版社，柏林，1937年【Jagow, K. （Hrsg.）: Prinzgemahl Albert. Ein Leben am Throne. Eigenhändige

Briefe und Aufzeichnungen 1831—1861, Siegismund, Berlin 1937】。

弗里德里克·庞森比（主编）：《弗里德里希皇后的信》，麦克米兰出版社，伦敦，1928年【Ponsonby, Frederick （Hrsg.）: Letters of the Empress Frederick, Macmillan, London 1928】。

阿加莎·拉姆：《心爱的宠儿——1886—1901年维多利亚女皇与她的长女最后的通信》，艾伦·沙通出版社，格鲁斯特，1990年【Ramm, Agatha（Hrsg.）: Beloved and Darling Child. Last Letters Between Queen Victoria and Her Eldest Daughter 1886—1901, Alan Sutton, Gloucestershire 1990】。

奥地利皇帝弗兰茨·约瑟夫一世与儿子鲁道夫王储

克里斯蒂安·迪肯格：《弗兰茨·约瑟夫一世——走下神坛》，余伯罗特出版社，维也纳，2002年（Dickinger, Christian: Franz Joseph I. Die Entmythisierung, Ueberreuter, Wien 2002）。

布里吉特·哈曼：《鲁道夫王储——生活》，阿玛特出版社，维也纳，1978年（Hamann, Brigitte: Kronprinz Rudolf. Ein Leben, Amalthea, Wien 1978）。

弗兰茨·赫尔：《奥地利皇帝弗兰茨·约瑟夫》，海恩出版社，慕尼黑，1978年（Herre, Franz: Kaiser Franz Joseph von Österreich, Hezne, München 1978）。

埃尔文·林格：《攻击，自我攻击，家庭与社会/梅耶林——学术研讨会》，施普林格出版社，柏林，1989年（Ringel, Erwin:Agression, Selbstaggression, Familie und Gesellschaft/Das Mayerling-Symposition, Springer, Berlin 1989）。

郝思特·亨利希与马耳他·沙德（主编）：《奥地利女大公玛

丽·瓦莱丽——伊丽莎白皇后最爱的女儿的日记，1880—1899年》，朗恩·穆勒出版社，慕尼黑，1998年（Schade, Horst Heinrich und Martha: Marie Valérie. Erzherzogin von Österreich. Das Tagebuch der Lieblingstochter von Kaiserin Elisabeth, 1880—1899, Langen Müller, München 1998）。

卡特琳·乌恩特海涅：《弗兰茨·约瑟夫皇帝，1830—1916年，传说与真相》，克里斯蒂娜·布兰特施塔德出版社，维也纳，2006年（Unterreiner, Katrin: Kaiser Franz Joseph. 1830—1916. Mythos und Wahrheit, Christian Brandstätter, Wien 2006）。

卡特琳·乌恩特海涅：《鲁道夫王储，“我走了不同的路”》，斯蒂利亚出版社，维也纳，2008年（Unterreiner, Katrin: Kronprinz Rudolf, “Ich bin andere Bahnen gegangen”, Styria, Wien, 2008）。

华伦丝-拉里施, 玛丽·路易斯·冯：《伊丽莎白皇后与我》，高腾出版社，莱比锡，1935年（Wallersee-Larisch, Marie Louise von: Kaiserin Elisabeth und ich, Goten, Leipzig 1935）。

弗里德里希·韦森施泰纳（主编）：《亲爱的鲁道夫——弗兰茨·约瑟夫皇帝与伊丽莎白皇后写给他们儿子的信》，余伯罗特出版社，维也纳，1991年（Weissensteiner, Friedrich: Lieber Rudolf. Briefe von Kaiser Franz Joseph und Elisabeth an ihren Sohn, Ueberreuter, Wien 1991）。

赫尔曼与儿子弗兰茨·卡夫卡

托马斯·安茨：《弗兰茨·卡夫卡——生活与作品》，C.H.贝克出版社，慕尼黑，2009年（Anz, Thomas: Franz Kafka. Leben und Werk, C.H.Beck, München 2009）。

弗兰茨·卡夫卡：《致父亲的信》，费舍口袋书出版社，法兰克福a.M，1994年（Kafka, Franz: Brief an den Vater, Fischer Taschenbuch, Frankfurt a.M, 1994）。

弗兰茨·卡夫卡：《日记》，费舍口袋书出版社，法兰克福 a.M，2008年（Kafka, Franz: Tagebücher, Fischer Taschenbuch, Frankfurt a.M, 2008）。

约瑟夫·哈特纳：《卡夫卡以及父亲问题（1935）》，恩斯特·莱因哈特出版社，慕尼黑，巴塞尔，1964年（Rattner, Josef: Kafka und das Vaterproblem 1935, Ernst Reinhardt, München/Basel 1964）。

克劳斯·瓦根巴赫：《弗兰茨·卡夫卡1883—1924年》，罗沃尔特出版社，赖恩贝克，1965年（Wagenbach, Klaus: Franz Kafka. 1883—1924, Rowohlt, Reinbek 1965）。

克劳斯·瓦根巴赫：《弗兰茨·卡夫卡——生活影像》，克劳斯·瓦根巴赫出版社，柏林，2008年（Wagenbach, Klaus: Franz Kafka. Bilder aus seinem Leben, Klaus Wagenbach, Berlin 2008）。

约瑟夫·P与儿子约翰·F.肯尼迪

卡瑞·比彻姆：《约瑟夫·P. 肯尼迪的演出：他的好莱坞生涯》，阿尔佛雷德·A. 科诺普夫出版社, 纽约，2009年（Beauchamp, Cari: Joseph Kennedy Presents: His Hollywood Years, Alfred A. Knopf, New York 2009）。

萨丽·比德尔·史密斯：《恩典与权力——肯尼迪白宫的私人世界》，兰登书屋出版社，纽约，2004年（Bedell Smith,Sally: Grace and Power. The Private World of the Kennedy White House, Random House, New York 2004）。

詹妮·毕夏克:《约翰·F. 肯尼迪》，普罗茨出版社，弗莱堡，乌兹堡，2004 年（Bisiach, Gianni: John F. Kennedy, Ploetz, Freiburg/Würzburg 2004）。

莎拉·布拉德福特:《杰姬·肯尼迪·奥纳西斯——激情的一生》，费舍口袋书出版社，法兰克福 a. M，2002年（Bradford, Sarah: Jacky Kennedy Onassis. Ein leidenschaftliches Leben, Fischer Taschenbuch, Frankfurt a.M, 2002）。

托马斯·C.里维斯:《约翰·F. 肯尼迪——神话破灭》，卡贝尔出版社，汉堡，1992年（Reeves, Thomas C: John F. Kennedy. Die Entzauberung eines Mythos. Kabel, Hamburg 1992）。

泰德·施瓦茨:《约瑟夫·P. 肯尼迪——电影人，黑手党，政治家以及美国神话的缔造者》，约翰·威力父子公司出版社，新泽西州霍博肯，2003年（Schwarz,Ted: Joseph P. Kennedy: The Mogul, the Mob, the Stateman, and the Making of an American Myth, John Wiley&Sons, Hoboken, New Jersey 2003）。

阿曼达·史密斯（主编）:《命运的人质——约瑟夫·P. 肯尼迪的信》，维京出版社，纽约，2001年（Smith, Amanda: Hostage to Fortune. The Letters of Joseph P. Kennedy, Viking Press, New York 2001）。

威尔·斯威夫特:《处于风暴之中的肯尼迪家族》，哈勃·柯林斯出版公司，纽约，2008年（Swift, Will: The Kennedys Amidst the Gathering Storm, HarperCollins Publischers, New York 2008）。

希腊船王亚里士多德与女儿克里斯蒂娜·奥纳西斯

劳伦斯·J. 戴维斯:《奥纳西斯，亚里士多德与克里斯蒂娜》，圣马丁出版社，纽约，1986年（Davis, Lawrence J.: Onassis, Aristotle and Christina, St. Martin’s Press, New York 1986）。

尼格尔·戴姆普斯特：《女继承者——克里斯蒂娜·奥纳西斯的故事》，威登福德与尼克森出版社，伦敦，1989年（Dempster, Nigel: Heiress. The Story of Christina Onassis, Weidenfeld and Nicolson, London 1989）。

彼得·阿里·伊万斯：《亚里士多德·苏格拉底·奥纳西斯的生活与他的时代》，顶峰出版社，纽约，1986年（Evans,Peter Ari: The Life and Times of Aristotle Socrates Onassis, Summit Books, New York 1986）。

克里斯·哈钦斯/彼得·汤普森：《雅典娜——最后的奥纳西斯》，布莱克出版社，伦敦，1999年（Hutchins,Chris/Thompson,Peter: Athina: The Last Onassis, Blake Publishing, London 1999）。

斯图亚特·M. 史派泽：《亚里士多德·奥纳西斯的致命罪孽》，ACW出版社，阿拉巴马州奥扎克，2005年（Speiser, Stuart M.: The Deadly Sins of Aristotle Onassis, ACW Press, Ozark, Alabama 2005）。

威廉·莱特：《所有钱可以买到的痛苦——克里斯蒂娜·奥纳西斯的人生》，维克多·格兰茨出版公司，伦敦，1991年（Wright, William: All the Pain That Money Can Buy. The Life of Chistina Onassis, Victor Gollancz Ltd., London 1991）。

歌唱家弗兰克与女儿南希·辛那特拉

乔治·雅克布/威廉·施塔蒂姆：《S先生——我与弗兰克·辛那特拉的一生》，哈勃·柯林斯出版社，纽约，2003年（Jacobs, George/ Stadiem,William: Mr. S. My Life with Frank Sinatra, HarperCollins Publischers,

New York 2003）。

凯蒂·凯丽:《他的路——未经授权的弗兰克·辛那特拉传记》，巴塔木出版社，纽约，1986年（Kelly,Kitty: His Way. The Unauthorized Biography of Frank Sinatra, Bantam Books, New York 1986）。

卡伦·麦克纳利:《当弗兰奇去了好莱坞——弗兰克·辛那特拉与美国男性文化》，伊利诺伊大学出版社，厄巴纳，芝加哥，2008年（McNally, Karen: When Frankie Went to Hollywood. Frank Sinatra and American Male Identity, University of Illinois Press, Urbana/Chicago 2008）。

南希·辛那特拉:《弗兰克·辛那特拉1915—1998年——一个美国传奇》，普通出版集团，圣莫妮卡，1995—1998年（Sinatra, Nancy: Frank Sinatra 1915—1998. An American Legend, General Publishing Group, Santa Monica 1995/98）。

南希·辛那特拉:《弗兰克·辛那特拉——我的父亲》，双日花园城市出版社，纽约，1985年（Sinatra,Nancy: Frank Sinatra. My Father, Doubleday, Garden City, New York 1985）。

艾斯利·安·瓦雷:《传奇——弗兰克·辛那特拉与美国梦》，林荫大道图书出版社，纽约，1995年（Vare,Ethlie Ann: Frank Sinatra and the American Dream, Boulevard Books, New York 1995）。

国宝级演员杰拉尔与儿子吉约姆·德帕迪约

杰拉尔·德帕迪约:《被偷走的信》，德罗摩尔·科诺出版社，慕尼黑，1989年（Depardieu，Gérard: Gestohlene Briefe, Droemer Knaur, München 1989）。

（法语Lettres Volées, J. C. Lattès, 巴黎1988年）

杰拉尔·德帕迪约/劳伦特·纽曼：《我爱生活，生活爱我》，海恩出版社，慕尼黑，2005年（Depardieu，Gérard/Neumann, Laurent: Ich liebe das Leben, das Leben liebt mich, Heyne, München 2005）。

（法语 Vivant!Entretiens avec Laurent Neumann,J’ai lu, 巴黎2005年）

吉约姆·德帕迪约/马克-奥利弗：《在我父亲的阴影下》，海恩出版社，慕尼黑，2004年（Depardieu，Guillaume/Fogiel, Marc- Olivier: Im Schatten meines Vaters, Heyne, München 2004）（法语Tout donner, Plon, Paris 2004）。

帕特里克·里格莱特：《杰拉尔·德帕迪约——一个怪物的人生道路》，罗切尔出版社，摩纳哥，2007年（Rigoulet, Patrick: Gérard Depardieu. Itinéraire d’un ogre, Éditions du Rocher, Monaco 2007）。

作者简介

玛丽-路易斯·范德莱恩（Maria-Luise von der Leyen），1939年出生，毕业于德国记者学校，主修戏剧史，日耳曼文学以及社会学。她是《星空周刊》（*Stern*）的编辑，*Vogue*的文字与文化部门主管，现在居住在慕尼黑。皮佩尔出版社（Piper Verlag）最近出版了她的新书《手相》（*Lebenslinien*）。

关于本书

我们将重新定义父亲的形象。未来他们会是什么样子，一切都是未知。那么过去到目前为止他们是什么样子的？父亲与孩子们之间的关系是怎样发展的？父亲是一个和蔼可亲的榜样还是一个可怕的暴君？过去曾经发生过与现在相似的事件吗？就是那些被保留下来的积极的一面，以及那些被一代一代流传下来的错误吗？作者通过描述著名的父亲与他们的孩子们的故事，探讨了诸如以上的很多问题。可以确定的是，今天的父亲和过去的父亲一样，始终是孩子们生命中最重要的角色。如果那时的父子关系并不是主要由父权威严为主导，或者父亲不再把孩子看作是“有缺陷的成年人”，这种关系仍然有待商榷。记者兼社会学家玛丽-路易斯·范德莱恩根据这些非常特别的关系的大量实例，探讨心理方面的细微感受：要么像赫尔曼与弗兰茨·卡夫卡之间那样毁灭性的折磨，要么像阿尔伯特·冯·萨克森-科堡-哥达亲王和他的女儿薇琪那样不同寻常的爱，要么像弗兰克与南希·辛那特拉之间那样友善宽容。用不寻常的视角看那些著名的艺术家、政治家和名流们两代人的人生。